CFO 인사이트

CFO Insights: Delivering High Performance

마이클 R. 서트클리프 · 마이클 A. 도넬런 지음

조영균 · 임기호 · 정우영 옮김

이 도서의 국립중앙도서관 출판예정도서목록(CIP)은 서지정보유통지원시스템 홈페이지(http://seoji.
nl.go.kr)와 국가자료공동목록시스템(http://www.nl.go.kr/kolisnet)에서 이용하실 수 있습니다.
(CIP제어번호: 2015014269)

CFO INSIGHTS

Delivering High Performance

Michael R. Sutcliff
Michael A. Donnellan

■ ■ ■ 차례

급변하는 글로벌 환경에서 생존하고 번영하기 위해서는 최고경영진이 비전(vision)과 통찰력(understanding)을 갖고 명쾌하고(clarity) 민첩하게(agility) 행동해야 한다. 이것은 가야 할 방향은 명확하게 하지만, 그곳에 가는 방법은 매우 유연하게 해야만 경쟁력을 높이고 경쟁우위를 지속할 수 있다는 뜻이다.

이러한 경영환경의 변화는 많은 기업들에게 전략적 사고를 개발하고, CFO와 재무조직에게 비즈니스와 관련된 통찰력을 요청하고 있다. 기업의 성과는 어떤 산업에 진출했는가, 어떻게 비즈니스에 필요한 자원을 조달하고 활용하여 경쟁력을 갖추고 지속하는가, 비즈니스와 관련된 협력관계를 얼만큼 효과적으로 수행할 것인가에 달려 있다. 그러므로 CFO와 재무조직은 지속적으로 혁신하여 성과를 창출할 수 있는 가치중심 조직문화가 기업과 비즈니스 전반에 흐르도록 해야 한다. 그렇게 할 때 CFO와 재무조직이 비즈니스 리더와 현장으로부터 존중을 받고, 비즈니스를 효과적으로 지원할 수 있다.

『CFO 인사이트』는 CFO와 재무조직이 갖추어야 할 핵심역량과 그에 대한 통찰력에 대해 세계 일류기업 CFO들을 인터뷰하고 분석하여 사례 중심으로 생생하게 담고 있다. 또한 그 결과를 고성과 재무 프레임워크로 정리하여 설명하고, 고성과 비즈니스와 고성과 재무로 나아가기 위한 여정을 흥미롭게 설명하고 있다. 그러므로 한국의 여러 기업들에서 재무부문의 혁신에 노력하고 있는 CFO와 재무조직이 이 책에서 제시된 사례를 통해 높은 역량을 갖추고, 유연하며 책임성 있는 조직이 되고, 내외부 고객의 요구에 민감하고 창의적으로 대응하는 전략적 파트너 조직이 되어 지속가능한 경쟁우위와 기업가치 창출에 기여할 수 있기를 희망한다.

PwC 컨설팅 대표

류승우

글로벌 경영환경의 변동성(volatility), 불확실성(uncertainty), 복잡·복합성(complexity), 모호성(ambiguity)이 높아지고, 혁신적인 디지털화(digitalization)의 진행으로 산업이 급격하게 파괴·전환·생성되고 있다. 더불어 중국을 넘어 동남아시아와 인도 등이 본격적으로 성장하는 등 글로벌 시장도 전환기를 맞고 있다. 따라서 기업의 지속적 성장을 위해서는 최고경영진의 리더십과 역량이 그 어느 때보다 중요하다.

이와 같은 변화는 기업의 재무에도 커다란 영향을 주고 있다. CFO와 재무는 안정적인 환경에서 전통적인 재무업무를 중심으로 일하던 데서 벗어나 최고경영진과 비즈니스 리더들이 고성과를 창출할 수 있도록 역량을 키우고, 이를 바탕으로 환경 변화에 유연하게 대응하며 지원해 실질적인 가치를 창출할 수 있도록 기여해야 한다.

『CFO 인사이트』는 캐터필러, 베스트바이, BP화학, 에어차이나, 콘스텔레이션 에너지 그룹, 싱가포르 에어라인, 스타벅스, 스위스리, 유나이티드헬스그룹, 싱가포르 증권거래소 등 세계 일류기업의 구체적인 사례를 통해 고성과 재무의 비전과 변화 방향을 설정하고, CFO들과의 인터뷰를 통해 핵심역량을 정의하여 '고성과 기업과 비즈니스'를 이루어가는 데 CFO와 재무가 효과적으로 지원할 수 있도록 변화해가는 길을 제시하고 있다.

CFO와 재무는 최고경영진, CEO, 비즈니스의 리더와 현장 등 내부 고객에 대해 파트너로서 비즈니스 실행과 전략실행을 지원해야 한다. 그렇게 하기 위해서는 가장 기본이 되는 재무운영에서부터 탁월한 전문성을 구축하고 발휘하여 고객에게 신뢰를 얻어야 한다. 이를 위해 재무운영과 관련된 프로세스와 시스템을 혁신하고, 변화에 필요한 새로운 운영 방식을 지속적으로 도입함으로써 효율을 높여야 한다. 이를 바탕으로 성장에 필요한 자본을 적재적소에 배분하여 최적화하고 성과를 향상할 수 있도록 자본관리 수준과 역량을 강화해야 하며, 성장하고 성과를 내는 과정에서 다양하게 발생하는 위험을 전사적 차원에서 최적으로 관리하고 제거해나가야 한다. 또한 비즈니스와 조직 구성원에 대한 전사 차원의 성과관리를 통해 성과를 통찰력으로 전환하고 행동으로 옮겨서 탁월한 의사결정을 시기적절하게 내려 회사와 비즈니스의 경쟁력을 높여야 한다. 궁극적으로는 적절한 전략을 추구하고, 자원을 최적으로 활용할 수 있도록 가치중심 조직문화를 구축하여 내외부의 다양한 이해관계자들에게 최적화된 가치를 제공해야 한다.

그러나 CFO와 재무가 여기에만 머물러서는 안 된다. 재무조직과 CFO가 기업의 성공에 기여하기 위해 경쟁사와 차별되는 핵심역량에 집중해야 하는 것은 분명하다. 그러나 불확실하고 변화의 속도가 빠르며 연속성도 낮은 지금과 같은 상황에서는 핵심역량을 뛰어넘어, 프랑스 인시아드(INSEAD) 경영대학원의 이브 도즈(Yves Doz) 교수가 이야기하는 전략적 민첩성(strategic agility)을 가져야 한다. 빠르게 변하는 상황에 맞춰 전략을 수정하며 끊임없이 혁신하기 위해서는 전략적 감수성(strategic sensitivity), 집단적 몰입(collective commitments), 자원 유동성(resource fluidity)을 갖출 필요가 있다. 이 책에서 이야기하는 다섯 가지 핵심역량과 전략적 민첩성을 재무조직이 갖추게 하려면 CFO는 다양한 경영진과 대화하며 고민을 공유하고, 재무조직 구성원들의 역량을 높여 그들을 의사결정 과정에 참여시켜야 한다.

이 책이 글로벌 기업으로 성장한 한국 기업의 CFO들을 비롯하여, 지금까지 여러 업무를 통해 재무조직과 CFO가 나아갈 방향을 같이 생각할 수 있는 장을 마련해준 PwC 컨설팅의 고객회사 재무부문 임원, CFO, CEO들에게 길잡이가 되고 도움이 되길 바란다.

마지막으로 이 책이 출간되기까지 지도해주시고 이끌어주신 안경태 회장님, 류승우 대표님, 이기학 부대표님에게 감사드린다. 평소 업무수행 과정에서 CFO의 역할과 CFO의 어젠다에 대해 함께 고민하고 있는 CFO 리더십팀 동료들과 출판에 도움을 준 도서출판 한울의 임직원 여러분, 윤순현 과장, 배유진 대리에게도 감사를 드린다.

2015년 5월

PwC 컨설팅 조영균·임기호·정우영

저자들은 고성과를 창출하고 또 그것을 지속시키는 데 필요한 재무와 성과 관리 역량에 대해 경영자들의 이해를 돕기 위한 목적으로 이 책을 집필했다. 그러므로 이 책은 저자들과 연구팀의 지속적인 연구 결과와 사례에 대한 깊이 있는 조사, 재무책임자들과의 폭넓은 인터뷰와 통찰력 있는 의견 수렴의 결과를 바탕으로 기업이 미래의 성공을 최적화하는 데 필요한 재무역량을 구축하기 위해 어디에 우선순위를 두고 자원과 노력을 투입하여야 하는지에 대해 풍부한 지식과 식견을 제공한다.

『CFO 인사이트』는 고성과 기업의 재무조직이 고성과를 달성하기까지의 여정을 다양한 측면에서 다룬다. 우리는 비즈니스의 사이클, 산업의 침체나 붕괴, 리더십의 변화 등에도 불구하고 고성과 기업은 어떻게 지속적으로 경쟁자들을 앞서나갈 수 있었는지 그 방법과 이유를 분석했다. 또한 재무책임자들 중 리더들의 특성과 태도를 살펴보았다. 그 결과 우리는 고성과 비즈니스와 다섯 가지의 재무역량에 대한 전문성 사이에 존재하는 강력한 상관관계에 주목했다. 다섯 가지의 재무역량은 가치중심 조직문화, 전사적 성과관리, 재무운영, 자본관리, 전사적 리스크관리를 말한다. 우리는 각각의 재무역량에 대해 깊이 있게 살펴보고, 점점 진화하고 있는 재무기능 관점과 전사적 전략과 성과라는 관점 모두에 대해 각 역량의 중요성을 설명했다.

이 책의 기반이 된 우리의 연구는 고성과 기업을 위한 액센츄어연구소(Accenture Institute for High Performance Business)의 지침을 따랐다. 연구의 진행 과정은 변화무쌍한 경기부침 속에서도 지속적으로 경쟁사들보다 뛰어난 기량을 보이는 기업들을 산업별·지역별로 선별하는 작업에서부터 출발했다. 연구의 목표는 선별된 고성과 기업들을 면밀히 조사하여고 성과를 창출하고 지속시킬 수 있는 그들의 능력이 재무와 성과관리 부분의 역량과 연결된 것인지 알아보는 것이다. 연구 결과 우리는 높은 재무역량을 보유하고 있는 것으로 평가되는 기업들과 관련 산업 내 고성과 기업들 간에는 70퍼센트 이상의 상관관계가 있다는 사실을 발견했다.

고성과 기업의 재무책임자는 재무업무를 관리하는 전통적인 역할을 뛰어넘어 업무를 수행하는 경우가 많다. 그들은 가치창출의 기회를 어디에서 찾아내고 그 기회를 붙들기 위해 자원을 어떻게 할당할지 기업의 고위 경영진들과 긴밀하게 협조한다. 또한 경영진이 비즈니스 전반에 걸쳐 가치창출의 기회를 포착하기 위해 적극적으로 계획을 수립하고 이를 완수할 수 있도록 지원한다. 그러나 재무책임자들은 법규 준수나 보고 요구, 국제회계기준(International Financial Reporting Standards: IFRS)의 적용 등과 관련한 끊임없는 업무량 증가에도 대응해야 한다. 이와 같은 요구는 향후 수년간 지속적으로 증가될 것이며, 기본적인 통제와 재무보고 프로세스를 관리하는 데 소요되는 비용이 늘어나고 있는 최근 추세를 더욱 악화시킬 것으로 예상된다. 재무책임자들은 지금까지 우리가 지켜본 것처럼 '기본적인 거래처리 프로세스의 효율적 적용'과 함께 '비즈니스 전반에 걸쳐 가치를 창출할 수 있도록 새로운 역량을 구축하는 데 필요한 투자' 간에 균형을 유지해야만 했다. 이 책은 재무책임자들이 고성과를 창출하고 또 지속해나가기 위한 다섯 가지의 핵심 재무역량을 서로 조합하고 상호 보조를 맞추는 데 도움을 줄 수 있는 기본 틀을 제공한다.

우리는 지금 기업 전반에 걸쳐 재무운영 형태가 끊임없이 변화하고 있는 그 발자취를 지켜보고 있다. 또한 재무 리더십팀이 비즈니스는 물론 좀 더 광범위한 기업 네트워크라는 생태계와 상호작용하는 방식도 변화하고 있음을 목격하고 있다. 제품과 고객서비스를 효과적으로 제공하기 위해 산업 전반에 걸쳐 기업 간 협력이 더욱 긴밀하게 이루어지고 있다. 그 결과, 성과관리의 초점은 개개의 단일 조직 차원을 넘어 다수 기업들로 이루어진 산업 전반의 가치사슬을 관통하여 관리되어야 하는 광범위한 문제로 이동되었다. 이것은 전통적인 재무운영 모델에 대해 중대한 도전과제들을 제시한다.

재무책임자들은 글로벌 비즈니스 모델들이 산업에 몰고 오는 변화 압력에 대응하는 데 점점 더 많은 시간을 할애하고 있다. 그러므로 재무 리더십팀은 이러한 상황에 적합한 운영모델을 적용하여 전사적 차원의 변화에 부응할 수 있도록 재무의 변화 속도를 조절하는 데 중추적 역할을 수행할 책임이 있다. 기업들은 글로벌 차원에서 자원을 조달하고 각기 다른 법규와 비용구조 아래 있는 경쟁자들과 경쟁하면서 제품과 서비스를 공급하는 방법을 찾느라 애쓰고 있다. 그렇기 때문에 재무책임자들은 사업단위 경영진들이 경쟁력 있게 대처할 수 있도록 핵심적인 역할을 수행해야 한다.

이 책에서 다루어진 '고성과 창출을 위한 재무의 기본 프레임워크'는 전 세계 250여 명의 고위 재무책임자들과의 인터뷰를 통해 글로벌 CFO(Chief Financial Officer, 최고재무책임자)의 시각에서 검증된 것이다. 우리는 비즈니스 환경의 변화에 보조를 맞추며 재무운영의 변화 폭과 깊이, 속도는 물론 자신의 재무역량 모델을 구축해온 방법 등과 같은 글로벌 CFO들의 다양한 변화 여정을 확인할 수 있었다. 우리의 연구는 그 변화 여정들이 각기 다른 관점에서 출발하여 그 나름의 우선순위를 가지고 특정 분야에 집중해 추진되었음에도 결국 유사한 경로를 거치게 됨을 결론적으로 보여준다.

이 책에는 해켓 그룹(Hackett Group)의 측정지표와 방법, 통찰력이 포함되어 있으며, 그러한 노력의 하나로 재무운영 비용과 베스트 프랙티스(best-practice) 추세에 대한 해켓 그룹의 데이터베이스로부터 최신의 정보를 제공한다. 해켓 그룹의 벤치마킹 방법과 데이터베이스는 재무비용의 구조와 베스트 프랙티스의 변천 과정을 정의하고 측정할 수 있는 '표준(황금률)'으로 널리 인정받고 있다. 해켓 그룹의 견해는 기업 내에서 재무조직이 어떤 위상을 가져야 하는지 그리고 지금까지 어떻게 변화되어왔는지에 대해 우리에게 자세히 설명해준다.

이 책에서 제시하고 있는 기본 프레임워크는 다양한 산업과 지리적 위치에 적용할 수 있는 것으로 확인되었으며, 이 프레임워크는 지속적으로 고성과를 창출하고 유지하기 위해 기업이 반드시 갖추어야 할 재무 및 성과관리(Financial and Performance Management: F&PM) 역량을 정의한 것이다. 현재 비즈니스 상황이 어떻게 되고, 경쟁력을 유지하기 위해서는 얼마나 신속히 변화해야 하는지를 고려해 그러한 역량을 구축하는 과정에서 기업들이 선택한 다양한 접근 방식에 대해 자세히 설명한다. 이 책은 재무책임자들이 무한 경쟁의 글로벌 비즈니스 환경에서 고성과를 달성하기 위해 필요한 새로운 역량을 언제, 어디에 구축해야 하는가에 대해 우선순위를 결정하는 데 도움을 줄 것이다.

설문조사 과정에서 자신의 통찰력과 경험을 함께 나누어준 탁월한 재무책임자들에게 깊은 감사를 전한다. 에어차이나(Air China)의 판 청(Fan Cheng), 브라질의 맥주 제조업체인 암베브(AmBev)의 호아오 카스트로 네베스(Joao Castro Neves), 베스트바이(Best Buy)의 대런 잭슨(Darren Jackson)과 수잔 그래프턴(Susan Grafton), BP(British Petroleum, 브리티시 패트롤륨) 화학의 러스 타루시오(Russ Taruscio), 캐드버리 슈웹스(Cadbury Schweppes)의 켄 한나(Ken Hanna), 캐터필러(Caterpillar)의 데이브 버릿(Dave Burritt)과 스티브 구스(Steve Guse), 콘스텔레이션 에너지 그룹(Constellation Energy Group)의 E. 폴린 스미스(E. Follin Smith), 코러스 그룹(Corus Group)의 데이브 로이드(Dave Lloyd), 델(Dell)의 짐 슈나이더(Jim Schneider), 디아지오(Diageo)의 닉 로즈(Nick Rose), 엑셀(Exel)의 스티븐 페라비(Stephen Ferraby)와 스튜어트 영(Stuart Young), 존스 랑 라살(Jones Lang LaSalle)의 로렐리 마틴(Lauralee Martin), 푸르덴셜(Prudential)의 그레이엄 스키츠(Graham Skeates), SAP의 콜린 샘슨(Colin Sampson)·피터 데이비드(Peter David)·피터 래스퍼(Peter Rasper)·한스-디터 슈에르만(Hans-Dieter Scheuermann), 싱가포르 에어라인(Singpaore Airlines)의 고춘퐁(Gho Choon Phong), 싱가포르 증권거래소(Singapore Exchange: SGX)의 섹 와이 쾅(Seck Wai Kwong), 스타벅스(Starbucks)의 짐 에슈바일러(Jim Eschweiler), 스위스리(SwissRe)의 미치 블라저(Mitch Blaser), 테라데이터(Teradata)의 밥 영(Bob Young), 유나이티드헬스 그룹(UnitedHealth Group)의 팻 얼랜슨(Pat Erlandson), 미국 총무청(US General Services Administration: US GSA)의 캐슬린 터코(Kathleen Turco), 이 모든 이들이 바로 우리 연구의 실제 사례를 제공해주었을 뿐만 아니라 우리 연구를 확증해주고, 혁신적인 재무팀이 기업 전반에 걸쳐 지속적으로 기여하고 있음을 직접 보여준 탁월한 재무책임자들이다.

세계 곳곳으로부터 지원과 도움을 아끼지 않은 액센츄어의 수많은 구성원들에게도 감사를 표한다. 이 책의 제1장은 팀 브린(Tim Breene), 제2장은 스콧 몰(Scott Mall), 제3장은 폴 불랑제(Paul Boulanger)와 고든 스튜어트(Gordon Stewart), 제4장은 크리스 루트리지(Chris Rutledge), 제5장은 댄 런던(Dan London)과 브라이언 매카시(Brian McCarthy), 제6장은 토니 마셀라(Tony Masella)와 스테파니아 바시(Stefania Bassi), 제7장은 존 밸로우(John Ballow)와 로버트 스미스(Robert Smith), 제8장은 마지드 파누스(Maged Fanous)와 데이비드 롬보(David Rombough)의 도움을 받아 완성할 수 있었다. 또한 공공 분야의 고성과 조직이 가지고 있는 특성에 대해서는 로완 미란다(Rowan Miranda)가 도움을 주었으며, 전 세계를 통틀어 가장 역동적인 지역이라고 할 수 있는 중국, 인도, 베트남 같은 지역에서 찾은 고성과 재무(기능과 조직 ―옮긴이)의 달성 사례에 대해서는 스티븐 컬프(Steven Culp), 맨프레드 에블링(Manfred Ebling), 카르스텐 슐라게터(Karsten Schlageter), 루이스 페레진(Luiz Ferezin), 마우로 마치아로(Mauro Marchiaro), 매트 포드레바락(Matt Podrebarac), 앤디 후이(Andy Hui), 미쓰오 이사지(Mitsuo Isaji)가 함께 논의하고 도움을 주었다.

이 책이 출판되기까지 많은 도움을 준 외부 인사들에게도 감사의 마음을 전한다. 해킷 그룹의 최고연구개발책임자인 리처드 T. 로스(Richard T. Roth)에게 감사를 표한다. 이에 더해 액센츄어 F&PM 사업부의 연구 및 혁신 담당 이사인 로잔 윌리엄스(Rosanne Williams)와 마케팅 담당이사 데보라 힌슨(Deborah Hinson)을 비롯한 팀원들, 헤럴드 로베즈니엑스(Haralds Robeznieks), 케리 앤 매켈로이(Kerri Ann McElroy), 카린 아바바넬(Karin Abarbanel), 디아나 핀리(Deanna Finley) 외 다수가 보여준 노력과 지원에도 특별한 감사를 표한다.

제1장

고성과 기업의 조건

좀 더 높은 성과를 추구하다

글로벌 비즈니스 환경이 전례 없이 복잡해지고, 불확실성은 높으며, 경쟁은 치열해지고 있다. 그런데 이와 같은 어려운 여건에도 불구하고 몇몇 기업들은 어떻게 여전히 회사의 주주가치를 향상시켜나가고 있을까? 그들은 어떻게 해서 파괴적인 산업의 이동과 예측 불가능한 상황에서도 해마다 꾸준히 번창하며 혁신할 수 있는 것일까? 무엇이 그들의 존재를 두드러지게 만들고 있는 것일까?

분명 몇몇 기업들은 복잡한 여러 경기순환 중에도 경쟁자들을 지속적으로 능가할 수 있는 능력을 가지고 있다. 경영 컨설팅 회사인 액센츄어는 무엇이 그들의 존재를 두드러지게 만드는지 규명하기 위해 광범위한 조사연구 프로젝트를 통해 고성과 기업들(high-performance business)을 분석했다. 액센츄어는 다양한 기준들 중에서 조직의 높은 성과를 창출하고 또 지속할 수 있는 능력이 재무와 성과관리에서 조직적 역량과 연관된 것인지 살펴보았다. 예상했던 것처럼 탁월한 재무능력을 보유한 기업들과 업계 최고의 성과를 거두는 기업들 사이에는 매우 강력한 상관관계가 있었다.

또한 고성과 기업의 CFO들은 전통적인 재무분야는 물론 그 외 업무 분야에서도 활약하고 있었다. 그들은 일상적인 재무운영의 영역에서 벗어나 가치창출의 기회를 파악하고 그 기회를 현실화할 수 있는 업무를 지원하는 고위 경영진으로서의 업무를 훨씬 더 많이 담당하고 있다. 건설 중장비 회사 캐터필러(Caterpillar)의 CFO인 데이브 버릿(Dave Burritt)의 리더십이 그와 같은 변화를 보여주는 좋은 사례가 될 것이다. 그가 쏟아부은 노력과 마침내 이루어낸 성공 스토리가 보여주고 있듯이 말이다.

캐터필러의 사례를 통해 살펴본 재무 전문성과 고성과 간의 연관성
■■■ 데이브 버릿(Dave Burritt), CFO | 캐터필러(Caterpillar)

데이브 버릿은 고성과 재무를 열렬히 지지하는 인물이다. 그가 몸담고 있는 300억 달러 규모의 기업, 캐터필러는 치열한 경쟁이 벌어지고 있는 전 세계 산업장비업계에서 600대 기업 중 최고의 기업이다(건설장비 분야에서는 글로벌 1위 기업이다 ─옮긴이). 캐터필러는 제품과 서비스에 대한 강력한 전 세계적 수요를 기반으로 원자재 가격의 급속한 변동, 중국을 비롯한 아시아 시장의 폭발적인 성장, 탄소 배출 기준에 대한 엄격한 규제 등과 같은 험난한 도전과제들을 성공적으로 해결해나가고 있다.

캐터필러를 비롯한 산업장비업계의 몇몇 기업들은 변화관리와 가치창출에서 탁월한 성과를 보여주고 있으며, 콘(Kone)과 아이티티(ITT), 쿠퍼 인더스트리스(Coo-

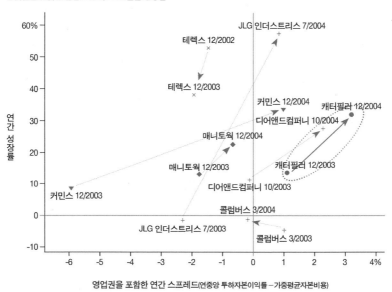

영업권을 포함한 연간 스프레드 vs. 연간 성장률

영업권을 포함한 연간 스프레드(연중앙 투하자본이익률 − 가중평균자본비용)

per Industries), 샌드빅(Sandvik), 다나허(Danaher) 등이 산업장비업계의 고성과 기업들에 포함된다. 이들은 공통적으로 주주들에게 제공해온 총투자수익 관점에서 여느 기업들과는 확실히 구별된다.

　우리는 세 가지 이유 때문에 그중에서도 캐터필러를 중점적으로 분석하기로 했다. 첫 번째는 혁신적인 재무전략에 대한 CFO의 헌신적 노력이 뒷받침된 독특한 프랜차이즈 판매 모델 때문이다. 두 번째는 2002년 이후 2년간 50퍼센트가 넘는 수익성장률을 기록한 지속적이고 월등한 수익성이다. 마지막으로 캐터필러는 세계 최대의 엔진제조업체이자 해당 업계에서는 전략적 통찰력이 가장 뛰어난 기업 중 하나로 탁월한 리더의 위치를 끊임없이 강화하고 또 확장해가고 있기 때문이다.

　우리는 버릿에게 캐터필러의 현재 전망과 향후 수년간의 운영 방향에 대해 물어보았다. "지금 현재 캐터필러는 경제 사이클과 비즈니스 모델의 최고 호황기에 있습니다. 모든 지표가 최고치를 기록했죠. 과거의 성과가 미래의 성공을 보장해주는 것은 아니지만 지난해에는 눈부신 성과를 이루어낸 것이 사실입니다. 전년도와 비교해 매출은 33퍼센트, 이익은 85퍼센트나 증가했습니다. 매출과 이익에서 이 정도 성과를 거둔 기록은 과거 1947년도로 거슬러 올라가야 할 것입니다. 경기 상승기에 시장점유율을 확보함과 동시에 업계의 심각한 이슈들에도 매우 훌륭하게 대처해왔습니다.

현재와 같은 시장 상황이 얼마나 오래 지속될지 누가 알 수 있겠습니까? 어떤 일이 닥치더라도 우리는 언제나 미래를 준비할 것입니다. 지금 우리는 기업의 유연성을 기르는 데 많은 시간을 투자하고 있습니다. 말하자면 시나리오에 근거한 계획수립(시나리오 플래닝)과 같은 것이죠. 그렇게 하면 경기 상승기가 지속될 때 가능한 모든 것을 취하는 동시에 상황이 불리하게 바뀌었을 때 사용할 수 있는 대비책을 사전에 만들어둘 수 있습니다. 우리는 기대치를 점점 높여나가고 있고 현재의 측정지표를 살피면서 비즈니스 포지션을 새롭게 설정하고 있습니다. 전사적 차원에서는 손익분기점 목표를 좀 더 낮게 설정하고(손익분기점을 낮게 하기 위해서는 고정비 규모를 낮추고 단위당 이익을 높여야 한다 ─옮긴이), 그 손익분기점을 개별 비즈니스 단위에서 측정하고 있습니다.

우리는 매출 300억 달러를 2년 앞당겨 달성했습니다. 하지만 아직 매출수익률지표를 달성하지는 못했습니다. 단기적으로는 할 일이 아주 많을 것입니다. 장기적으로는 현재의 성과지표를 새롭게 구축할 계획입니다. 그 지표는 자산 기반의 지표가될 필요가 있고 좀 더 가치기반의 지표가 되어야 합니다. 그리고 현금흐름의 중요성을 훨씬 강력하게 반영할 수 있어야 합니다. 결과적으로 우리가 원하는 것은 완전한 가치중심의 경영환경이라고 할 수 있습니다."

버릿은 자신의 리더십 자세와 자신을 포함한 회사의 상급 재무팀이 캐터필러의 성과를 더 높은 단계로 끌어올리는 일을 어떻게 지원하고 있는지에 대해서도 설명해주었다. "우리는 이 문제를 매우 심도 있게 다루고 있습니다. 회사의 전반적인 재무조직을 재구성했죠. 최근까지는 전통적인 회계와 자금, 세금, 투자자관계관리(Investor Relations: IR) 부서들로 구성되어 있었지만 지금은 새로운 기능을 추가했습니다. 예를 들어 회사의 최고경영진과 전략기획 위원회와 긴밀히 협력하는 전략적 컨설팅 조직이 그것입니다. 세계 곳곳에서 투자 대상을 찾는 것을 통해 우리의 미래 비전과 글로벌 활동에 초점을 맞추고 있는 조직인 제품조달계획 그룹(Product Source Planning Group: SCPG)이 재무적 자원에 새롭게 포함되었습니다. 그리고 재무조직에 소속된 M&A(Merger and Acquisition, 인수합병)팀에서는 관련 분야에서의 기회들을 찾아내고 있습니다.

마지막으로 우리는 전문가로서 회사 내에서 상당히 풍부하고 깊이 있는 사고(思考)의 리더십을 보유하고 있습니다. 우리의 비즈니스 전략 지원 그룹(Business Strategic Support Group: BSSG)은 막강한 경제 지식을 가지고 있으며 경쟁정보 수집과 시장조사, 제품과 기술혁신 분야에서 이루어지는 새로운 시도들을 이끌어나가기도 합니다. 비즈니스 전략 지원팀이 경쟁사의 글로벌 활동을 모니터링하는 데 도움을 주기 때문에 경쟁사가 어떤 행동을 하는지, 어떻게 대응해야 하는지 알 수 있습니다. 경쟁사들뿐만 아니라 우리 자신의 사업보고서를 꿰뚫어 보는 데 그 목적이 있는 것이죠. 그것을 통해 우리는 더 높은 세분화와 사업 간 연결성을 확보할 수 있습니다. 우리 회사를 '비즈니스의 전문가'로 만들어줄 수 있는 모든 조건은 이미 갖추어져 있는 셈입니다. 조직 전반에 걸쳐 팀의 역량을 강화시켜나가는 과정에서 우리는 캐터필러의 리더십을 새로운 가치에 정조준할 수 있는 무한한 기회를 보고 있습니다. 우리가 가지고 있는 전략적 자산들을 활용하여 업계의 경쟁사들을 압도할 수 있는 새로운 분야에 초점을 맞출 수 있는 기회 말입니다."

캐터필러는 해마다 좀 더 높은 성과를 달성해왔다. 캐터필러가 한결같이 높은 성과를 이루어낼 수 있었던 요인은 무엇인지 물어보았을 때 버릿은 이렇게 설명했다. "1990년대를 돌아보면 우리에게 가장 중대한 사건은 회사 전체를 개별 사업단위(비즈니스 단위)로 재구성하기로 한 결정이었습니다. 당시 우리는 대략 100억 달러에서 110억 달러에 이르는 매출을 기록하고 있었고, 그때 비즈니스 단위는 사실상 원가중심점으로 운영되고 있었습니다. 업무의 권한과 전체 손익계산서에 대한 책임 소재를 비즈니스 단위 차원으로 끌어내리기로 결정한 것이죠. 그 결정으로 엄청난 변화가 있었습니다.

또 다른 중요한 요인으로는 우리도 이제 식스시그마 기업이라는 마음가짐이었다고 나는 믿고 있습니다. 그런 마음가짐 아래 우리는 대형 프로젝트에서 공동의 목적을 달성할 수 있는 규율과 구조, 공통의 언어를 가질 수 있었습니다. 지금까지도 그와 같은 마음가짐이 품질과 성장에 도움을 주고 있고, 비용을 통제하고 혁신을 가능하게 만들어주고 있습니다. 현재 우리 회사에는 획기적 돌파구가 되어줄 500개가 넘는 프로젝트들이 개발 단계에 있습니다. 세계 정상급 지위에 도달하는 것이 우리의 사명입니다. 우리는 스스로의 진행 상황을 점검하는 데 매우 엄격한 기준을 적용하고 있습니다. 매달 진행 사항을 손익과 맞추고 있죠. 우리에게 식스시그마라는 브랜드는 험난하고, 강인하며, 신뢰할 수 있고, 질기고, 영속적이며 훈련된 것입니다. 우리 비즈니스에 딱 맞는 훌륭한 조직문화입니다."

1990년대 후반 캐터필러는 유럽 지역 재무운영에 지금까지도 계속되고 있는 가치기반 경영 기법을 도입했다. 그런 새로운 시도를 주도한 사람이 버릿이었기 때문에 우리는 그 기법 이면에 있는 이론에 대해 설명을 부탁했다. "직원들의 비즈니스에 대한 이해를 높이고 무엇이 캐터필러의 가치를 추진해가는지에 대해 초점을 맞출 수 있도록 도울 수 있는 기회를 발견했습니다. 나는 우리가 인재를 교육하고 전체적인 프레임워크를 정립하는 데 성공적이었다고 생각합니다. 식스시그마 모델에 내재된 강력한 가치창출지표는 그 프로젝트의 영속적인 유산이라고 믿습니다. 가치

기반 경영을 위한 새로운 시도를 통해 배운 것을 식스시그마를 전개하는 데 그대로 적용했습니다. 그렇게 해야만 식스시그마 프로젝트에서 생성된 결과적 수치들이 진정한 성과를 포착해낼 수 있기 때문이죠. 우리의 전략적 선택 여과장치는 가치기반 접근법을 사용하고 있기 때문에 새롭게 시작하는 프로젝트들에 대해서 캐터필러를 위한 최고의 가치를 실현할 수 있도록 사전 점검이 가능한 것입니다. 어떤 비즈니스 단위에서는 이것보다 다른 것이 더 적절할 수 있습니다. 하지만 지금은 모두가 잠재적 프로젝트를 발굴하고 포기하는 데 동일한 여과장치를 사용하고 있습니다. 그래서 우리가 유럽에서 시도한 가치기반 경영은 튼튼한 식스시그마 측정지표를 개발하는 데 확고한 기초가 되었다고 말할 수 있습니다.

캐터필러에서 중요하게 생각하는 것은 의미(Meaning), 행동(Action), 조직(Structure), 진실(Truth)입니다(MAST). 의미란 '불타는 (정열의) 갑판'과도 같은 것입니다. 우리는 무언가가 왜 중요한지 큰 그림을 그리고 사람들이 그것에 열광하도록 만드는 일에 매우 능숙하죠. 우리는 행동하는 기업이자 결과 지향적인 조직입니다. 앞으로 나아가는 방법과 뭔가를 이루어내는 법을 알고 있다는 이야기입니다. 조직은 프로세스와 사람, 자원을 포함하는 것입니다. 만약 우리가 실패했다면 대개 적절한 조직을 적절한 곳에 배치하는 일에 실패했기 때문이죠. 마지막으로 진실입니다. 우리에게 진실이란 미국 증권거래 위원회(Securities and Exchange Commission: SEC)에 공개 및 보고된 내용과 일치하는 측정 가능한 방법으로 가치를 포착하는 일과 같은 것입니다. 우리는 어떤 프로젝트이건 혹은 새로운 시도이건 간에 그것에 연관되어 쏟아져 나오는 숫자들이 정확하고, 모순되지 않으며, 감사의 대상이 될 수 있고, 또 오래 지속될 것이란 사실을 알아주길 원합니다. 그 숫자들에 진실이 담겨 있지 않다면 조직은 무너지고 말 것입니다. 무언가를 이루어내기 위한 자원과 사람, 즉 조직이 강력하지 못하다면 행동이란 있을 수 없는 것이죠. 그 결과는 어떤 것일까요? 어떤 의미 있는 것도 성취할 수 없고 사람들에게 영감을 불어넣을 수 있는 불타는 갑판도 만들어낼 수 없을 것입니다."

오늘날 기업의 CFO들은 우선순위를 정해야만 하는 과제에 직면해 있다. 한편으로는 기업의 재무활동이 그 어느 때보다 전통적인 기술적 회계 이슈, 기초적 재무경영, 기업의 지배구조에 강하게 초점을 맞추고 있다. 다른 한편으로는 핵심 재무역량에 대한 요구가 점점 높아짐에도 불구하고 CFO가 전통적인 업무 범위에서 벗어나 리더십이나 전략, 실행과 같은 경영관리 업무에 직접적으로 관여할 것을 요구하고 있다. 우리는 버릿에게 이렇게 서로 다른 재무업무들 간에 균형을 확보하는 일에 대해서 의견을 듣고자 했다. "나는 대부분의 시간을 '주주들의 관점에서 본 가치는 어떤 것일까?'라는 질문을 생각하는 데 보냅니다. 그리고 우리의 상향 성과곡선이 지속될 수 있는 전략을 만들어내고 실행하는 일을 지원하죠. 이런 노력들을 뒷받침하기 위해 투명성을 높여나가고 있습니다.

예를 들어 모든 보고체계를 완전히 개선한 것입니다. 모든 추가 자료들은 회사의 홈페이지로 옮겨놓았고 가독성을 높이기 위해 이미 인쇄된 전체 자료들을 표로 만들었습니다. 그리고 버킷 차트나 워터폴 차트를 추가하여 기업의 향후 전망을 쉽게 파악하도록 했습니다. 또한 Q&A 문서를 추가하여 회사의 비즈니스를 더 쉽게 이해할 수 있도록 했고 우리가 전달하고자 하는 핵심 메시지와 헤드라인, 핵심 메시지를 뒷받침하는 증거자료, 즉 프루프 포인트(proof point)와 같은 내용을 한층 강화시켰습니다. 투자자들이 우리의 비즈니스를 좀 더 깊이 있게 들여다볼 때 우리가 고쳐야 할 문제점에 대한 이해는 물론 우리가 정말 잘하는 일이 무엇인지에 대해서도 이해하게 될 것입니다. 단순히 숫자를 보여주는 것보다 이런 새로운 보고체계를 활용하면 경영진이 바라보는 모든 관점을 그대로 반영할 수 있고 동시에 우리가 동경의 대상으로 삼아야 하는 목표를 제공해줄 수 있습니다.

나는 또한 경쟁정보 분야의 전문 경제 분석가, 회사의 전략기획 위원회와 함께 일할 때가 많습니다. 하지만 내가 쓸 수 있는 시간 중 가장 양질의 시간은 사람에 관한 일을 하는 데 쓰죠. 직속 부하들이 서로의 기능을 효율적으로 통합할 수 있도록 도우면서 말입니다. 후계자 양성을 위한 계획수립에도 상당한 시간을 투자합니다. 누구를 후계자로 양성해야 하고 전 세계를 돌며 경험을 쌓아야 할 사람은 누구인지를 결정하는 일이죠. 전반적으로 말하자면 내 시간은 회사를 위한 중대한 핵심 업무를 중심으로 사용된다고 말하고 싶습니다. 적합한 인재가 적절한 장소와 시기에 있을 수 있도록 만드는 일도 중요한 일이죠.

우리는 현재 회사의 재무조직이 '세계 최고가 되는 것, 그렇지 않으면 나 대신 일할 수 있는 다른 누군가를 찾는 것'이라는 개념에 초점을 다시 맞추고 있습니다. 단기적인 성과를 위해서는 물론이고 회사 전체가 지속가능하도록 하기 위한 장기적 가치창출의 원동력을 위해 광대한 협력관계를 만들어가고 있습니다. 우리는 사람들이 회사의 주주가치와 좀 더 향상된 현금흐름, 좀 더 높은 수익성에 집중하기를 원합니다. 또한 식스시그마를 통한 훌륭한 리더십 훈련을 제공하는 데 주력하고자 합니다."

....

캐터필러에서 얻은 데이브 버릿의 경험은 재무가 기업의 성과를 높이는 데 중추적인 역할을 해야만 하는 이유와 그 방법을 명확하게 보여주고 있다. 버릿이 시도했던 역동적인 접근 방법은 미래 지향적인 CFO가 급속하게 진화하고 있는 글로벌 환경에 적응하기 위해 재무조직을 재편성하는 다양한 방법들을 묘사하고 있기도 하다. 그가 제안했던 것과 같이 버릿을 포함한 회사의 재무팀은 캐터필러의 운영이나 전략, 가치 추구를 위한 모든 안건에 참여하고 있다. 버릿의 관점은 경제 상황과 재무가 같은 방향이 되도록 하는 전략의 급속한 통합에 대해 우리가 밝혀낸 사실을 재차 확인해주는 것이다.

그럼에도 기업의 CFO들은 그와 같은 전략적 측면의 역할에 더하여 회계와 재무분야의 기본적인 일반업무들을 처리해야만 하는 끊임없는 중압감에 직면하고 있다. 대부분의 CFO들이 향후 수년간 자신의 업무량이 늘어갈 것이라고 예상하고 있다. 특히 사베인스-옥슬리 법안(Sarbanes-Oxley Act: SOX)의 적용으로 새롭게 필수로 규정된 각종 보고 요구사항들이나 최근 소개된 국제회계기준(IFRS) 때문에 재무업무의 복잡성은 극적으로 증가하게 되었다. 우리가 만났던 CFO들은 자본배분에 관한 결코 쉽지 않은 의사결정을 내려야 하는 부담도 안고 있다. 회사의 재무거래 처리 과정이나 통제, 보고서 작성 등에 소요되는 점점 높아져만 가는 비용 문제를 해결하는 동시에 회사의 발전을 위해 진정한 추진력이 될 수 있는 새로운 역량을 개발하는 투자에도 노력을 기울여야 하는 상황에 놓여 있다는 이야기다.

우리는 지금 재무기능에 대한 근본적인 변화와 기업 전반에 걸친 변화의 발자취를 바로 눈앞에서 지켜보고 있는 중이다. CFO와 재무 리더십팀들이 협력관계의 파트너들과 상호 결속되어 있는 방식, 다수의 산업 분야에서 매우 중요한 부분을 차지하고 있는 이른바 기업 네트워크의 '생태계'가 극적으로 변화하고 있다. 전 세계적으로 점점 더 많은 기업들이 새로운 상품과 서비스를 소개하기 위해 더 긴밀히 협력하고 있으며, 성과관리는 단순히 수직적으로 통합된 기업을 관리하는 일이 아닌 확장된 기업 네트워크의 관리를 의미하는 것으로 바뀌어가고 있다. 이것은 전통적인 재무운영 모델에 심각한 도전과제를 안겨주고 있다.

많은 CFO들이 그들의 조직이 고성과를 달성하는 데 도움을 주어야 하는 중대한 도전에 직면하고 있다. 만약 그들이 자신 앞에 놓인 과업의 필연적 결과에 대해 완전히 이해할 수 있다면 좀 더 나은 준비를 할 수 있을 것이다. 지금부터 우리는 고성과 기업을 규정하는 측정 기준에 대해 설명하고자 한다. 그리고 그러한 측정 기준만으로는 충분한 해답이 될 수 없는 이유와 고성과를 구성하는 세 가지 요소에 대해서도 언급하게 될 것이다.

고성과 기업의 식별과 평가

　고성과 기업을 연구하는 액센츄어연구소에서는 다수의 산업 분야에 걸쳐 전 세계적으로 선도적 위치에 있는 수백 개 기업의 성과를 분석했다.[1] 이 조사 작업의 중요한 목표 중 하나는 일반 기업들이 높은 성과를 보여주는 모범적인 기업들에 대해 이해하고 체계적으로 본받을 수 있도록 돕는 일이다. 다시 말해 고성과 기업의 성공적인 접근 방식을 배우고 또 적용할 수 있도록 도움을 주는 것이다. 조사를 시작하는 시점에서부터 우리는 고성과 동인이 식별될 수 있고 측정 가능하다는 견해를 유지해왔다. 그리고 이 동인은 기업의 역사나 환경 또는 업계의 역동성 등과는 관계없이 기업을 새로운 차원의 성장으로 이끌 수 있는 추진력이 될 수도 있다. 충분한 시간과 노력을 아끼지 않는다면 그러한 고성과 동인은 반복 재생될 수 있다는 견해 또한 그에 못지않게 중요한 결론이다.

　고성과 기업들은 3년, 5년, 7년, 15년 단위로 분석한 총주주수익률(Total

〈표 1.1〉 고성과 기업 조사의 분석대상 산업

·민간항공산업	·호텔산업	·가전제품 소매산업
·우주항공 및 방위사업	·가정용 전자산업	·소매 약국산업
·주류 및 음료산업	·하이퍼마켓산업	·패션의류 소매산업
·알루미늄산업	·산업장비산업	·생활개선 소매산업
·자동차부품산업	·미디어산업	(가정용 건축자재 유통)
·자동차산업	·오일 및 가스산업	·반도체산업
·화학산업	(통합 및 upstream 부문)	·소프트웨어산업
·컴퓨터 및 주변기기산업	·오일 및 가스산업	·철강산업
·다양화된 통신산업	(석유산업 분야의 거대 기업)	·통신장비산업
·식품산업	·사무용 전자산업	·담배산업
·산림산업	·개인 및 가정용 제품산업	·유틸리티산업
·건강보험산업	·제약산업	

Returns to Shareholders: TRS)과 수익의 성장, 스프레드 성과(투하자본이익률에서 가중평균자본비용을 차감하는 것) 측면에서 동종 업계의 경쟁사들보다 앞서나가고 있다. 고성과 기업에게는 성과가 낮은 기업들에 비해 우월한 기업가치 평가배수(valuation multiples)가 부여되고 미래의 성공에 대한 기대 수준도 높아진다. 그들은 또한 경쟁사들과 업계에 영향을 미치는 추세나 수요에 상관없이 더 강력한 성과를 지속적으로 달성해나갈 것이라고 대내외적으로 인식된다. 〈표 1.1〉에서는 조사 분석의 대상으로 삼았던 산업 분야를 나열하고 있다.

산업은 고성과를 구성하는 요소인가?

고성과의 결정 요소로서 산업의 중요성을 과장해서 말하기란 어려운 일이다. 조사 결과에 의하면 실제로 특정 산업의 역동성은 장기적 주주가치 창출을 촉진하기도 했다. 우리는 여기서 급속하게 확장되고 있는 산업 분야에 속해 있는 기업이 얻게 되는 명백한 혜택, 특히 빠르게 성장하고 있는 중국 같은 지역의 지리적 혜택에 대해서 말하고자 하는 것이 아니다. 그와 같은 산업 분야의 영향력은 훨씬 복잡할 뿐만 아니라 파악하기도 어렵다. 진정한 고성과 기업을 정확하게 평가하기 위해 우리는 산업 특성요소에 적합한 설명이 이루어질 수 있도록 기본적인 방법론을 수정했다.

예를 들어 글로벌 제약산업에서 주가는 의약품 연구개발(Research and Development: R&D) 기회관리를 통해 추정한 미래가치, 다시 말해 성장과 수익성에 대한 기대에 거의 전적으로 의존하고 있다. 그 결과 우리는, 고성과 기업의 속성을 정의하기 위해서는 총주주수익률의 추정치를 구성하는 요소들을 분석해볼 필요가 있음을 알게 되었다. 전기·가스·수도 등 유틸리티산업의 경우 변경된 법률을 신속하게 적용하는 것이 고성과 기업의 속성으로 작용하며('제7장 자본관리' 중 '콘스텔레이션 에너지 그룹' 부분 참조) '시장환경 스코어카드'가

전략적 포지서닝의 가치와 변경된 법률의 적용, 재무적 융통성을 판단하는 요인으로 사용되었다. 비즈니스 사이클이 길고 자본집약적인 산업장비업계에서는 적합성을 확보하기 위해 10년 동안의 총주주수익률 분석에 기본적으로 3년, 5년 7년 단위의 검토가 모두 포함되었다.

글로벌 차원에서 기업의 인지된 가치를 확고히 하고 서로 다른 비즈니스 모델의 성공적인 통합을 이루어낸 산업 분야도 있다. 유니버셜 금융 공급자들이 종합보험이나 투자금융, 자산관리, 중계서비스 등을 기관과 소매 고객 양쪽 모두에게 제공하고자 애쓰고 있는 금융서비스 분야가 좋은 사례다('제4장 가치중심 조직문화' 중 '스위스리' 부분 참조). 자본시장의 관점에서 본다면 이러한 산업 분야에 속해 있는 기업들은 운영하고 있는 비즈니스 모델의 특정 조합과는 무관하게 기업 차원에서 가치창출을 정의한다.

어떤 산업 분야에서는 지난 10년간 근본적인 구조개혁이 진행되어오면서 불과 5년 전만 해도 타당하게 여겨졌던 고성과 기업 평가 기준이 무용지물이 되어버린 경우도 있다. 이와 같은 역동적인 산업에 대해서는 유사 업종의 벤치마킹 기준을 적용하는 것뿐만 아니라 변화하는 산업환경에 대한 종단분석 (longitudinal analyses)과 더불어 고성과 기업에 대한 평가를 진행했다. 예를 들어 미국의 보건의료 공급산업의 경우, 3개의 변곡점이 포함되는 과거 13년 동안의 성과를 검토했다('제2장 고성과 리더십' 중 '유나이티드헬스 그룹' 부분 참조). 이 분야에 대한 조사 결과 1990년부터 2003년까지 고성과의 근본적인 동인은 세 번이나 바뀌었던 것을 알 수 있었다. 1990년부터 1995년 사이의 기간에는 엄격히 관리되는 치료가 고성과의 원동력이었다면, 1995년부터 2000 년까지는 제품의 융통성과 개방형 계획 모델, 2000년부터 2003년까지는 일반 관리비용의 관리로 고성과 동인이 변화되었다.

고성과를 달성하는 데 기업의 규모는 장점으로 작용하는가?

과연 규모는 중요한 것일까? 이는 많은 산업의 CFO들이 끊임없이 제기해온 의문이기도 하다. 하버드 경영대학원의 리처드 P. 채프먼 석좌교수(Richard P. Chapman Professor)이자 획기적인 경영서 『유효하게 작용하는 것은 무엇인가(What Really Works: the 4+2 formula for sustained business success)』* 의 공동 저자이기도 한 니틴 노리아(Nitin Nohria) 교수는 규모가 성과에 미치는 영향을 조사한 중요한 연구를 진행한 바 있다. 그 연구에서 노리아 교수와 동료들은 성공적인 경영 기법을 규명하기 위해 160여 개 기업에서 10년이 넘게 사용해온 200여 가지 이상의 엄선된 경영 모델을 분석했다. 연구팀이 내린 결론은 규모가 크다고 해서 그 기업이 반드시 탁월한 비즈니스 성과를 낸다는 보장은 없다는 것이다. 현실이 이러함에도, 많은 기업들이 성공은 규모에 의해 결정된다고 간주해버린다는 점 또한 연구 결과를 통해 알 수 있었다. 자신들이 속한 산업에서 가장 규모가 큰 거대 기업이 되어야만 성공적인 비즈니스를 할 수 있다고 생각한다는 말이다.

노리아 교수는 저비용에 관한 신화 또한 깨뜨렸다. 그는 이렇게 강조한다. "기업은 비용에 주의를 기울여야 합니다. 하지만 반드시 최저비용 기업이 되어야 할 필요는 없습니다. 모두가 월마트(Wal-mart)처럼 물건을 팔아야 할 필요는 없는 것이죠. 고급 제품을 취급하면서도 그 분야에서 매우 성공적인 기업들이 분명히 있습니다." 노리아 교수는 이렇게 덧붙였다. "기업이 고객을 위한 기쁨조가 될 필요도 없습니다. 다만 기업이 약속한 것을 지속적으로 지켜나가기만 하면 되는 것이죠." 과거 10년간 대부분의 경영학 거장들이 제시했던 경영의 묘약, 즉 다운사이징(downsizing)이나 라이트사이징(rightsizing), 전사적

◆ 한국에서는 『비즈니스 성공을 위한 불변의 공식 4+2』(더난출판사, 2004)로 번역·소개되었다.

품질관리(Total Quality Management: TQM) 등과 같은 처방전들이 모든 기업들에게 긍정적인 결과를 가져다주지 못했으며, 그 이유는 모든 기업들이 똑같지 않기 때문이라는 점이 노리아 교수의 견해다. 그는 다음과 같이 경고한다. "훌륭한 아이디어라고 해서 반드시 보편적인 아이디어는 아닙니다. GE(General Electric, 제너럴일렉트릭)의 개혁을 이루어낸 잭 웰치(Jack Welch)의 업적은 훌륭한 성공 스토리를 만들어내긴 했지만 그것이 그대로 따라가야 할 청사진이 될 수는 없습니다. 자신의 기업이 GE와 유사한 기업이 아니라면 말입니다."

지난 수십 년간 적용되어왔던 기업 규모를 기반으로 한 전략과 시장 포지션의 선점 등은 기업들이 규모만 있으면 더 우월한 성과와 지속적인 성공이 보장되는 것으로 단정 짓는 결과를 가져왔다. 제대로 말하자면 기업의 규모는 분명 장점이 될 수 있다. 좀 더 향상된 제품 효율성과 훨씬 강력한 구매력, 한 발 나아간 브랜드 인지도와 같은 장점이 허용되기 때문이다. 하지만 노리아 교수의 연구 결과는 정신이 번쩍 들도록 만들 뿐만 아니라 매우 흥미로운 한 가지 사실을 강조하고 있다. 기업 규모 그 자체만으로는 기업의 장기적인 경쟁력이 보장되지 않는다는 것이다.[2]

기업전략 위원회의 연구서인 『스톨 포인트(Stall Point)』에 의하면 1955년부터 1995년까지 ≪포천(Fortune)≫이 선정한 50대 기업명단에 이름이 올랐던 172개 기업 중 단 5퍼센트만이 실질적이면서도 물가 상승률이 반영된 6퍼센트 이상의 연간 성장률을 유지할 수 있었다.[3] 이에 더하여 상장기업들 중 분석 대상으로 삼았던 과거 10년 동안 동종업체들에 비해 높은 총주주수익률을 유지했던 기업은 5퍼센트에도 미치지 못했다. 자동차 제조업에서부터 개인용 컴퓨터 제조업에 이르기까지 한순간 해당 업계를 지배했지만 수요나 기술 변화 혹은 스스로의 기반을 서서히 파괴하는 비즈니스 모델 때문에 사라져간 기업의 수는 무수히 많다. 〈그림 1.2〉는 기업 규모를 최종 전략으로 선택

<그림 1.2> 기업의 규모와 가치창출의 관계

자본성장률을 규모의 성장 대용치로 사용하고 있는 이 표는 (정상 달러화 기준) 가장 큰 액수로 자본성장을 이룩한 미국 내 50대 기업의 과거 7년간 성과를 나타낸다. 극히 소수의 기업들(경계선 상에 있거나 경계선 위에 분포한 기업들)만이 시장가치성장률과 자본성장률이 보조를 이룬다. 최고의 자본성장률을 기록한 기업들은 그에 보조를 맞추어 시장가치를 향상시키는 데 가장 어려움을 겪은 것으로 나타난다. 추가적인 데이터를 통해 분석한 바에 의하면 최초 자본금 차이는 결과에 아무런 영향을 미치지 않았다.

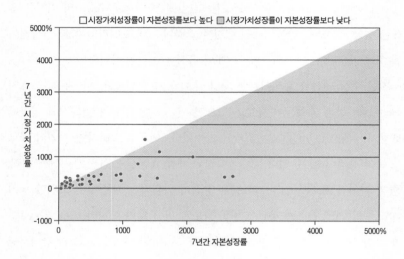

한 경우라면 높은 성과를 이룰 수 없다는 것을 보여준다.

  기업의 규모는 분명 중요한 요소다. 하지만 우리의 연구 결과는 기업의 규모가 고성과를 달성하는 데 반드시 필요한 전제 조건은 아니라는 점을 명확히 보여주고 있다. 산업 전반에 걸쳐 경쟁의 기본 단위가 기업 간 경쟁에서 기업 네트워크 간 경쟁으로 변화되고 있다. 하버드 경영대학원의 데이비드 사노프 석좌교수(David Sarnoff Professor)이기도 한 마르코 이안시티(Marco Iansiti) 교수에 의하면 이와 같은 변화는 향후 지대한 영향을 가져올 것이라 한다. 이안시티 교수는 성공적인 경쟁은 "방대한 기업 네트워크에 영향력을 행사하고 직접 소유하지 않은 자산에 대한 관리"까지 포함한다고 말한 바 있다.[4]

오늘날과 같은 글로벌 시장에서 기업 규모에 대한 정의는 근본적으로 재정립되고 있다. 그것은 더 이상 단순히 규모의 크고 작음을 의미하는 것이 아니라 전략의 영향력이 미치는 범위와 제휴관계의 형성을 의미한다. 제휴나 합작회사, 협력적 계약관계 등이 선택적 대안이나 그 밖에 효과적인 통제와 리더십을 뒷받침하기 위한 관리 프로세스와 시스템의 구축보다 훨씬 더 효율적일 수 있다. CFO는 이러한 효율적인 시점과 이유를 잘 이해하고 있어야 하며, CFO의 기술이 빛을 발하게 되는 것도 바로 여기에 있다. 예를 들어 캐터필러는 합작회사를 통해 중국 시장에 진출한 경우다. 캐터필러의 아시아태평양 지역 담당 CFO인 스티브 구스(Steve Guse)는 운영 관리 규율을 확립하고, 미국 회계기준(US GAAP)에 부합하는 재무관리체계를 수립하며, 엄격한 관리 절차를 마련하는 일에 깊이 관여해왔다. 구스는 그와 같은 통제체계는 다른 무엇보다 먼저 확보되어야 할 중요한 성공 요인이라고 말한다.

수직적으로 통합된 기업 규모의 가치가 점차 퇴색되고 있는 데 반해 네트워크 규모의 가치는 그 중요성이 점점 더 커지고 있다. 즉시 이용 가능한 기술과 자본의 조합은 많은 산업 분야가 완전한 네트워크 구조를 갖추도록 유도했다. 아무리 단순한 제품이나 서비스일지라도 서로 다른 다양한 조직들이 협력한 결과로 만들어지는 네트워크 구조 말이다. 이처럼 상호 의존적인 관계와 네트워크화된 역량의 상호 공유를 기반으로 하는 비즈니스 '생태계'는 매우 강력한 경쟁우위를 제공해줄 수 있다.

월마트와 마이크로소프트(Microsoft)는 이를 현실화한 기업이다. 자사의 이익 달성을 훨씬 공격적으로 추진했을 뿐만 아니라 자사가 속한 비즈니스 생태계의 총체적인 번영을 함께 도모했다. 이런 목적 달성을 위해 월마트와 마이크로소프트는 아메리칸 익스프레스(American Express Company)나 이베이(eBay), 리눅스(Linux), 노키아(Nokia) 등 여러 대기업과 더불어 서비스와 도구 혹은 기술과 같은 형식의 플랫폼을 만들어냈고, 그 비즈니스 생태계에 속한 구성원들이 이들 공유 자원을 활용해 더 높은 성과를 이룰 수 있게 했던 것이다.

이는 런던에 본사를 두고 있으며 텔레커뮤니케이션 산업 분야의 핵심 기업이라고 할 수 있는 심비안(Symbian)이 사용한 방법과 정확히 일치한다. 심비안은 심비안 운영체제 플랫폼을 개발하고 라이선스를 획득한 기업이다. 이것은 개방형 표준에 기반을 두고 있으며 스마트폰으로 알려져 있는 첨단 이동전화를 위한 운영체제를 말한다.

심비안과 같은 협력 전략의 결과는 단순하지 않다. 그리고 전통적인 수직적 통합 조직의 내부적 경계를 넘어서는 확장된 성과관리 시스템(Performance Management Systems: PMS)에까지 영향을 미친다. 기업의 규모가 궁극적 전략이 될 수 없는 상호 의존적 비즈니스 생태계에서 경영의 결과는 조직 전반에 그 파장이 미치고 CFO 조직에서부터 연구개발과 제품 디자인에 관여하는 기능적인 팀 단위에 이르기까지 조직 내의 전 단계에 영향을 미친다. 하버드 경영대학원의 이안시티 교수는 이렇게 말한다. "제품에 기술을 접목하고 그 기술을 네트워크 내의 다른 제품에 연결하는 순간 엄청난 전략적 중요성을 가지는 연결 고리가 만들어지는 것입니다. 지금 우리 주변에 정보기술(Information Technology: IT)이 적용되지 않은 것은 없습니다. 전화기, 자동차, 가전제품, 보안관리 분야, 인간 신체에도 정보기술이 적용되고 있죠. 이 모든 기술들이 점점 더 서로 연결될 것이고 그런 제품을 최초로 개발하고 제조한 기업들도 상호 연결될 것입니다."◆

◆ 이는 사물인터넷(Internet of Things: IoT)과 만물인터넷(Internet of Everything: IoE) 개념으로 발전하여 현실화되고 있다. 사물인터넷은 '모든 사물이 인간의 구체적인 개입이나 지시 없이 협력적으로 네트워킹, 정보처리, 센싱(sensing)을 하는 사물 공간 연결망'으로 설명할 수 있다. 지금까지의 인터넷은 지능을 가진 인간이 주도해서 작동시키는 시스템이었으나, 사물인터넷 시대에는 전 사물이 네트워크로 연결된 데이터를 바탕으로 그 나름의 합리적 사고를 함으로써 인간에게 도움을

고성과와 기업가치의 창출

　고성과 기업은 지속적으로 우월한 성과를 획득하고 비즈니스 사이클이나 산업의 붕괴, 리더십의 변화 등 모든 분야에서 경쟁사들보다 나은 기량을 지속적으로 발휘하면서 과거와 미래 사이의 균형을 효과적으로 유지한다. 연구를 통해 우리는 모든 고성과 기업의 핵심 능력에는 '경쟁력의 본질'이 존재한다는 결론을 얻었다. 혁신을 가능하게 만들고 경쟁사들을 능가하는 경쟁우위를 확보하고 오늘날과 같은 시장에서 성공을 이루어내며 새로운 시장을 포착할 수 있는 시장 포지션을 선점하는 기업의 능력, 즉 비즈니스 자산(유무형의 모든 자산 ─옮긴이)의 독특한 조합이 바로 경쟁력의 본질이다. 고성과 기업을 다른 기업들로부터 구분할 수 있도록 만들어주는 것은 그들이 경쟁력의 본질을 개발하고 유지하는 방법이다.

　수백 개 선도적 기업의 성과를 분석한 결과 우리는 고성과를 구성하는 세 가지 요소를 파악할 수 있었다.

1. 시장 집중과 시장 포지션: 현재와 미래가치에 대한 독특한 통찰력을 활용하여 성장 기회와 구조적인 경제적 우위를 개발하기 위한 기초가 된다.
2. 차별적 역량에 대한 전문성: 차별화와 가치창출을 극대화할 수 있는 반복 재생이 불가능한 일련의 기업역량을 만들어내고 활용하는 능력을 말한다.
3. 고성과 구조: 차별적 역량의 기초가 되고 경쟁자를 능가하는 실행력의 원

주는 식이다.
　만물인터넷은 사람, 프로세스, 데이터, 사물 등 세상 만물이 인터넷에 연결되어 서로 소통하며 새로운 가치와 경험을 창출하는 기술이다. 사물인터넷에서 확장된 개념으로 사람, 모바일, 클라우드 등 모든 것이 연결되어 상호 소통할 수 있다. 예를 들어 만물인터넷 세상에서는 무인 자동차가 다른 자동차, 집, 도로, 주차장, 가로등과 서로 정보와 데이터를 주고받게 된다.

동력이 되는 요소들의 조합을 의미한다.

〈표 1.2〉 고성과를 구성하는 세 가지 요소

성공의 구성 요소에 대한 이해

1. **시장 집중과 시장 포지션:** 고성과 기업은 현재와 미래 시장가치의 동인에 대한 독특한 통찰력을 확보하고자 노력한다. 변화를 예측하고 차별화된 운영모델과 비즈니스 구조에 예측된 변화를 신속하게 적용한다. 더 나아가 고성과 기업은 비즈니스 모델과 서비스 혁신, 시장의 흐름에 편승하기보다는 시장을 창출하는 일에 지속적으로 집중한다.

2. **차별적 역량에 대한 전문성:** 시장 포지션과 규모에 초점을 맞추는 일에 더해 고성과 기업은 목표 고객과 연관된 차별적 역량에 집중한다. 액센츄어의 연구조사에서는 지금까지 정보기술, 인적 및 조직적 업무 능력, 마케팅 및 고객관리, 재무 및 성과관리, 공급망 관리의 다섯 가지 기능적 전문성에 대해 연구했다.

3. **고성과 구조:** 차별적 역량이 기능적 전문성에 관한 것이라면 성과분석은 그러한 역량의 근거가 되는 조직의 특성에 관한 것이다. 고성과 기업은 조직의 에너지와 핵심역량을 분출시키고 통찰력을 행동으로 옮기는 일을 가속화해 경쟁자를 능가한다. 그리고 현재와 미래 사이의 균형을 유지한다.

   성과분석은 조직문화를 표현하는 그럴싸한 표현이 아니다. 그것은 전략, 기획과 재무관리, 리더십과 인재개발, 성과관리와 정보기술 활용 등과 같은 다양한 분야에 대한 최고경영진의 확고한 사고방식에 의해 결정되는 것이다.

고성과 기업은 기업 경쟁력의 본질을 보존하고 강화시키기 위해 통찰력과 실행력의 신중한 조합을 활용하여 끊임없이 이 세 가지 구성 요소들의 균형을 유지하고 새롭게 정비하며 재탄생시킨다. 〈표 1.2〉에서는 고성과를 구성하는 세 가지 요소들과 각각의 구성 요소들에 대해 설명하고 있으며 좀 더 자세한 내용은 지금부터 살펴보고자 한다.

시장 집중과 시장 포지션

고성과 기업의 구성 요소 중 첫 번째는 성장의 기회와 구조화된 경제적 장점을 극대화하기 위한 기업의 역량을 반영한다. 고성과 기업은 경쟁자들에 비해 업계의 역동성을 잘 이해하고 적절한 전략을 통해 가치창출 관리도 성공적으로 수행한다. 모든 기업은 훌륭한 전략의 본질적 가치에 대해 상당한 정도의 판단력을 갖고 있다. 고성과 기업을 두드러지게 만드는 것은 그들이 가치창출을 위한 최고의 수단을 무엇이라고 생각하고 있으며, 가치창출 과정에서 전략의 역할은 어떤 것이라고 인지하고 있는가 하는 점이다.

의학이나 법률 분야 같은 전문 분야에서 적절한 행위를 규정하는 일이란 무수히 많은 사소한 질문들에 대해 정답을 찾는 일일 것이다. 반면 비즈니스 세계에서 훌륭한 구성 요소의 결정이란 바로 시장 집중과 시장 포지션에 관한 훌륭한 의사결정을 의미한다. 고성과 기업에 대한 우리의 현재진행형 연구조사는 기업이 세 가지의 중대한 전략적 의사결정에 대해 정답을 찾는 데 우선적으로 집중하게 되면 시장 집중과 시장 포지션 또한 극대화된다는 것을 보여준다.

1. 현재와 미래를 어떻게 관리할 것인가?

고성과 기업들에게 탁월한 선택이란 현재의 역량뿐만 아니라 언제든 개발 가능한 잠재적 역량에도 근거를 두는 것이다. 기업인수를 통한 규모 확대에 따르는 리스크를 알기 때문에 고성과 기업들은 모든 규모 수준과 업계의 성숙도에 적합한 유기적 성장(organic growth)에 지속적으로 초점을 맞추어야 한다는 점을 잘 알고 있다. 그러나 기업이 장기간 유기적 성장을 유지한다는 것은 결코 쉬운 일이 아니다. 새로운 분야로 사업 범위를 확대한다거나 관련 시장 또는 지리적으로 새로운 시장에 진출하는 일 등에 대한 의사결정은 반드시 무수한 관련 요소들을 현명하게 판단해서 이루어져야 한다.

고성과 기업들이 의사결정에 앞서 기회를 포착하기 위해 꾸준하면서도 신중하게 사용하는 그들만의 독특한 지혜는 바로 두 가지의 중요한 여과 장치, 즉 조직이 보유한 역량의 한계와 전략의 다양한 전개 상황에 대한 전망이다.

지금까지 관찰해온 이른바 고성과 조직들은 '현실적인 몽상가들'이라고 불러도 좋을 것이다. 그들은 조직 역량의 한계에 도전하지만 결코 그 한계를 넘어서는 법이 없다.

모든 조직에는 전략과 미래 전망에 있어 '실현 가능성'의 한계가 있으며 고성과 기업들은 그 한계점이 어디에 있는지를 포착하는 직관적 감각을 가지고 있다. 예를 들어 한때 중소형 차종으로 유명했던 도요타 자동차(Toyota Motor Corporation)는 그 한계 범위를 성공적으로 확장하여 지금은 고급스러운 이미지인 렉서스(Lexus) 브랜드의 엄청난 성공을 만끽하고 있다. 마이크로소프트의 경우는 다분히 미래 지향적이지만 자세히 들여다보면 기업이 이미 보유하고 있는 실제 역량을 좀 더 강화시키는 전략적 포지션을 갖고 있기 때문에 실행 가능성이 매우 높은 전략을 사용하는 데 누구보다 뛰어나다.

마이크로소프트의 엑스박스(Xbox)를 예로 들어보자. 마이크로소프트가 게임기를 처음 출시했던 2001년 당시는 소니의 플레이스테이션 2(Playstation 2)가 엄청난 성공을 거둔 바로 다음 해였기 때문에 게임시장으로의 진출 자체가 무모한 도전이었다. 하지만 마이크로소프트는 자신들이 자사 제품에 대한 마케팅과 유통, 시장을 점유할 수 있는 브랜드 인지도와 같은 강점을 보유하고 있다고 굳게 믿었다. 엑스박스는 여전히 플레이스테이션 2가 점령한 시장의 극히 일부분을 차지하는 데 그치고 있지만 2004년 4분기 동안 처음으로 플레이스테이션 2의 매출을 앞지르는 데 성공했다. 그것은 곧 마이크로소프트가 게임시장 진출이라는 의사결정에서 결코 기업역량의 한계 범위를 넘어서지 않았다는 것을 보여주는 결과다.

이와 같은 차원에서 이루어지는 적절한 의사결정 능력은 기업의 관리 능력에도 기반을 둔다. 흔히 단기·중기·장기에 걸쳐 동시에 이루어지는 관리 능력 말이다. 고성과 기업들은 비록 그것이 기존 비즈니스의 매출 감소라는 위협에 직면할 수도 있는, 즉 엄청난 부수적 투자를 요구하는 의사결정이라 할지라도 다양한 기간에 걸쳐 전반적 전략을 능동적으로 실행할 수 있도록 의사결정을 내린다. 고성과 기업의 비밀 병기는 고수익 사업의 절정기에 자금이 모두 소진되기를 기다리기보다는 그 수익을 신규 비즈니스를 위한 재원으로 활용하는 것이다. 예를 들어 마이크로소프트는 핵심 사업분야인 운영체계 사업으로부터 창출되는 풍부한 현금흐름을 데스크톱 애플리케이션 분야에서 선두적인 위치를 구축하는 데 활용하여 다양한 측면에서 효과적으로 관리해오고 있다. 오피스와 인터넷 익스플로러의 공급뿐만 아니라 엑스박스나 MSN, 서버 애플리케이션과 같은 연관 분야도 마찬가지다.

2. 운영되는 비즈니스를 어떻게 육성할 것인가?

고성과 기업은 먼저 기업 전체의 핵심, 사업을 위해 매우 차별적이며 또 고부가가치를 창출할 수 있는 비즈니스를 선택하고 그 특유의 혜택이 핵심 사업을 포함한 다른 비즈니스 단위에까지 미칠 수 있는 일련의 사업들을 구축하거나 매입해나간다. 예를 들어 프록터 앤드 갬블(Procter & Gamble)은 그들이 보유한 리더십 역량이나 강력한 브랜드, 전문화된 마케팅 능력, 공유된 유통망, 신제품 개발 기술 등을 기업 전체가 공유하고 모든 비즈니스 단위에서 그 혜택을 누리도록 하고 있다. 쓰리엠(3M)이 보유하고 있는 리서치와 연구개발 분야의 차별화된 능력 또한 기업 내 모든 비즈니스 단위에 널리 퍼져 있다.

고성과 기업에서 육성하는 일이란 단지 '최소한' 혹은 형식적인 관리감독이나 셰어드서비스(shared services, 사업단위의 지원 프로세스 내에서 수행되는 동일·유사 업무들을 추출하여 기업 내 독립된 통합 부서에서 수행하도록 하는 조직 전략) 제공만을 의미하는 것은 아니다. 고성과 기업의 CEO(Chief Executive Officer, 최고경영자)들은 능동적인 리더이며 변화의 원동력이다. 일반적인 기업들과 달리 고성과 기업은 중대하고도 진정한 경쟁우위를 본사에서부터 추진하고, 또 그렇게 되도록 설계한다. 그럼에도 그들은 본사의 역할이 고정된 것이 아니라 시대의 흐름에 보조를 맞추어 진화해야 하는 것이라는 점도 분명히 인지하고 있다. GE의 경영자로서 잭 웰치의 업적이 널리 인정받게 된 것은 물론 합당한 결과이지만 그의 진정한 업적은 그가 실제로 각기 다른 여러 분야의 관리를 통해 회사를 경영했고, 또 각각의 분야에서 서로 다른 목표들을 성공적으로 달성했다는 사실에 있다. 웰치가 후임자인 제프리 이멜트(Jeffery Immelt)에게 전해준 마지막 조언은 "파괴하라!"였다. 20년 전 자신의 전임자로부터 물려받았던 것과 똑같은 것이다.

고성과 기업은 비즈니스의 성숙도, 산업의 사이클, 변화하는 산업구조와 사업 포트폴리오의 특성, 외부적 사건과 파괴적 기술 등에 따라 그들의 비즈니스가 모기업으로부터 필요로 하는 것이 끊임없이 변화할 것이란 사실도 알고 있다. 경쟁환경이 끊임없이 변화하고 있기 때문에 고성과를 위한 육성의 문제는 본사가 여전히 더 많은 부가가치를 창출하고 있는가의 문제일 것이다.

3. 조직설계를 통해 어떻게 경쟁할 것인가?

최고의 기업은 교과서에나 나올 법한 상투적인 조직설계 프로세스를 답습하기보다는 조직의 경쟁우위를 위해 선택된 자원을 강화시킬 수 있도록 독특한 조직설계와 리더십 구조를 개발하는 기업이다. 고성과 기업은 조직의 강점이 조직도 상의 호칭이 아니라 설계된 것을 실행할 수 있는 조직의 독특한 방식에 있다는 점을 인지하고 있다.

기업이 조직설계를 차별화할 수 있는 방법 중 하나는 경영학 교수인 린다 그래튼(Lynda Gratton)과 수만트라 고샬(Sumantra Ghoshal)이 말한 '고유의 프로세스'를 만들어내는 것이다. 베스트 프랙티스 프로세스와는 달리 고유의 프로세스는 차별적인 장점을 만들어낸다. 왜냐하면 고유의 프로세스는 기업의 성장과 함께 발전해온 것이며 경영진의 열정과 긴밀하게 연결되어 있기 때문이다. 노키아*는 기업이 고유의 조직설계를 통해 어떻게 시장을 지배할 수 있는가를 보여주는 사례다. 노키아는 전통적으로 소프트웨어 기술 기업이기 때문에 표준화와 재사용성의 원칙이 조직문화에 깊이 각인되어 있다. 소프트웨어 개발을 '모듈식'으로 하면 신속하고 낮은 비용으로 개발할 수 있게 된다.

규격화된 부품의 조립이라는 의미를 내포하고 있는 모듈화 철학은 결과적으로 노키아의 조직구조 속에 고스란히 녹아 있다. 기업의 구조, 비즈니스의 단위와 기능들은 공통의 역량과 기술을 보유한 사람들로 이루어진 모듈화된 팀으로 구성되어 있다. 결과적으로 고성과 기업들도 이미 알고 있는 바와 같이, 노키아 방식의 진정한 장점은 그들의 변화할 수 있는 능력이다. 모듈화 방식이기 때문에 가능한, 좀 더 향상된 조직적 유연성과 민첩성 말이다.

차별적 역량에 대한 전문성

고성과 기업의 두 번째 구성 요소는 독특한 일련의 역량을 만들어내고 활용하는 것을 포함한다. 스포츠나 순수 예술이나 혹은 비즈니스에서 핵심기술이나 재능 또는 역량을 전문화하는 것은 고성과를 달성하는 데 반드시 필요한 일이다. 올림픽 경기만 보더라도 핵심역량의 전문화 필요성은 충분히 입증될 수 있다. 경쟁을 위해 반드시 필요한 역량은 이미 주어져 있지만 금메달을 획득하기 위해서는 그것만으로는 결코 충분하지 않다. 고된 훈련과 맹렬한 몰입, 자신이 가진 모든 것을 쏟아부으려는 굳은 결의가 바로 올림픽 챔피언을

◆ 노키아: 스마트폰 사업에서 애플(Apple Inc.) 및 삼성전자와 경쟁하면서 어려움을 겪었으나 최근 알카텔-루슨트(Alcatel-Lucent)를 인수하여 세계 시장점유율 27%를 차지함으로써, 1위인 에릭슨(Ericsson Inc.)에 이어 세계 2위의 통신장비회사로 도약했다.

나머지 선수들로부터 구분 짓는 요소들이다. 비즈니스 세계에서도 다를 바 없다. 비즈니스 역량은 필요한 것이지만 그것만으로 충분하지는 않다. 기업은 기술적인 회계업무나 비즈니스에 대한 통제, 리스크관리 같은 기본적인 비즈니스 역량을 반드시 보유하고 있어야 한다. 하지만 여기서도 마찬가지로 차별적 역량의 전문화와 확장을 통해서만 지속가능한 경쟁우위를 확보할 수 있는 것이다.

캐터필러는 기업의 핵심 강점이 어떻게 차별화된 고객경험과 결부되어 차별적 역량으로 탄생할 수 있는지를 보여주는 주목할 만한 사례가 될 수 있다. 캐터필러의 독점적 글로벌 딜러 네트워크는 전 세계에 걸쳐 10만 명이 넘는 직원을 고용하면서 캐터필러의 조직과 브랜드가 엄청난 성장을 이루어내는 데 일익을 담당했다. 딜러 프랜차이즈는 캐터필러의 주요 판매경로일 뿐만 아니라 사후서비스 부분에서 캐터필러의 고객경험을 지속적으로 높은 수준으로 유지할 수 있게 해주며, 전 세계 어디서라도 즉시 고객을 지원할 수 있게 보장해주는 수단이 되기도 한다. 고객경험과 결부된 이러한 유형의 자산활용 우위가 바로 차별적 역량을 만들어낸 것이다. 이는 또한 경쟁사들이 따라잡기 힘든 캐터필러만의 잘 다듬어진 자원 조합이 탄생시킨 결과물이다.

기업역량이 탁월한 비즈니스 성과를 달성할 수 있게 하려면 차별화는 물론 역량 상호 간에 정렬되어야 하고, 많은 경우 완전히 통합되는 것이 꼭 필요하다. 기업은 비즈니스의 성공을 위해 보유하고 있는 강점들을, 보호가 가능하고 복제가 어렵도록 개선하고 또 조합해야만 한다. 고성과 기업에 대한 연구를 통해 그들의 역량을 진정으로 차별화하는 것이 무엇이며, 그런 차별적 역량의 개발이 지속가능한 탁월한 성과를 달성하는 데 중요하게 작용하는 이유에 대한 통찰력을 얻을 수 있었다. 차별화를 가능하게 만드는 데는 다섯 가지 핵심 속성이 있다.

1. 고객중심

고성과 기업은 우리가 흔히 말하는 '가치창출을 위한 고객중심의 알고리즘'을 분명하게 정의한다. 이는 본질적으로 비즈니스의 공식이라고 할 수 있으며, 고객의 니즈(needs)를 비용효율적으로 충족시키기 위해 필요한 프로세스와 자원을 좀 더 큰 차원의 아이디어로 재해석한 것이라 할 수 있다. 기업이 이런 성공을 위한 청사진을 만드는 데는 긴밀한 고객관계와 깊이 있는 통찰력

〈그림 1.3〉 저가 항공사의 운영모델

가치창출의 알고리즘

고객중심적 가치창출 알고리즘
세계적 수준의 전문성이 뒷받침된 낮은 원가와 '최상의 아이디어'
· 두 지점을 연결하는 비행 인프라
· 저가 항공권, 단일객실 서비스, 빈번하고 편리한 비행시간표, 고객의
  충성도 제고를 포함하는 독특한 서비스 제공과 고객경험 제공

자본의 배치
· 항공기 기종 단일화
  일정과 유지 보수, 비행 운항과 훈련 등의 단순화를 통한 더 낮은 원가
· 지식근로자
  우수한 분권형 의사결정 체계 확립, 고객경험과 고객만족의 강화
· 리스크관리
  낮은 원가를 유지하기 위해 연료비의 상당 부분의 헤지를 포함

운항의 통합
· 비행 운항을 위한 인프라
  두 지점 간 비행 및 단거리 비행, 일일 비행기 활용률을 높은 수준으로 끌어올리는 것을 포함
· 효율적인 비행 운항
  신속한 왕복시간 제공: 필요한 항공기 수와 탑승구 수를 절감하고, 탑승객 운송용량 증가에 따른 고정비용 분산

도전적 목표와 신속한 학습 연결고리

점진적 변화와 혁신적 변화의 균형

차별적 역량모델

대(對)고객 서비스	Back-office
서비스 제공	항공기 기종 단일화
고객경험	지식근로자의 역량
운항 관리	리스크관리
비행 운항을 위한 인프라	

이 필요하다. 또한 고객과 주주 양쪽 모두에게 월등한 가치를 제공하는 데 소요되는 비용을 관리하려면 내부 자원을 창의적으로 활용할 수 있어야 한다.

민간항공업계의 경우, 저가 항공사는 대(對)고객업무 부분의 비용절감과 운영 부분의 높은 자산 활용도가 조합된 가치창출 알고리즘으로 훌륭한 성공을 이루어냈다. 그들의 차별적 역량에도 반영된 바와 같이 이러한 프로세스에는 전 기종의 내부를 일률적으로 통일하여 클래스의 구분이 없는 단일 좌석을 제공하고 직원들이 한 가지 이상의 역할을 수행하도록 하는 것 등이 포함된다. 대부분의 저가 항공사 CFO들은 자신들이 수행해야 할 리더십의 역할을 이해하고 있으며, 기업의 비즈니스 지원을 위해 자원을 어디에 집중해야 하는지 정확하게 알고 있다. 결과적으로 저가 항공사들은 자사의 여객 부분 매출회계를 위해 셰어드서비스 모델을 아웃소싱하여 적용하게 되었고, 나비테어(Navitaire)라고 부르는 항공업계의 서비스 유틸리티를 사용하여, 거래자료처리 업무를 한곳으로 모으는 일이 가능해졌다. 〈그림 1.3〉은 저가 항공사에서 사용하고 있는 운영모델을 정의한 것이다.

2. 자산 투자와 자본효율성

고성과 기업들은 흔히 자본효율성에 열광한다. 그와 동시에 고성과 기업들은 자신들을 모방하는 경쟁자들*의 도전에도 불구하고 투자에 대한 선발자 이익**이 지속될 수 있는 시점과 지역을 본능적으로 인지한다. 그와 같은 투자는 상당히 중요하다. 미국의 소매유통 거대 기업인 월마트를 예로 들어보자.

◆ 혁신을 통해 독창적인 제품과 서비스, 새로운 시장을 만들어내지 못하고 선도자를 모방하는 사람이나 기업.
◆ ◆ 기업이 제품과 서비스, 비즈니스 모델 등을 통해 어떤 시장이나 산업에 경쟁자들보다 먼저 진출함으로써 얻을 수 있는 다양한 형태의 이익.

월마트는 1990년대 초반 크로스-도킹 시스템(cross-docking system)*의 기반시설을 구축하기 위해 5억 달러가 넘는 투자를 한 것으로 추정된다. 이로써 월마트는 지속적인 고성과를 달성해왔기 때문에 그 투자는 적합한 것이었음이 입증된 셈이다. 제7장에서 살펴볼 자본관리 관련 역량은 고성과 기업들이 상당히 중점을 두고 있는 부분이다. 자본관리 역량이란 단순한 자산 회계와 투자계획의 수준을 넘어선다.

3. 선택적으로 통합된 핵심 프로세스

고성과 기업은 업무 운영의 통합에 노력을 집중하고 있다. 그들은 가치창출 비즈니스를 지원하는 핵심 프로세스들을 서로 연결하는 데 심혈을 기울인다. 많은 기업들이 모든 프로세스들을 연결하기 위해 고군분투하고 있을 때 고성과 기업들은 자신들의 비즈니스에 진정으로 영향을 미치는 주요 프로세스들만을 선택적으로 통합하고자 노력한다는 이야기다.

직관적인 행동에 반하는 것처럼 보일 수도 있겠지만 고성과 기업들은 의도적으로 자신들의 비즈니스 중 선택된 부분을 극대화하는 일은 하지 않는다. 그들이 이렇게 힘든 결정을 내릴 수 있는 것은 자신들의 알고리즘에 대해 명확하게 이해하고 있으며 무엇이 부가가치를 창출할 수 있는지에 대한 깊은 지식을 보유하고 있기 때문이다. 예를 들어 유나이티드헬스 그룹(UnitedHealth Group)은 '거래자료 처리'가 해당 산업에서 경쟁력 있는 성공을 거두는 데 중요한 요소가 아니라고 판단했기 때문에 이와 관련해서는 셰어드서비스를 사용하지 않는 것으로 결정했다.

◆ 크로스-도킹 시스템: 배송 센터, 소매업자, 공급자가 정보시스템으로 연결되어 있으며, 제품 취합, 재분류, 수송 차량에 선적, 입고와 출고가 동시에 이루어지도록 해서 창고 보관에 소요되는 시간과 비용을 절감할 수 있도록 한 신속하고 유연한 수송 시스템.

자신의 알고리즘을 분명히 이해하고 있지 못한 기업들은 모든 것을 극대화하려고만 한다. 그리고 그 과정에서 불가피하게 생성되었을 성과 측면의 상쇄효과를 인지하는 데 실패하고 만다. 진정한 고성과 비즈니스를 위해 노력하는 것이 아니라 비즈니스의 모든 부분을 극대화하려고 노력했기 때문에 결과적으로 그런 기업들은 성과향상 전략을 포기할 수밖에 없게 된다.

그와는 정반대로 자라(Zara)는 고성과의 세 가지 요소를 이해하고 활용한 훌륭한 사례라 할 수 있다. 스페인의 아르테익소(Arteixo)에 본사를 두고 있는 세계적인 의류제조 및 소매유통 기업인 자라의 고성과는 고도로 전문화된 공급망 관리(Supply Chain Management: SCM)에 근간을 두고 있다. 그 결과 자라는 공급망 물류를 비즈니스 전략과 함께 고안했고 이 핵심역량을 중심으로 통합운영 모델을 설계하는 데 상당한 주의를 기울였다. 이와 같이 핵심역량에 집중했던 자라는 제품의 출시 시기나 주문 및 조달, 고객만족 같은 부분에서 업계의 표준으로 일관되게 자리매김할 수 있었다.

4. 도전적 목표

고성과 기업은 도전적인 목표 설정을 통해 끊임없이 자신의 알고리즘을 개선해나간다. 스스로 가능하다고 생각하는 것 이상의 목표를 설정하고 그 목표를 달성하기 위해 고군분투한다는 말이다. 기업이 성공을 위한 그 나름의 공식을 만들고 실행을 위해 자원을 배분한 다음 실제 업무를 시작했다면 성과의 지속적인 향상을 위해 몰입해야만 한다. 계속해서 도전적인 목표를 설정하고, 한 차원 높은 새로운 단계로 업무 성과를 개선하여 점진적 향상이 아닌 극적 진전을 도모하는 것이 도전적 목표 설정의 궁극적 목적이다. 고성과 기업들은 이른바 고속학습회로, 즉 고성과 달성을 위한 알고리즘의 개선 방안을 신속하게 행동으로 옮겨 목표하는 바를 정확하게 달성하도록 해주는 프로세스를 활용함으로써 그 목적을 달성하고 있다.

도전적 목표는 직원들을 더 많이 일하도록 하는 게 아니라 더 영리하게 일하도록 만들 때 최상의 결과를 가져다준다. 일본 도요타 자동차는 도전적 목표에 대한 중요한 교훈을 제공해주는 사례다. 지속적인 성과 향상 프로그램으로 유명한 도요타는 최근 도요타 모터 세일즈(Toyota Motor Sales: TMS) 미국 법인의 부품 및 액세서리 공급 사업인 북미 지역의 부품 사업에서 '도전적 목표' 설정을 공식적으로 새롭게 시작했다. 도요타 모터 세일즈 미국 법인이 새롭게 설정한 세 가지 목표는 유통비용 100만 달러 절감, 재고비용 100만 달러 삭감, 고객만족도 50퍼센트 향상을 동시에 달성하는 것이다.

하버드 경영대학원의 기술 및 오퍼레이션 관리 부문 조교수인 스티븐 J. 스피어(Steven J. Spear)는 거의 10년간 도요타 자동차에 대해 연구를 진행해왔다. 그의 연구는 '도요타의 DNA 분석'에 집중되어 있으며 그것은 도요타가 지속적으로 경쟁사들을 능가할 수 있도록 만들어주는 기업 저변에 자리 잡고 있는 원칙을 규명하는 일이다. 스피어 교수에 따르면, "도요타는 아직 확실한 해결책을 찾지는 못했다. 하지만 도요타는 좀 더 광범위한 프로세스에 걸쳐 업계의 그 누구보다 신속하고 우수한 성과를 거두기 위해 무엇을 해야 하는지를 간파하고 있다. 더 나아가 도요타는 경쟁사들에 비해 훨씬 신속하고 일관성 있는 학습 능력에 근거한 오퍼레이션을 통해 경쟁우위를 달성하고 있다".

자사의 광고에서 표방하는 것처럼 BMW가 궁극의 드라이빙 머신이라면 도요타는 궁극의 학습 머신이라고 스피어 교수는 주장한다. "도요타가 품질이나 효율성, 생산성, 유연성, 리드 타임(Lead Time: LT, 제품 기획에서부터 완성 단계까지의 소요 기간) 면에서 월등하게 높은 성과를 달성할 수 있는 것은 도요타가 가지고 있는 지칠 줄 모르는 학습 욕구 때문이다." 무엇보다 중요한 것은 도요타의 경영진이 완벽을 추구하는 과정의 모든 단계에 직원들이 관여하도록 하고 있다는 점이다. 더 나아가 도요타는 자신들의 성과를 측정하고 또 향상시키는 데 도움이 되는 핵심 데이터를 제공하는 방법으로 직원들을 지원하고 있다.

스피어 교수는 이렇게 설명한다. "조직 내 모든 업무 영역에서 도전적 목표를 설정하면 직원들은 조립 과정에서 어떻게 해야 2~3초를 단축시킬 수 있을까 생각하면서 출근하게 될 것입니다." 스피어 교수가 모르고 한 말은 아닐 것이다. 그는 도요타의 일원으로 약 6개월간 전 세계의 도요타 공장을 방문한 바 있다. 처음에 그는 회사의 지속적인 성과 개선 프로세스에 참여하고 있는 감독관이나 관리자, 팀 리더의 수가 너무나 많은 사실에 적잖이 놀랐다. 그러나 겉으로만 비대한 조직으로 보일 뿐 실제로는 더 나은 성과를 위해 지속적인 원동력을 육성하고 지원하며 촉진하는 조직임을 깨닫게 되었다. 직원들이 어떻게 하면 생산에 소요되는 시간을 2~3초 줄일 수 있을지 고민하게 만드는 사람들은 바로 그 수많은 관리자들이다. 생산에 소요되는 시간을 51초로 줄였다면 '51초라는 목표를 달성했는데 47초라고 못하겠는가?'라는 질문을 던지는 이들 역시 바로 그들이라고 스피어 교수는 덧붙인다.[5]

어떤 대가를 치르더라도 행동으로 옮긴다는 다짐을 표현하기 위해 도요타는 글로벌 비전을 발표했다. 스스로를 재탄생시키기 위한 장기적인 프로그램이다. 이 장기 프로그램을 시작하면서 도요타는 이렇게 밝히고 있다. "우리는 현재 비즈니스에서 좀 더 강한 위기감을 가질 필요가 있음을 알게 되었다. 성공은 좋은 것이다. 하지만 위기감이 없다면 치명적인 약점이 자리 잡고 말 것이다. 고객중심적 성향은 퇴색할 것이고 창의적 아이디어들은 고갈될 것이다. 그리고 인식하지 못하는 사이에 우리는 어려움에 직면해 있을 것이다." 이와 같은 위험 시나리오가 현실화되는 일을 피하기 위해 도요타는 시장을 예의 주시하고 있다. 가장 호황을 누리고 있을 때조차도 말이다.

5. 역동적 알고리즘

성과 향상을 위한 도요타의 끈질긴 추진력은 알고리즘의 생명력과 강렬함의 근원이다. 변화 속도는 역동적인 알고리즘을 필요로 한다. 차별적 역량을 구성하는 다섯 번째 속성을 제대로 보유하는 일이 가장 힘들 수밖에 없는 이유도 여기에 있다. 성공을 위한 공식을 활성시키는 일이 끊임없는 위기감과 시장에 대한 예리한 인식을 필요로 하기 때문이다. 고성과 기업들은 알고리즘을 적용하는 일과 주변 상황의 요구에 맞추어 고성과를 위한 알고리즘을 재정립하는 일에 특히 뛰어나다. 더 나아가 그들은 알고리즘이 아직 실패 단계는 아니지만 더 이상 진전 없이 뒷걸음질 칠 때 그것을 구성하는 각 요소의 역량에 새로운 활력을 제공할 수 있는 안목도 보유하고 있다.

반면 성과가 낮은 기업들은 그런 안목이나 유연성이 부족하다. 그들이 성공하지 못하는 이유는 성공을 위한 공식을 너무 성급하게 포기하거나 아니면 한 가지 공식에 지나치게 오랫동안 매달려 있기 때문이라는 사실을 수많은 사례를 통해 알 수 있다. 이러한 기업들은 사방에 잠재적 문제점을 안고 있다. 비용 부담이 높은 사고방식은 시간과 자원을 고갈시킬 뿐이며 결과적으로 실패자의 표식을 남기고 만다. 인텔(Intel)의 전설적인 CEO 앤디 그로브(Andy Grove)는 이 문제를 명확하게 포착해냈다. 『편집광만이 살아남는다(Only the Paranoid Survive)』라는 저서에서 그로브는 고성과 기업들이 비즈니스에 대한 현실적 위협과 추측된 위협 사이의 차이점을 즉각적으로 포착하고 그것에 적절히 대응하는 방법을 설명하고 있다.

고성과 구조

고성과 기업의 세 번째 구성 요소인 고성과 구조는 아마도 가장 파악하기 힘든 특성일 것이다. 이것은 기업이 그 나름의 통찰력을 행동으로 옮기는 특유의 방식이 바로 고성과 구조를 설명하는 가장 좋은 방법이 될 수 있기 때문이다. 우리는 고성과 구조야말로 기업이 경쟁자들을 능가하는 실행 능력의 원동력이라고 굳게 믿고 있다. 최고 수준의 성과를 얻기 위한 기질이라고 생각한다는 이야기다. 이것은 곧 기업이 가진, 특히 한 기업의 창업자들이 지닌 '비전과 가치'에 대한 실제적인 표현이다.

고성과 구조는 기업 정체성에 대한 정보이며 비즈니스 사이클과 산업의 파괴, 리더십의 변화 전반에서 드러나는 모든 운영 측면에 속속들이 영향을 미친다. 고성과 구조는 조직문화나 조직설계와는 별개로 다섯 가지 측면에서 기업을 정의한다.

1. 행동 지향적 통찰력

고성과 기업은 고객가치혁신을 추구하는 데 지칠 줄 모르며, 시장을 생성하고 그 모양을 만들어가는 행동 지향적 통찰력이 뛰어난 조직이다. 그 과정에서 실행과 시장 지향 간에 거의 완벽에 가까운 균형을 달성한다. 고성과 기업은 또한 무형자산에 대한 예리한 집중력을 보유하고 있으며 그러한 무형자산을 관리하고 측정할 수 있는 혁신적인 모델을 개발하기도 한다. 그들은 미래의 성과가 일반적인 재무상태표 상에 드러나는 자원들에 의해 달성되는 것이 아니라는 사실을 너무나 잘 알고 있다. 이러한 사고와 자세로 인해 고성과 기업들은 현재와 미래 사이의 균형을 확보할 수 있는 적극적 현안 관리가 가능한 것이다. 그로 인해 그들은 조직의 안정성과 끊임없는 변화에 대한 적응 사이에서 창의적인 긴장감을 유지하는 고도의 전문성을 보여주고 있다.

고성과 기업들은 고객만족뿐만 아니라 주주의 기대치를 초과 달성하는 일이나 경쟁사들이 부러워할 만한 조직화된 실행 능력에도 중점을 둔다. 고성과 기업들은 조직 전반에 걸쳐 상호 신뢰와 확신을 가져다줄 수 있도록 예산

수립과 마감 기한에 입각해 엄격하게 실행하는 능력을 최고의 가치로 삼는다
(〈그림 1.4〉 참조).

〈그림 1.4〉 행동 지향적 통찰력

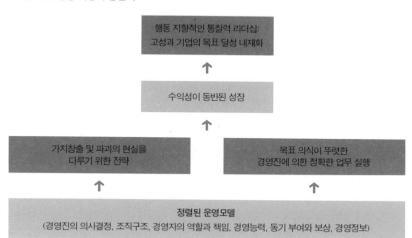

2. 탁월한 생산성

고성과 기업들은 직원들을 교육하고 지도하며 참여시키는 그들만의 방법
을 통해 월등한 수준의 생산성을 달성한다. 이 책에서 언급하고 있는 모든
CFO들은 하나같이 인재와 역량의 개발에 열정을 보여주고 있다. 고성과 기
업들은 조직이 보유한 인적자원의 집단지성(collective intelligence, 통합된 지적
능력)*과 의욕을 활용하는 일에서 경쟁사들보다 더 효과적이라는 것을 스스
로 입증한다. 어떻게 입증할 수 있는가? 우리가 진행한 연구에 의하면 기업의

◆ 집단지성: 집단지능(集團知能), 협업지성(協業知性)과 같은 의미다. 다수의 개체들이 서로 협
력하거나 경쟁하는 과정을 통하여 얻게 된 집단의 지적 능력을 의미하며, 이는 개체의 지적 능력을
넘어서는 힘을 발휘한다.

재무적 성과와 인적자원 개발을 최우선시하는 조직 간에 강력한 상관관계가 있다는 것을 알 수 있다. 예를 들어 최고라고 불리는 기업들은 인적자원에 대한 투자와 사업성과 간의 연관성을 정기적으로 측정할 가능성이 다른 기업들에 비해 상당히 높다. 더구나 그런 기업들의 CEO들은 조직 차원의 인재개발 노력에 좀 더 가시적이고도 직접적인 역할을 수행한다. 이런 방법을 통해 고성과 기업들은 조직 내 인재개발에 대한 투자금액 대비 훨씬 나은 성과를 산출하는, 이른바 '재능승수(talent multiplier, 재능의 상승 효과)'를 창출하는 것이다.

이와 같은 특징을 보여준 기업들의 CEO나 CFO들은 조직 내의 인재개발 노력에 가시적이고 직접적인 역할을 수행하는 빈도가 매우 높다. 그렇게 하는 목적은 직원들이 자신의 직함이나 지위를 넘어서는 업무 능력을 가질 수 있도록 하고 인재개발 부분의 투자수익률(Return on Investment: ROI)에 대한 직원 개개인의 영향력과 기여도를 극대화하는 것이다. 결과적으로 충분한 동기 부여가 이루어진 상태에서 사기가 충만한 직원이 솔선수범할 때 발생하는 재능의 승수 효과는 모방하기 힘든 경쟁우위 요소가 된다.

미국 델라웨어에 본사를 두고 있는 MBNA 코퍼레이션(MBNA Corporation)을 사례로 들어보자. MBNA는 미국 내에서 5000만 명 이상의 신용카드 고객을 보유하고 있으며 1000억 달러 이상의 자산을 관리하는 금융기업이다. MBNA는 설립 당시부터 치과의사 혹은 협회 구성원 등과 같이 '공동 관심그룹'으로 고객을 분류하고 그중 부유층 고객을 목표로 좀 더 뛰어난 고객서비스 경험을 제공하는 데 주력했다. 기업의 전사적 성과 분석 또한 이러한 목표를 지원하고 있으며 MBNA의 모든 운영 방식에도 그대로 반영되어 있다.

이 기업이 보유하고 있는 재능의 승수 효과는 신중한 직원 선발에서부터 시작된다. 고객과의 상호작용에서 탁월한 재능을 보여줄 것으로 기대되는 직원을 선발하는 것이다. 이 선발 과정은 직원이 조직 내에서 동화될 수 있는지를 판단하기 위해 동료들과의 면담을 진행하는 등 매우 철저한 검증 과정을 거친다. 고객을 대하는 직원들의 행동은 회사가 아낌없이 제공하는 혜택으로 한층 더 강화된다. 이것은 MBNA가 ≪포천≫이 선정한 가장 일하고 싶은 회사 중 하나로 5년 연속 이름을 올린 것을 보아도 알 수 있을 것이다. MBNA의 끊임없는 혁신 정신은 모든 직원이 한 달에 최소 네 시간을 '고객의 소리 듣기'에 할애해야 한다는 내부 규정에 그대로 반영되어 있다. 매일 '고객만족' 스코어카드를 공개하고 개인의 인센티브를 고객만족과 직결시켜 고객만족에 집중화된 노력이 연속적으로 이루어질 수 있도록 하며 동시에 가치창출이 동반된 변화를 만들어내도록 하고 있다. 심지어 직원들의 급여 명세서에도 '고객이 당신에게 제공하는 것입니다'라는 문구가 새겨져 있을 정도다.[6]

이 정도의 전폭적인 노력이 가능하기 위해서는 조직 내 인적자원을 기업의 전략적 사명에 부합하도록 정비하는 일이 꼭 필요하다. 광범위한 분야의 기업들을 대상으로 진행한 연구에서 그 일을 성공적으로 완수할 수 있는 방법이 세 가지 정도 관찰되었다. 어떤 기업에서는 강력하고도 역량이 풍부한 리더의 개인적 자질을 통해 인적자원을 정비하고 있었다. 노키아와 월그린(Walgreen) 같은 고성과 기업에서는 사내 핵심 리더십팀과 장기간에 걸친 협력을 통해 이루어내기도 했다. 인적자원의 정비는 조직 전체에 공동의 목표 의식을 고취시키는 것으로도 이루어질 수 있다. 공동의 목표란 몇 마디의 말로 압축된 기업의 사명이나 비전을 통해 전달되는 것이 아니다. 그것은 리더를 가르치는 리더를 통해 그리고 모든 관리 단계에서의 능동적인 책임 수행을 통해 가능한 것이다. 또한 모든 직원들이 회사의 핵심가치를 일상업무 속에서 실현해나간다는 조건이 충족될 때 인적자원의 정비도 이루어질 수 있을 것이다.

3. 전략적 자산으로서의 정보기술

고성과 구조 중 세 번째 측면은 정보기술의 전략적 가치를 인지하는 것이다. 고성과 기업들은 혁신을 양산하고 새로운 가치창출을 가능하게 만들어줄 것이 바로 정보기술이라고 보고 있으며, 정보기술 운영의 탁월성이 경쟁우위의 원천이라고 간주하고 있다. 그들은 정보기술을 단지 비용관리의 도구로 보는 것이 아니라 정보의 사업적 가치를 포착하기 위한 수단으로 여긴다. 고성과 기업들은 신기술 사용에 신속할 뿐만 아니라 적합하지 않은 기술을 제거하는 데도 지체하는 법이 없다.

그들은 또한 직원들이 정보기술을 집약적이고도 창의적으로 사용할 것을 권장한다. 신기술을 적용하는 일이 열광적인 응원을 받는 일은 없다. 떠들썩한 선전이나 그럴싸한 이름을 붙이는 일도 없다. 정보기술은 기업의 전략적 자산이라는 인식이 이들 고성과 기업에는 이미 깊이 각인되어 있는 것이다. 조직 내 모든 구성원들이 비즈니스를 수행하는 방법으로 정보기술을 인식하고 있다는 이야기다. 하지만 그와는 반대로 성과가 낮은 기업들은 정보기술에 대한 투자가 교체 주기에 의해서 이루어지도록 방치한다. 그 결과 정보기술에 대한 투자의 상당 부분이 경쟁우위 확보에 사용되는 것이 아니라 작동과 수리, 기존 시스템의 점진적 개선에만 투입되고 있는 것이다.

4. 의미 있는 성과지표

고성과 기업들은 선택적인 스코어카드, 다시 말해 자신들이 보유하고 있는 경쟁력의 본질을 지속하기 위한 목표를 갖고 작성된 스코어카드를 관리한다. 이 독특한 스코어카드는 재무적 성과와 같이 중대한 유형의 성과는 물론 직원들에 대한 동기 부여 같은 기업가치를 강화하는 무형의 성과에도 중점을 둔다. 고성과 기업들은 자신들이 달성하는 월등한 성과의 동인이 무엇인지 정확히 알고 있으며 그것을 측정할 수 있는 방법을 고안해낸다. 그들의 성과지표는 매우 포괄적이면서도 동시에 경쟁력의 본질을 지속시키고자 하는 노력의 관점에서는 매우 신중하게 선택된 것이다.

5. 효과적인 변화관리

고성과 기업은 조직이 항상 활기에 넘치도록 유지하고 직원들이 긴장의 끈을 늦추지 않게 만들 수 있는 방법을 계속해서 찾아낸다. 그 방법은 바로 직원들에게 간단하면서도 강력한 세 가지 책임을 짊어지도록 권장하는 것이다. 기업의 핵심 사업목표 달성을 위해 자신의 직무를 제대로 수행하는 것, 끊임없이 좀 더 지혜롭게 업무를 수행할 수 있도록 노력하여 자신의 업무수행 방식을 개선하는 것, 기업의 성과를 촉진할 수 있는 차세대 신제품과 새로운 프로세스를 추구해 자신의 업무를 혁신하는 것, 이렇게 세 가지 책임을 직원들에게 부여한다. 지금까지 인터뷰를 했던 CFO들은 변화란 기업이 모든 측면에서 고려되어야 할 변하지 않는 요소라는 데 별다른 이의가 없었다. 실제로 우리가 만났던 다수의 CFO들은 현대의 재무 전문가들이 갖추어야 할 핵심역량 중 하나가 바로 변화관리라고 말한다.

지속적인 개선

고성과 기업들은 가만히 앉아서 성공을 기대하지 않는다. 그들은 지속적인 개선을 무섭게 추구하여 고성과를 달성한다. 그들은 자신들이 속한 산업의 역동성을 다른 누구보다 잘 이해하고 있으며 좀 더 월등한 실행 능력과 결과를 얻기 위해 자신의 차별적 역량을 전문화한다. 그 과정에서 가치창출에 대한 관리도 성공적으로 이루어낸다. 이제부터 지켜보게 될 것이지만 CFO는 고성과 기업으로 이어질 수 있는 특성을 개발하는 일에 중대한 역할을 담당하고 있다.

전문가로부터 배우는 교훈

고성과 기업을 이루는 세 가지 구성 요소가 있으며, 재무조직은 각각의 구성 요소에 대한 그 나름의 역할을 수행하고 있다.

☑ 첫 번째 구성 요소는 시장 집중과 시장 포지션이다. 재무는 기업이 업계의 경제적 기반과 어떻게 가치가 창출되는지에 대해 이해할 수 있게 해준다. 투자자본을 놓고 경쟁하는 기업들에게는 그것을 어떻게 감지할 수 있는지 이해할 수 있게 하는 것도 재무조직의 업무다. 재무는 통찰력 있는 분석자료를 통해 기업의 현재 시장 포지션을 고수하게 하기도, 확장하게 만들기도 한다. 그리고 새로운 시장에서 새로운 기회를 포착해야 할 시점도 결정한다.

☑ 두 번째 구성 요소는 차별적 역량에 대한 전문성이다. 재무는 기업의 모든 주요 의사결정 과정에 참여하여 차별적 역량을 확립하고 쌓아나가는 일의 최일선에서 능동적으로 그 역할을 수행한다. CFO는 기업의 어떤 역량이 전략적으로 경쟁력을 갖춘 차별성이 될 수 있는지에 대해 의사결정하는 데 도움을 준다. 재무팀은 가격 유효성을 결정하고 더 신속한 현금 전환 사이클을 만들어내며, 자본을 좀 더 효율적으로 사용하게 하는 데 참여함으로써 이러한 차별적 역량이 구축될 수 있도록 한다.

☑ 세 번째 구성 요소는 이른바 고성과 구조다. CFO의 견해에서 본다면 고성과 구조를 지원하기 위해서는 조직 전반에 걸친 성과관리 시스템에 초점을 맞출 필요가 있다. 재무책임자는 비즈니스의 진행 상황을 모니터링할 수 있는 확고한 시스템이 어떻게 전개되어야 하는지를 비롯해 의사결정자들에게 정확한 정보가 적시에 전달될 수 있도록 어떻게 만들 것인지를 조직 전체가 이해할 수 있게 하는 데 중요한 역할을 담당하고 있다. 재무는 또한 비즈니스 전반에 걸쳐 자원배분에 관한 의사결정과 성과관리 조건을 강화하기 위해 필요한 규칙을 가지고 있어야 한다.

제2장

고성과 리더십

High-Performance Leadership

CFO의 시각에서 본 고성과 리더십

■■■ 팻 얼랜슨(Pat Erlandson), CFO | 유나이티드헬스 그룹(UnitedHealth Group)

의료비용은 점점 높아져만 가고 있고, 직원들의 요구 사항은 다양해져 가고 있으며, 포화 상태인 시장에서 적정한 가격의 보건의료 솔루션을 찾아야 하고, 엄격해진 규제에 대응해야 하는 등 수많은 도전과제에 직면해 있는 산업에서 유나이티드헬스 그룹은 꾸준히 번창해왔고 또 최고의 위치에 올라 있는 기업이다. 총주주수익률(TRS) 면에서 유나이티드헬스 그룹은 확고한 매출성장을 달성하고 영업이익률을 증가시키며, 강력한 현금흐름을 양산해내면서 지속적으로 경쟁사들을 능가해왔다. 그야말로 산업환경의 격변에도 불구하고 말이다.

유나이티드헬스 그룹의 2004년도 연차보고서 중 주주들에게 보내는 글에서 회장이자 CEO인 윌리엄 맥과이어 박사(Dr. Willian McGuire)는 이렇게 말하고 있다.

〈그림 2.1〉 경쟁사들과 비교한 유나이티드헬스 그룹의 성과

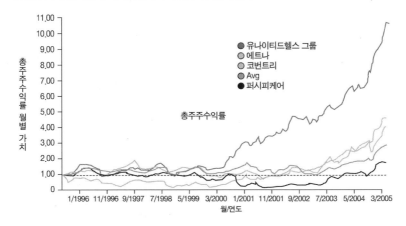

"유나이티드헬스 그룹은 지금까지 보건의료 산업에서 중요한 혁신가이자 품질, 가
격 적정성, 접근성과 활용성을 대변하는 기업이었고 앞으로도 그럴 것입니다." 유
나이티드헬스 그룹은 훌륭한 리더십을 보유한 조직이다. 유나이티드헬스 그룹의 성
공은 주주가치의 구축에 집중했다는 점뿐만 아니라 미국 사회에서 보건의료의 개선
에 헌신한 대변인의 역할에서도 그 근원을 찾을 수 있을 것이다. 유나이티드헬스 그
룹의 CFO인 팻 얼랜슨은 탁월한 리더십팀에서 소중하고도 상당히 눈에 띄는 구성
원이다. 얼랜슨이 이끄는 재무팀이 유나이티드헬스 그룹의 성공에 기여한 것은 고
성과 재무조직이 기업의 성장과 수익성, 주주수익률에 어느 정도까지 영향을 미칠
수 있는지 설득력 있게 보여주는 사례다.

　불과 10년도 되지 않은 과거인 1997년, 얼랜슨은 당시 미니애폴리스에 본사를
두고 있던 유나이티드헬스 그룹에 합류했다. 이제 막 상승세를 타기 시작하던 회사
의 재무성과 덕분에 비교적 과소평가되고 있던 유나이티드헬스 그룹은 ≪비즈니스
위크(Business Week)≫가 선정한 상위 50개 기업 중 3년 연속 최고 5위 기업 중 하
나로 올라설 수 있었다.[1] 이전까지 다국적 컨설팅 회사인 아서 앤더슨(Auther Ander-

제2장 고성과 리더십 · 59

sen)에 몸담고 있던 얼랜슨은 상무의 직책을 맡으며 유나이티드헬스 그룹에 합류했고 기획과 프로세스, 경영정보 분야를 담당하게 되었다. 1990년대 중반 100억 달러에 미치지 못하던 연매출이 450억 달러까지 증가하며 번영을 구가하는 기업의 CFO가 된 얼랜슨은 고성과 리더십에 대한 독특한 견해를 가지고 있었다. 미니애폴리스 토박이들의 말을 들어보면 그가 유나이티드헬스 그룹에 입사한 시기와 회사가 이제 막 성장을 구가하기 시작하던 시기가 맞아떨어진 것은 단순히 우연의 일치에 지나지 않는다는 인상을 받기 쉽다. 그러나 자세히 살펴보면 유나이티드헬스 그룹이 5500만 미국 시민을 고객으로 하여 보건의료서비스를 제공하며, 한 해 600억 달러가 넘는 보건의료 재정을 다루는 산업 분야의 거대 기업으로 성장하는 데 핵심 역할을 담당했던 이들이 바로 얼랜슨과 그의 재무팀이었다는 사실이 점점 더 명확해진다.

얼랜슨이 유나이티드헬스 그룹으로 옮기기 약 6개월쯤 전에 CEO인 맥과이어는 현재 사장이자 COO(Chief Operating Officer, 최고운영책임자)인 스티브 햄슬리(Steve Hemsley)를 자신의 파트너로 영입했다. 맥과이어와 햄슬리는 유나이티드헬스에 의해 합병되고 개발된 전략적 자산을 평가하는 일과 자신들의 리더십팀에 합류할 최고의 인재들을 찾는 일로 바쁜 시간을 보냈다. 1997년을 시작으로 얼랜슨은 고성과 달성을 위한 여정을 공식화한 최고경영진 지원업무를 담당했다. 유나이티드헬스의 조직구조에 대한 근본적인 재평가에서부터 시작한 고성과 달성을 위한 공식 여정 말이다. 얼랜슨은 이렇게 회상한다. "그 해는 매우 중요한 시기였습니다. 왜냐하면 그때가 바로 기존과는 매우 다른 방식으로 회사의 비즈니스를 시장에 맞춰 조정하기 시작한 시기였기 때문입니다. 우리는 규모가 큰 보건의료 보험 시장에 중점을 두고 회사가 보유한 리더십과 자산, 역량 등을 다섯 가지의 매우 차별적이고 완전하게 기능하고 신뢰할 수 있는 비즈니스 단위로 구분하여 재조정했습니다. 우리가 가진 역량을 그러한 시장에 대한 서비스 제공에 초점을 맞추어 차별적이고 측정 가능하며 동시에 신뢰할 수 있는 가치 부가적 방식으로 조직화하는 것이 목적이었죠."

초기에 얼랜슨은 자신의 역할이 맥과이어와 햄슬리의 비전을 실행하는 것이라고 생각했다. 그가 "나의 첫 번째 임무는 회사의 비전을 현실화하는 것이었습니다"라고 회상하는 것만 보아도 알 수 있을 것이다. 회사의 비전을 실행하는 일은 크게 세 가지로 이루어졌다. 첫째, 유나이티드헬스 그룹은 합병된 조직(당시에는 유나이티드헬스케어로만 알려져 있었다), 손익계산서, 재무상태표, 인력, 제품 역량, 고객 등을 다섯 가지의 차별화된 비즈니스 단위로 재구성했다. "우리는 완벽한 기능을 갖춘 완전히 독립적인 다섯 가지의 비즈니스 단위를 만들어냈고, 각각의 비즈니스를 담당하는 CEO와 경영관리팀, 정보기술과 인적자원, 사업운영과 법률, 재무에 이르기까지 관련 인력도 독립적으로 배치했습니다."

다음으로 햄슬리와 얼랜슨, 새롭게 조직된 핵심 재무팀은 '일련의 행동 규칙'과 내부통제 방안, 경영관리 지침 등을 수립하면서 강력한 재무관리 역량을 갖추는 일에 집중했다. 그의 견해로는 "모든 구성원이 동일한 가치에 의해 상호작용을 하는 것이 무엇보다 중요한 일"이었다.

마지막으로 얼랜슨과 그의 팀은 유나이티드헬스 그룹의 핵심 거버넌스 기구를 만들었다. 이 기구는 전략과 비즈니스, 재무, 자본, 기술, 인적자원에 대한 계획수립을 위해 새롭게 조직된 비즈니스와 경영관리 프로세스의 리더십으로 구성되었다. 이러한 거버넌스 기구와 프로세스는 이후 점점 진화했고 오늘날까지 여전히 존재하고 있다. 얼랜슨은 이렇게 확신한다. "그러한 프로세스와 기구를 공식적으로 정립하는 일과 그에 대해 명확하게 커뮤니케이션하는 것은 반드시 필요한 일이었습니다. 왜냐하면 조직 전체가 엄청난 변화를 겪고 있었기 때문이죠. 비즈니스 수행 방식도 과거와 다르게 변화하고 있었고 사람들은 새롭게 재구성된 다섯 가지 비즈니스 사이에서 새로운 직책으로 이동하고 있었다는 이야기죠. 새롭게 구성된 다섯 가지 비즈니스에서 투명성과 신뢰성, 즉 각 사업단위가 공개적으로 보고하는 결과에

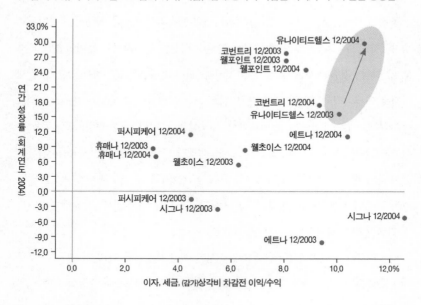

〈그림 2.2〉 유나이티드헬스 그룹의 이자, 세금, (감가)상각비 차감전 이익/수익 vs. 연간 성장률

대한 투명성과 회사가 공개적으로 한 약속은 지킨다는 신뢰성을 특히 강조했던 것은 당시 눈앞에 놓인 당면 과제를 한층 더 어렵게 만들었던 것 같습니다.”

1990년대 말 유나이티드헬스 그룹의 재무성과는 꾸준히 상승 중이었고 얼랜슨과 리더십팀은 계속해서 새로운 조직 기반을 만들어나가고 있었다. 여기에는 2002년도까지 여섯 번째 독립적 비즈니스를 창출하기 위해 이 프로세스를 가동하는 일도 포함되었다. 유나이티드헬스가 성장해감에 따라 얼랜슨이 맡아야 할 재무부문의 공식적 업무도 점점 증가했다. 1999년에 그는 기업 전체의 재무를 총괄하는 재무관리 담당 임원으로 승진했다. 그리고 나중에는 CFO의 위치에서 초창기부터 우선순위를 부여했던 일을 계속해서 집중적으로 추진해나갔다. 예를 들어 인재개발이나 전사적 차원의 운영과 자본의 성과관리 등에 중점을 두었다. 유나이티드헬스 그룹의 매출, 현금흐름, 자본수익률은 지속적으로 성장하고 있었다. 〈그림 2.1〉에서 볼 수 있듯이 미니애폴리스에 기반을 두었던 목표가 뚜렷했던 유나이티드헬스와 다른 경쟁사들과의 격차는 2000년도부터 벌어지기 시작했고, 특히 총주주수익률에서는 월등히 차이가 나고 있었다.

유나이티드헬스 그룹의 주가가 1998년 이후 10배나 상승할 수 있었던 이유를 물었을 때 얼랜슨은 다음과 같은 요소들을 인용하며 대답했다. "가장 중요한 것은 다양한 보건의료 및 복지서비스를 제공하는 기업이 되기 위한 명확하고 확고한 전략입니다. 광범위한 보건의료서비스 분야에서 회사의 비즈니스를 용이하게 만들어주는 전략 말입니다. 맥과이어와 햄슬리의 리더십을 통해 우리는 단순한 건강관리 기관(Health Maintenance Organization: HMO)이나 건강보험업자 그 이상이 되기를 열망했던 것이죠.

다양화된 보건의료 및 복지사업은 세 가지 역량을 중심으로 진행되었습니다.

- 네트워크와 보건의료의 증진
- 기술 기반의 대규모 거래처리 능력
- 지식과 정보

우리가 진행했던 모든 일은 이 전략의 연장선상에 있습니다. 1990년대 중반 이후 이루어진 75건 이상의 기업인수와 통합으로 인해 이 부분의 역량이 강화되었습니다. 마찬가지로 독립적이면서도 완벽하게 기능하는 다섯 가지 비즈니스를 만들어내기 위해 거쳐왔던 조직 재정비 과정도 이 전략의 연장선이라고 할 수 있습니다.

이와 같은 성공에 기여한 또 다른 요인은 혁신과 실행에 대한 강력한 집중력이었습니다. 우리는 기술 기반 비즈니스를 개선하기 위해 상당한 투자를 감행해왔습니다. 새로운 방법으로 거래처리 업무를 자동화하기 위해 2억 5000만 달러가 넘는 자금이 투입되었죠. 노동 집약적인 업무를 기술력으로 대체하여 비용을 절감하는 동시에 품질을 향상시켰습니다. 고객과 직원, 의료서비스 제공자, 중개인 등 비즈니스의 핵심 관계자와 구성 요소들을 모두 포함하는 인터넷 포털도 만들어 전자 상거래와 커뮤니케이션이 좀 더 간단하게 이루어질 수 있도록 했습니다. 대용량의 데이터베이스도 구축했죠. 가장 규모가 크고 강력한 의료 데이터베이스 중 하나일 것입니다. 자산을 결집시키고 앞서 언급했던 역량을 키워나가는 한편 실행능력 측면에서도 많은 노력을 기울였습니다. 탄탄한 영업 성과를 거두는 일이나 자본을 현명하게 관리하는 일, 상당한 규모의 영업 현금흐름을 확보하는 일, 비즈니스에 대한 지속적인 투자와 초과자본의 환원, 자사주 매입을 통해 주주수익률을 향상시키는 일을 맹렬히 추진했습니다. 최종적인 세 가지 요소는 인재개발, 계획 및 성과관리, 자본관리입니다." 얼랜슨에게는 이 모든 것들 중 유나이티드헬스 그룹의 고성과를 달성하는 데 중요하지 않은 것은 하나도 없었다.

얼랜슨의 인재개발에 대한 견해를 듣다 보면 유나이티드헬스 그룹이 이 부분에 대해 대다수 기업들과는 사뭇 다른 입장을 견지하고 있었다는 것을 감지할 수 있다. 예를 들어 얼랜슨은 '활용 가능한 최적의 선수'라든가 행동 '유전자' 같은 용어를 사용하고 있으며 지난 5년간 유나이티드헬스 그룹이 영입한 고위 경영진의 구성원들 중 80퍼센트 이상이 모두 보건의료서비스 업계가 아닌 다른 산업 분야 출신이라는 점을 인지할 수 있을 것이다. 얼랜슨은 이렇게 덧붙인다. "1990년대 후반에 시작된 유나이티드헬스 그룹의 성공에 기여한 핵심 요소는 보건의료서비스 업계라는 특정 범위에 한정된 것이 아니라 광범위한 산업 분야로부터 영입한 탁월한 재능을 가진 인재들과 무관하지 않습니다. 우리 회사는 다양한 분야의 재능을 갖춘 탄탄한 인재 풀을 가지고 있고 이것은 앞으로의 성공에도 핵심적인 요소로 작용할 것입니다."

조직의 재무역량을 개발하는 측면에서 얼랜슨이 유나이티드헬스 그룹의 성장에 공헌한 것은 1997년에 구축된 신속하고도 분권화된 조직체계의 요구를 반영하여 재무부문의 인재를 영입하고 그들이 조직을 이탈하지 않도록 노력한 점이다. 얼랜슨은 자신이 구성한 재무부문의 리더들을 이렇게 묘사한다. "궂은일을 마다하지 않고 비즈니스를 제대로 이해하고 있으며 강력한 경쟁 통제업무 배경을 갖고 있어 이를 통해 비즈니스의 현장에서 활약하는 디테일에 강한 운영자들입니다. 그들에게는 조직을 통제하고자 하는 경향이 강하게 나타납니다. 그럼에도 회사 입장에서는 변화 촉진자로서 그들의 역할과 그들이 관리해야 하는 통제의 규모 사이에서 균형을 유지할 수 있도록 해주는 것도 필요합니다." 얼랜슨의 방법은 자율권을 보장하는 동시에 매우 효과적이기도 했다. 그리고 그 모든 작업은 아주 작은 규모의 재무팀에 의해 추진되어왔다. "거의 모든 재무업무가 비즈니스 속에 포함되어 있어서 결과적으로 비즈니스 운영 전반에 걸쳐 뛰어난 재무능력이 포진하게 되고 최소 규모의 비용효율적인 재무팀이 운영될 수 있었던 것입니다"라고 그는 설명한다.

유나이티드헬스 그룹의 이례적이고 뛰어난 성장 이야기 속에는 계획수립과 성과관리가 여전히 핵심 요소로 작용하고 있다. 얼랜슨에게 유나이티드헬스 그룹의 계획수립과 성과관리란 이런 것이다. "함께 공유할 수 있는 약속을 정하는 구체적인 업무입니다. 이렇게 광범위하고 외부시장에 대해 이 정도의 투명성을 가진 비즈니스를 기업의 재무팀과 각 사업 부문의 리더십팀 간에 공동의 약속도 없이 운영하는 것은 불가능한 일입니다." 1990년대 후반에 유나이티드헬스 그룹의 핵심 성과관리 프로세스의 틀을 만들고 처음 시작했던 것에 더하여 얼랜슨은 유나이티드헬스 그룹의 각 사업 부문에서 계획을 수립하고 성과관리원칙을 정립하여 이와 관련된 활동을 지속적으로 추진해나갔다. 여기에는 세 가지가 핵심적 활동이 포함되는바, ① 계획 및 성과관리를 일상업무 내에서의 실행 능력과 통합하는 일, ② 성과관리를 광범위하게 정의하여 비즈니스의 리스크관리 능력까지 포함시키는 일, ③ 유나이티드헬스 그룹의 비즈니스에 적절한 도구와 재정적 지원을 제공하는 일이 그것이다.

얼랜슨은 자신이 사용한 방법을 이렇게 설명한다. "우리는 약속을 지키는 일에 집착하고 있습니다. 중요한 일을 계획하고 그것을 앞서 설명했던 거버넌스 구조와 관리 프로세스로부터 나오는 엄격한 통제를 활용하여 강화하는 데 매우 뛰어나죠. 여기에는 잘 다듬어진 계획 프로세스, 문제점과 이슈를 조기에 발견하고 계획 프로세스 내에서 그 문제점과 이슈에 대한 해결책을 실행할 수 있도록 고안된 아주 강력한 통제와 리스크관리 프로세스가 포함됩니다. 우리의 리스크관리 프로세스는 서로 분리될 수 없을 정도로 경영계획 프로세스와 매우 긴밀하게 연관되어 있습니다. 대부분의 경영계획은 현재 상태와 달성하고 싶은 목표 사이에 존재하는 장애물을 규명하고 그것을 완화할 수 있는 계획을 수립하는 일이기 때문이죠."

인재개발과 계획수립 및 성과관리에 더하여 얼랜슨은 자본계획과 관리 또한 유나이티드헬스 그룹의 고성과 달성에 중요한 요인으로 보고 있다. "1997년 이후로 유나이티드헬스 그룹의 강한 영업 성과는 꾸준한 성장세를 보여왔습니다. 그러나 더 중요한 것은 우리의 자본관리 능력이 좀 더 나아졌다는 것이죠. 유나이티드헬스 그룹의 총주주수익률에 나타나는 가치를 추구할 수 있었던 원동력도 바로 자본관리 능력에 있다고 나는 생각합니다." 얼랜슨이 자본관리 부분에 높은 우선순위를 부여한 것도 그리 놀라운 일이 아닐 것이다. "나는 자본관리 부분에 많은 시간을 투자합니다. 운전자본을 관리하고 적절한 규모의 차입금을 레버리지하여 자본구조를 최적화하며 비즈니스에 필요한 가중평균자본비용(Weighted Average Cost of Capital: WACC)의 최소기대치(hurdle rate)를 초과하여 이익을 창출할 수 있도록 기술 기반 비즈니스에 대한 투자와 인수를 계획하고 모니터링하며 동시에 비즈니스 활동에 깊이 관여합니다. 또한 효율적인 규제자본 규모를 관리하고, 규제자본 초과분을 재배치하는 일도 하며 자본을 효율적으로 사용하기 위한 방법으로 자사주 매입을 활용하기도 합니다. 자본관리는 매우 중요한 일입니다. 투자자본을 여섯 가지의 비즈니스에 효율적이면서도 효과적으로 배치하는 일은 각각의 비즈니스에서 만족할 만한 수익을 만들어내는 일의 핵심이라고 볼 수 있습니다. 이런 것들이 바로 1998년 매출 170억 달러에서 현재 450억 달러에 이르기까지 강력하고 한결같은 성장세를 유지할 수 있었던 결정적 요인입니다."

자본관리 프로세스에 개인적으로 관여하는 동시에 얼랜슨은 재무조직 내에서 자본관리 기술을 강화하는 것으로도 고성과 달성에 기여했다. 그는 이렇게 말한다. "우리가 개발한 핵심 경쟁력 중 하나는 예상자본수익률에 대한 집중력을 유지하는 동시에 대규모 자본이 투입되는 프로젝트를 다룰 수 있는 능력입니다. 우리는 프로젝트 관리팀뿐만 아니라 프로젝트 금융분석팀도 양성해야 했습니다. 또 프로젝트 금융관리감독팀을 설치하여 프로젝트 관리 이상의 업무를 수행하도록 했으며, 그로 인해 매우 견실한 비즈니스를 중심으로 운영되고 있는 E2E(End-to-End) 프로세스가 구축될 수 있었지요. 프로젝트 금융관리감독팀은 자본투자, 자본수익률, 내부수익률(Internal Rate of Return: IRR) 등을 계획하고 추적하는 역할을 수행하며 그 모든 것을 모니터링하고 상호 간의 커뮤니케이션을 수행합니다." 얼랜슨은 유나이티드헬스 그룹에서 하고 있는 여러 비즈니스의 적재적소에서 이와 같은 기술이 배양되도록 노력했고 그것은 재무역량의 강화를 위한 그의 접근 방식과 일치했다. 그는 이것에 대해 이렇게 말한다. "본사 인원은 고작 몇 명에 지나지 않습니다. 본사의 재무팀은 실제 운영업무 실행에 대해 책임을 맡아야 하는 각 비즈니스가 필요로 하는 재무기술을 정교하게 가다듬는 일을 담당하고 있습니다."

유나이티드헬스 그룹과 함께해온 시간들을 돌아보며 얼랜슨은 자신이 맥과이어와 햄슬리를 도와 만들었던 초기 프로그램들이 여전히 운영되고 있으며 심지어 더 강력하고 유용한 형태로 운영되고 있다는 사실에 흡족해 했다. 그는 또한 자신이 이끄는 재무팀이 유나이티드헬스 그룹이 사업하고 있는 다양한 시장의 끊임없이 변화하는 요구에 부응하며 발전을 거듭해왔다고 평가하고 있다.

．．

팻 얼랜슨이 말하고 있는 것과 같이 유나이티드헬스 그룹이 고성과 기업으로 성장해온 여정은 매우 인상적이며 통찰력을 준다. 미니애폴리스에서 시작된 비교적 작은 규모의 보건의료서비스 기업이 2005년도 ≪포천≫이 선정한 최고의 의료보건회사로 발돋움한 것[2]은 혁신적인 사고와 기본에 충실한 자세 그리고 인재들에게 적절한 도구와 인센티브, 성공의 여지를 제공하는 일이 얼마나 중요한 일인가를 보여주는 증거일 것이다.

이 장에서는 유나이티드헬스 그룹과 얼랜슨의 스토리를 깊이 있게 다루고 있다. 그것은 단지 유나이티드헬스 그룹이 이례적인 성장을 이룩했기 때문만이 아니라 얼랜슨이 실행을 통해 고성과 재무 리더십의 실증적 본보기가 되어주었기 때문이다. 무엇보다 중요한 것은 이 역동적인 CFO는 점점 더 높아지고 있는 도전적인 성과목표를 달성하기 위해 끊임없이 진화하는 유나이티드헬스 그룹에서 고성과 재무팀을 이끄는 일에 중추적인 역할을 수행했다는 점이다. 두 번째로 얼랜슨과 그의 재무팀은 유나이티드헬스 그룹에 훌륭한 재무원칙과 엄격한 거버넌스 구조를 적용하여 공유 가치와 투명성, 신뢰성을 증진시키는 데 공헌했다. 세 번째로 얼랜슨은 유나이티드헬스 그룹에 숙련되고 실천적인 재무임원진을 구축함으로써 회사의 성장을 지원했다. 그들은 사업 운영 전반에 재무 전문성을 정착시키는 데 리더의 역할을 담당했다. 마지막으로 그는 CFO로서의 자신의 역할에 대한 폭넓은 관점을 지속적으로 보여주었다. 회사가 새롭게 재정비되는 것에 부응하여 자신의 역할도 진화하도록 만들면서 말이다. 초기의 핵심 재무이슈에 중점을 두던 것에서부터 시작하여 시간이 지남에 따라 인재개발과 성과관리, 자본관리에 점점 더 많은 관심을 기울여 헌신해왔다는 이야기다.

남들보다 뛰어난 고성과 리더는 과연 어떤 것일까? 진화하는 재무역할과 고성과 리더가 되기 위한 능력에 대해 어떤 생각을 가져야 하는 것인가?

지난 10년간 쏟아져 나온 무수한 리더십 '방법론' 책들과 달리 이 책은 '모든 상황에 적용할 수 있는 방법'을 도출하고자 고성과 리더십에 접근하고 있지 않다. 우리의 경험과 연구 결과는 고성과 기업의 효과적인 재무 리더가 될 수 있는 수없이 다양한 경로가 존재한다는 것을 보여준다. 우리가 만나보았던 CFO들은 재무임원으로서의 개인 역량을 향상시키고 재무조직의 역량을 최대한 개발하는 방법을 통해 그 목적을 달성한 사람들이다. 재무임원의 역할을 수행하는 데 있어서 탁월한 성과를 거둘 수 있는 기회를 좀 더 현명하게 예측하고 해석하며 관리하는 데 도움을 주는 것이 우리의 목적이다.

만약 당신이 현재 CFO의 직위에 있다면 이전보다 규모가 2배 이상인 새 회사의 CFO 직책을 인계받았다고 가정해보라. 만약 CFO가 되기를 열망하고 있는 사람이라면 지금 회사에서 막 CFO의 직위로 승진했다고 상상해보라. 두 가지 경우 모두에 해당하는 질문은 바로 이것이다. 당신이 제일 먼저 처리해야 할 일은 무엇인가?

사례 연구 ■■■ 고성과 달성을 위한 여정의 시작

2002년 초반 콘스텔레이션 에너지 그룹(Constellation Energy Group)의 수석부사장이자 CFO 겸 최고행정관리책임자였던 E. 폴린 스미스(E. Follin Smith)가 직면하고 있던 상황(자세한 인터뷰 내용은 제8장 참조)은 앞서 언급된 시나리오와 유사한 것으로 업계의 대규모 지각변동이 기업 간 M&A로 이어지던 상황이었다. 당시 콘스텔레이션은 창사 이래 최초로 외부에서 CFO를 영입했고 그가 바로 스미스였다. 그때는 1월이었고 업계의 향후 전망도 스산하기만 했다. 엔론(Enron)이 붕괴한 직후였으며 투자자들은 규제가 풀린 에너지 업계가 내부적으로 붕괴될 것이라고 예측하고 있었다. 해결책은 무엇이었을까?

스미스는 고성과 달성을 위한 여정의 전형적인 출발선에서 시작했다. 회사의 수익창출 방법에 대해 깊이 있게 이해하는 일부터 시작했다는 의미다. 그런 다음 그것을 명확하고 결단력 있게 표명하는 것이다. 이 경우 스미스가 대면해야 할 청중은 매우 회의적인 투자자들이었다. 스미스와 콘스텔레이션 에너지의 신임 CEO는 엔론 사태로 말미암아 에너지 업계의 다른 기업들의 미래에 심각한 의문이 제기되던 시기에 프레젠테이션을 했던 것이다. 스미스와 CEO는 서로 협력해서 회사가 앞으로 나아갈 방향과 자원에 대해 매우 상세한 청사진을 제시했다. 그들이 제시한 투명하고 꼼꼼한 접근 방식으로 인해 당시 업계가 격렬한 지각변동을 겪고 있었음에도 불구하고 콘스텔레이션 에너지의 향후 행보에 대한 신뢰성을 높일 수 있었다.

고성과는 미래 전망과 3개년 계획수립뿐만 아니라 현재의 비즈니스 모델에 근거하여 단기적 성과도 창출할 수 있는 능력에 따라 좌우된다. 자신이 몸담고 있는 기업과 경쟁사의 비즈니스, 해당 산업의 가치사슬(기업이 원재료를 가공·판매하여 부가가치를 창출하는 일련의 과정)을 깊이 이해하고 있는 CFO라면 기업의 CEO에게는 귀한 존재가 아닐 수 없다. 그런 CFO가 재무업무의 방향키를 잡아준다면 기업의 최고경영진은 전략 수립과 미래의 성장 기회에 더 많은 시간을 집중적으로 투자할 수 있을 것이다.

오늘날 재무분야에서 가장 널리 쓰이는 슬로건이자 CFO에게 요구되는 것은 '성장 극대화'다. 다국적 음료기업의 CFO는 "성장 기회는 반드시 회계적 엄격성과 균형을 이루어야 한다"는 말로 성장 극대화에 대한 요구가 중요해진 이유를 넓은 시각에서 바라보기도 했다('제8장 전사적 리스크관리' 참조). 이 CFO는 지나치게 속도가 빠르고 민감하게 반응하며 압축 성장하는 것에 현혹될 수 있는 리스크를 통찰력 있게 강조하고 있는 것이다. 성장의 '극대화'와 '최적화'를 구별하는 일은 미묘하지만 매우 중요하다. 성장의 '극대화'를 추구할 경우는 결과적으로 무분별하고 인위적으로 가속화된 성장, 즉 성장을 위한 성장을 추구하게 되는 경우가 많다. 이런 유형의 성장은 대개 외부 인력에 의해 추진된다. 반면 성장의 '최적화'는 그와는 다른 경로의 성장을 의미한다. 성장을 위한 전략과 빈틈없이 준비된 일정, 적절한 속도 등 모든 것이 기업 선택에 의해 실현된다. 이런 유형의 성장은 조직 내부에서 유기적으로 이루어지는 경향이 강하다.

기업의 성장과 총주주수익률을 최적화하는 일은 다름 아닌 CFO의 책임이라고 본다. 나중에 다시 언급하겠지만 이 두 가지 사이의 균형을 유지하는 일은 그에 상응하는 대가를 요구한다. 그럼에도 기업의 성장과 총주주수익률 최적화의 출발점은 '사고방식'이다. 자신의 비즈니스에 대해 어떤 견해를 가지고 있으며 그 비즈니스와 관련하여 기업의 재무조직은 또 어떠해야 한다고 생각하는가에 대한 사고방식 말이다.

유나이티드헬스 그룹의 얼랜슨이 생생하게 보여주었듯이 고성과를 달성하는 CFO는 자신의 비즈니스는 물론 기업의 성장에 기여할 수 있는 재무역할에 대해 남다르게 생각하는 경향이 있다. 지금까지의 CFO 인터뷰에서 우리는 '밖에서 들여다보는(outside-in)' 사고방식을 관찰할 수 있었다. 뛰어난 재무 리더는 경쟁적 사업환경의 시각을 통해 자신의 재무역할을 들여다본다. 절대 그 반대가 아니다. 그들은 자신이 가지고 있는 그 나름의 규칙에서 벗어나 자신의 역할을 훨씬 넓은 시각으로 관찰할 수 있는 능력을 가지고 있다. 이런 사고방식은 재무업무가 '비즈니스의 변화에 보조를 맞추는 일'에 도움이 된다. 바로 고성과 재무가 가지고 있는 핵심적인 특징이다.

비즈니스의 변화에 보조를 맞추는 일은 기업의 가치사슬과 사업운영 모델에 대한 깊이 있는 이해에서부터 시작된다. 유나이티드헬스 그룹의 독립적 비즈니스에 재무자원을 투입했던 맥과이어와 햄슬리, 얼랜슨의 의사결정은 광범위하게 사업운영의 역동성을 이해할 수 있는 좋은 사례다. 이러한 방법을 통해 얻어진 '실천적' 지식은 재무 리더가 자신의 비즈니스가 무엇을 요구하는지 예측할 수 있도록 만들어준다. 그리고 그런 요구를 충족시키기 위해 시기적절하게 역량을 기르고 당장 필요하지 않거나 아직 준비되지 않은 역량에 소중한 자원이 낭비되는 것을 사전에 방지할 수 있도록 도와준다. CFO의 입장에서 본 고성과 리더십은 세계적 수준의 재무조직을 구축하는 일만은 아닐 것이다. 사실 그런 견해는 특정 시점에서 비즈니스를 위한 완전히 **잘못된** 전략이 될 수도 있다. 고성과 재무 리더는 조직 내부에서 일어나는 일에만 초점을 맞추고 기능적 업무만을 수행하는 것이 아니라 비즈니스의 성장과 가치 창출, 새로운 기회의 탐색을 지원하는 데 중점을 둔다.

사례 연구 ■ ■ ■ 새로운 재무역할의 점진적 도입

1990년대 이후 한 다국적 금속생산기업은 국제적으로 진행되어왔던 M&A와 물적 분할(spin-off)을 완료하고, 비즈니스의 초점을 좀 더 고객 지향적인 유통과 판매로 이동시키면서 연간 매출을 상당히 높은 수준으로 성장시켰다. 회사의 CFO를 비롯한 재무조직은 그 과정에서 이루어진 모든 시도들을 지원하는 동시에 경제적부가가치(Economic Value Added: EVA®) 프로그램을 비즈니스에 적용해나가는 일이나 미국 회계기준(US GAAP)으로의 전환, 700여 개의 보고 주체에 대한 사베인스-옥슬리 법안(SOX)의 적용, 가치중심 경영(Value-Based Management: VBM) 원칙 수립 등을 함께 추진해나갔다.

가치중심 경영은 경영진들이 자신의 비즈니스를 바라보는 관점에 가장 큰 영향을 끼쳤다. 이 회사의 CFO는 이렇게 지적한다. "기본적으로 사실에 근거한 분석입니다. 각각의 비즈니스가 자본비용을 벌어들일 수 있는지 또 그 이상으로 투자수익을 극대화할 수 있는지에 대한 의사결정을 내리기 위해 근본적인 가치동인을 비즈니스, 시장, 경쟁사의 관점에서 파악합니다. 일단 이것에 대한 분석이 완료되면 우리가 지금 제대로 관리하고 있는지 그렇지 못한지 가늠할 수 있고, 우리가 경쟁에 임하는 태도의 변화가 가능한지 그리고 우리가 가진 경쟁우위의 원천을 어떻게 정의할 것인지 알 수 있습니다."

이와 같은 비즈니스의 요구들을 충족시키고자 재무업무가 어떻게 진화해왔는지를 이해할 수 있도록 하기 위해서 CFO에게 현재의 재무 리더십에 대한 인식이 과거 1990년대 후반과 비교해 어떻게 다른지 설명해줄 것을 요청했다. 그의 말에 의하면 경영자들의 재무에 대한 인식은 '완전히 다른 것'이었다. 그는 계속해서 말을 이어갔다. "전통적으로 재무는 보고서 작성을 목적으로 하는 관리 차원의 지원기능으로 간주되었습니다. 하지만 오늘날의 재무기능은 매우 다른 방식으로 운영되고 있습니다. 이제 재무 리더들은 각 비즈니스를 총괄하는 경영자를 위한 '재무분야의 깨어 있는 의식'과 다를 바 없어요. 비즈니스 리더가 가치 동인에 대해 충분히 이해하고 비즈니스가 가치를 창출하고 있는지 아니면 파괴하고 있는지 판단할 수 있도록 만드는 사람이 바로 재무 리더입니다. 우리가 매년 실시하는 각 비즈니스 리더들에 대한 검토 자료가 그것을 증명해주고 있습니다. 각 비즈니스에서 제2인자는 하나같이 재무 리더였어요. 과거에는 결코 그렇지 않았죠."

CFO는 비즈니스가 지나치게 빠른 속도로 성장하지 않도록 하는 것의 중요성에 대한 언급으로 대화를 마무리했지만 적시성이 갖는 중요성을 친절히 상기시켜주는 일도 잊지 않았다. 앞으로의 전망에 대해 그는 이렇게 말한다. "진화의 다음 단계는 셰어드서비스 모델입니다. '생각해볼 것도 없는 일'이죠. 하지만 최근 수년 동안은 그렇지 못했습니다. 기업이 온통 M&A와 조직 재구성에만 초점을 맞추고 있었으니까요. 과거 40년 동안 이어져 오던 비즈니스를 분리해내려고 하는 마당에 누가 셰어드서비스에 대해 이야기하고 싶어 했겠습니까? 좀 더 넓은 시각을 견지하면서 초점을 잃지 말아야 합니다."

상충관계 속에서 재무원칙을 유지하는 일

앞서 우리는 성장과 총주주수익률의 최적화를 위한 동인들은 반드시 균형이 유지되어야 한다는, 다시 말해 상충관계(trade-offs)에 대해 언급한 바 있다. 단기적 결과와 장기적 결과 사이의 균형, 혁신과 통제 사이의 균형, 성장과 자본관리원칙 사이의 균형 등이 그런 상충관계에 포함된다. 고성과 기업이든 그렇지 않든 간에 이런 상충관계로 둘러쌓인 쉽지 않은 의사결정 상황을 피해갈 수 있는 기업은 극히 드물다. 하지만 콘스텔레이션 에너지 그룹은 이런 유형의 상충관계로 인해 야기될 수 있는 긴장감을 최소화하기 위해 회사의 시장 포지션을 어떻게 사용할 것인지 그 해답을 찾아내는 데 성공한 기업이다.

수석부사장이자 CFO 겸 최고행정관리책임자인 E. 폴린 스미스는 이렇게 설명한다. "우리는 지금까지 장기적 관점의 투자와 현재의 성과를 지속적으로 전달하는 두 가지 일을 동시에 해올 수 있었습니다. 다른 기업들이 모두 부러워할 만한 시장 포지션을 보유하고 있었기 때문이죠. 우리가 왜 그 위치에 있는 것이냐고요? 그것은 우리가 다른 누구도 보지 못한 기회를 알아챘기 때문입니다. 한 가지 일화를 예로 들면, 지금 우리는 경쟁사들이 전혀 이익을 남기지 못하는 비즈니스 분야에서 그들을 앞지르고 있다는 소리를 도매와 소매 양쪽으로부터 듣고 있습니다. 그런 분야에서 전례 없는 이익을 남기고 있죠. 마치 모든 물류 요소들을 동원하고 일반 상품화된 제품들을 서로 조합하여 비용 면에서 그 누구도 경쟁할 수 없는 뛰어난 방법으로 판매했던 델(Dell)의 사례와도 같습니다. 델의 비즈니스 방식은 고객들에게는 저가의 혜택을 줄 수 있고, 그로 인해 회사는 더 높은 시장점유율을 확보하는 데 도움을 주며, 효율적인 비즈니스 사이클이 작동할 수 있도록 하여 단위 원가가 떨어지도록 만들 수 있어요. 우리도 이제 도매사업 부문에서 그와 같은 효율적인 비즈니스 사이클을 확보했다고 판단하고 있습니다."

유나이티드헬스 그룹의 얼랜슨이 보여준 것처럼 도전적인 상충관계에 직면한 상황에서 회계원칙을 유지하는 일의 핵심은 엄격한 관리 조직과 그룹 전체에 걸친 자본관리감독 조직을 구축하는 것이다. 상충관계를 둘러싼 의사결정, 특히 중대한 의사결정은 대부분 최고경영진의 몫이겠지만 조직 내 모든 개별 구성원들이 상충관계에 있는 사안을 두고 전술적 선택을 해야만 하는 상황에 직면하는 경우도 일상적으로 발생한다. CFO가 이런 유형의 상충관계에 대한 올바른 인식을 재무기능과 조직 전체에 불어넣는 방법은 무엇인가?

다국적 금속생산기업의 CFO는 널리 알려져 있는 자본측정지표에서 그의 고민을 해결해줄 수 있는 답을 찾았다. 경제적부가가치는 사내의 모든 직원들이 경영진의 의사결정 이면에 깔려 있는 가치동인을 이해하는 데 도움을 준 매우 유용한 도구였다. 그는 이렇게 말한다. "우리 회사의 전 직원들이 경제적부가가치 산출 방법에 대해 이해하고 있다고 생각합니다. 그리고 자신들의 업무 활동과 자본비용 간의 상관관계에 대해서도 모두 이해하고 있습니다." 이를 회사 전체에 내재화함으로써 CFO는 모든 단계의 의사결정이 사실에 근거한 가치중심적 방법으로 이루어지도록 만드는 데 기여했다. 다국적 음료회사 CFO의 경우, 기업의 가치가 곧 의사결정 프로세스의 시금석이었고 특히 인도나 중국 같은 신흥시장에서는 더욱 그러했다. 그는 이렇게 말한다. "이 지역의 특성에 맞춘 여러 가지의 독특한 운영 방식을 사용할 수도 있습니다. 하지만 결국 우리 회사가 비즈니스를 수행하는 명시적 운영 방식에는 변함이 없습니다."

변화를 촉진하는 CFO, 팀을 구성하는 CFO

어떤 방법을 사용하든 간에 앞서 언급한 내용은 변화를 촉진시키는 사람으로서 CFO의 역할을 강조한 것으로 재무기능 내에서의 역할과 기업 전반에 걸친 역할 모두를 강조하고 있다. 우리가 경험한 바에 의하면 재무분야의 고성과 리더들은 다른 사람을 능가할 수 있는 강력한 개인적 역량뿐만 아니라 타인에게 먼저 다가가고 그들에게 동기를 부여할 수 있는 능력도 함께 보유하고 있었다. 그들은 대부분 고성과를 달성하는 데 개인적 기여도가 탁월하며, 주도적 역할을 수행하는 능력 또한 뛰어나다. 이에 더하여 비즈니스 전반의 진화하는 니즈에 부응하여 자신의 역할을 광범위하고 유연하게 정의하는 경향이 있다. 마지막으로 그들은 충분히 자각하고 있어서 재무 리더십팀을 구축하는 일에 상호보완적인 기술을 추구하고 동시에 그것을 확보해나가고 있다. 여기서 전달하려는 핵심 메시지는, CFO가 기업 내에서 변화를 촉진하는 큰 원천이 되고자 한다면 개인적인 역량 강화에만 집중할 것이 아니라 자신이 뜻하는 바대로 움직여줄 수 있는 가장 중요한 도구, 즉 재무조직의 역량을 강화해야 한다는 것이다.

테라데이터(Teradata)의 CFO인 밥 영(Bob Young)의 관점을 곰곰이 생각해보자. "CFO가 어떤 사람인가에 대해서는 다양한 시각이 있습니다. 하지만 가장 효과적인 CFO에게 조직 내에서 자신의 역할을 어떻게 생각하고 있는지 묻는다면 그는 자신의 역할은 단순한 회계 분야를 넘어 훨씬 더 광범위해진다고 답할 것입니다. CFO의 역할에 대한 인식 변화는 이미 진행되고 있습니다. 내가 하고 있는 흥미로운 일 중 하나는 우리 회사의 제품 판매를 지원하는 일입니다. 나 또한 사용자이므로 외부에서는 다른 CFO들에게 우리 제품에 대한 이야기를 하게 되기 때문이죠. CFO들이 역할 변화를 점차 인식하고 있다는 것을 알 수 있습니다. 그들은 자신이 몸담고 있는 조직에서 폭넓은 분야에 걸쳐 서비스를 제공하고자 개인적인 행동과 시간 배분, 보유 기술 등을 조직에 맞게 적응시켜야 할 필요가 있습니다."

지적한 바와 같이 밥 영은 CFO로서 자신의 역할을 매우 광범위하게 생각하고 있다. 그는 기업의 재무자원을 총괄하는 일에 더하여 회사 제품을 홍보하고 실제로 다른 CFO들에게 판매할 수 있을 정도의 업무지식을 갖추고 있지 않은가. 그는 자신의 전공 분야인 재무업무를 고객관계에도 적용했고 테라데이터의 최일선 비즈니스 활동에 대한 깊이 있는 이해를 자신의 재무업무에도 활용하고 있는 것이다. 그가 테라데이터에서 가격 책정에 대한 책임을 부여받았고 회사 내에 최상위 가격책정 전문 기구를 만들었다는 사실은 CFO의 역할이 변화하고 있다는 그의 생각을 강조해주고 있다.

CFO가 자신의 역할 확대에 대한 잠재성을 평가한 이후에는 재무 리더십팀에 집중하는 것이 논리적인 순서일 것이다. BP 화학의 전략적 회계 서비스 책임자인 러스 타루시오(Russ Taruscio)는 팀을 구성하는 일의 중요성을 이렇게 요약한다. "강력한 CFO와 연륜이 풍부한 재무 리더십팀은 BP가 세계에서 가장 강력하고 부유한 기업이 되는 데 매우 중요한 요소였습니다."

유나이티드헬스 그룹의 얼랜슨의 경우, CFO로서 그의 역할과 최고재무팀에게 부여된 책임은 모두 신중하게 계획되고 설계된 것이었다. 얼랜슨은 이렇게 설명한다. "우리는 각 부문의 CFO들에게 해당 사업의 CEO 및 COO와 파트너십 관계 속에서 비즈니스를 운영할 수 있는 자율성을 보장해주었습니다. 개인적으로 나는 재무보고에 관해서는 어떤 책임도 가질 필요가 없었습니다. 왜냐하면 우리에게는 매우 강력한 컨트롤러가 있었고 세금이나 재정에 관해서도 유능한 리더들이 있었으니까요. 나는 계획수립이나 성과측정, 책임과 같은 부분에 더 집중할 수 있었습니다. 그리고 매우 공격적인 목표를 설정하고 그것을 반드시 달성할 수 있도록 그 일을 함께 추진할 수 있을 만큼 각 비즈니스를 제대로 파악하는 일에 중점을 두는 것도 내가 하는 일입니다. 지금은 자본관리에 거의 대부분의 시간을 할애하고 있습니다."

다국적 금속생산기업의 CFO는 조직의 재무역량을 강화하는 일에 깊이 관여하는 것으로 회사의 성장에 커다란 영향을 끼쳤다. 그가 만든 재무팀은 회사와 함께 성장하여 과거 100명이었던 재무인력이 지금은 전 세계에 걸쳐 거의 2000명에 달한다. CFO는 다양한 산업 분야의 연륜이 풍부한 재무경영자를 영입하는 일에 깊이 관여하여 비즈니스 글로벌화에 기여했다. 그가 관찰했던 바와 같이 외부로부터 영입한 재무임원들은 "해당 분야의 전문가일 뿐만 아니라 변화를 촉진하는 사람"이었다. CFO는 변화를 촉진하는 그들의 능력은 지금까지 회사의 성공에 꾸준히 도움이 되고 있다고 말했다.

인재의 채용과 유지: CFO의 필수 업무

최고의 재무인력을 끌어들이고 또 그들을 유지하는 일은 점점 더 중요한 쟁점이 되고 있으며, 우리가 만났던 CFO들 사이에서 핵심 사안으로 부상했다. 최근의 두 가지 추세는 이 문제를 CFO가 해결해야 할 가장 중요한 사안으로 몰아가고 있다. 외부적으로는 사베인스-옥슬리 법안과 같은 새로운 규정이 등장하면서 최고의 재무인력을 확보하기 위한 시장이 가열되고 있다. 재무기능이 점점 복잡해지고 있다는 사실이 새로운 인재를 찾아내고 고용하는 일을 더욱 어렵고 비용이 많이 드는 일로 만들어놓았다. 우수하고 연륜이 풍부한 재무임원을 보유하는 일 또한 주요 사안이다. 부분적으로는 비즈니스 프로세스 아웃소싱(Business Process Outsourcing: BPO)이 급격하게 늘어난 것에서 그 원인을 찾을 수 있다. 점점 더 많은 수의 재무조직이 아웃소싱을 채용하게 되면서 CFO들은 차세대 리더들을 어디에서 찾아야 할지 고민하고 있다.

CFO인 밥 영은 아웃소싱이 야기한 인재개발의 어려움을 이렇게 분석하고 있다. "비용구조를 고려하여 아웃소싱을 선택했던 수많은 기업들은 재무인력의 신규 고용을 전면 중단한 상태입니다. 이것은 조직 내에서 업무경험 수준의 불균형을 만들어냅니다. 신규 고용을 중단했던 3년, 4년 또는 5년간의 격차가 생길 수밖에 없으니까요. 그 결과 경우에 따라서는 상위직에 있는 사람이 하위 직원들의 업무를 수행하는 상황에 직면하게 됩니다. 언젠가는 그 대가를 치러야 할 것입니다."

밥 영은 아웃소싱으로 인한 또 다른 문제점인 의사결정지원 역할과 거래처리 역할의 비율이 이동하는 문제에 관해 계속해서 견해를 밝혔다. "이것은 문제점인 동시에 기회라고 생각합니다. 더 많은 인재들을 의사결정지원 업무에 활용하다 보면 자원 공백이 생길 수 있습니다. 기술적인 회계업무를 담당했던 인재들이 좀 더 전략적인 분야로 자연스럽게 이전되는 것은 아닙니다. 따라서 나는 직원들에 대한 교육과 신규인력 채용이 당면 과제라고 생각합니다."

어느 한 가지 해결책이 CFO가 직면하고 있는 인재 채용의 문제점을 완전히 해결해줄 수는 없다. 그러나 조직 내의 인재개발 프로그램과 실행을 놓고 고려해보아야 할 여러 가지 요소들이 있다.

첫째, 인재개발 프로그램이 어느 정도 수준으로 구성되어 있는지를 고려해야 하고, 그것이 적정한 것인지 그렇지 않은지를 결정해야 한다. 만약 대부분의 교육이 비공식적이고 '실무와 병행'하도록 구성되어 있다면 그들의 장래에 대한 투자를 하고 있지 않는 것이기 때문에 최고의 인재를 잃어버릴 수도 있는 리스크를 안게 된다. 예를 들어 세계적 음료기업의 CFO는 두 가지 수준, 곧 지역에서 또는 국제적으로 운영되는 회사의 공식 교육 프로그램에 대해 이런 의견을 밝힌바 있다. 지역에서 이루어지는 교육 프로그램에서는 전도유망한 미래의 지도자들에게 기업가치에서부터 전략적 의사결정에 이르기까지 폭넓은 부분을 다룬다. 국제적으로 이루어지는 교육 프로그램의 경우에는 프로그램의 계획과 실행에 CFO가 직접적으로 관여하고 있다. 이와 같은 최고경영진의 의지가 성공적인 인재 채용의 핵심인 것이다.

둘째, 재무 리더와 회사가 개발하기를 원하는 그들의 역량에 대한 확고한 관점을 적용하고 프로그램의 구성에 그것을 반영한다. 유나이티드헬스 그룹의 얼랜슨은 이렇게 말한다. "과거 우리는 대규모의 경영혁신 작업을 진행했습니다. 거의 대부분 운영적·기능적 측면의 리더십을 통해 이루어진 것이죠. 당시 우리 회사 내에는 반드시 필요한 변화관리나 프로그램 관리 역량이 없었습니다. 우리는 회사가 급속하고 지속적으로 진화하고 있다는 것을 잘 알고 있었기 때문에 그러한 역량을 재무팀 내에서 구축하기로 결정했습니다. 변화관리 능력을 유나이티드헬스 그룹 재무팀의 핵심역량으로 만들면서 그러한 자질 개발에 적극적으로 대처했던 것입니다."

마지막으로 조직의 재무 프로세스 중 많은 부분을 제3의 공급자에게로 아웃소싱하고 있다면 공동 인재개발 프로그램을 고려해볼 만하다. 테라데이터의 CFO인 밥 영은 이렇게 말한다. "공동 인재개발계획은 매우 좋은 생각인 것 같습니다. 고객들의 입장에서는 셰어드서비스 센터의 업무를 숙지할 필요가 없을 수도 있지만, 그중에서도 핵심적이고 실질적인 거래처리 회계업무의 경험을 필요로 하는 사람들이 있습니다. 회계업무가 어떻게 진행되고, 또 그것이 제대로 이루어지기 위해서는 무엇이 필요한지 알 수 있기 때문이죠. 고객들은 언제나 아웃소싱이 어떻게 운영되고 있는지 알고 있는 사람을 원하기 마련입니다."

재무팀 내에서 역량을 개발하고 미래의 재무 리더를 교육하는 일에 더하여 고성과 재무 리더들이 사람들을 이끌 수 있는 방법 중 하나는 조직 내에 재무 업무에 대한 예리한 통찰력을 불어넣는 일이다. 유나이티드헬스 그룹에서 얼랜슨이 남긴 행적이 바로 이와 같은 것이었다. 테라데이터의 밥 영에게도 그것은 최우선순위 업무였다. "브랜드 관리자와 정말 경쟁력 있는 재무 분석가가 필요로 하는 기술에는 겹치는 부분이 있다고 생각합니다. 양쪽 모두 공유 기술에 관한 핵심 업무지식을 필요로 하지요. 재무 전문가의 경우 좀 더 깊이 있는 지식을 가지고 있을 수도 있습니다. 하지만 기본적인 재무지식조차 없는 브랜드 관리자라면 함께 일하기가 매우 어려운 것도 사실입니다. 이런 기본적인 재무지식이 없다면 상호 간의 업무 협조는 제 기능을 수행하지 못할 것입니다." 밥 영은 테라데이터 내에서 재무업무 담당자들과 다른 분야의 경영자들 사이에 이루어지는 공식적인 상호 교류를 통해 기본적인 재무지식을 불어넣는 일을 지원하고 있다.

영향력의 극대화

탁월한 CFO는 재무팀의 역량을 높이고 회사 전체에 예리한 재무적 통찰력을 불어넣는 데 개인적인 재무역량 그 이상을 발휘한다. 그들이 회사의 성공에 완전하고도 오랜 기간 지속되는 기여를 할 수 있는 것도 이와 같은 폭넓은 시각이 있기 때문이다. 여기에서 우리는 다른 누구도 아닌 바로 '*당신*', 다시 말해 변화하는 당신의 재무역할에 초점을 맞추고자 한다. 그리고 회사의 사업 성공에 기여할 수 있는 기회를 극대화하는 방법에 대해서도 살펴보고자 한다. 리더십 포 인터내셔널 파이낸스(Leadership for International Finance)의 대표인 블라이드 맥그라비(Blythe McGravie)는 효과적인 리더십을 위해 'FISO

요소'라고 하는 프레임워크를 고안했으며, 상당수의 경영자들은 그가 만든 프레임워크가 유용한 것이라 생각하고 있다. 맥그라비의 FISO 모델('조화와 탁월함'의 모델)은 비즈니스 리더십의 두 가지 동인, 즉 통합(fit in)과 변화(stand out)의 개념에 기초를 두고 있다.

맥그라비에 의하면, 이 두 가지 동인을 완전히 터득할 때 회사를 현재 상태보다 더 나아지도록 만드는 데 필요한 능력을 갖출 수 있게 된다. 효과적이고 영향력 있는 변화의 촉진자가 되기 위해서는 신뢰와 존경을 받을 수 있는 리더십 플랫폼을 먼저 확립해야만 한다고 맥그라비는 말한다. 이렇게 탄탄한 기초가 다져진 후에야 변화를 촉진하는 일도 할 수 있을 것이다. FISO 리더십 프레임워크의 개략적인 내용은 아래와 같다.

'조화'는 개인이 기업의 문화와 구조 속으로 통합되는 과정이다. 이것은 조직 내에서 업무가 이루어지는 차별적인 방식을 터득하고 팀 구성원으로서의 역할을 수행하는 과정을 포함한다. 믿을 만하고 프로세스에 중심이 되는 기술을 보유하고 있으며 팀 전체의 목표 달성에 헌신적인 구성원으로서의 역할 말이다. '조화'를 이룬다는 것은 곧 기존 시스템을 지원하고 유지하며 그 속에서 일할 수 있는 능력을 의미한다.

'탁월함'은 변화의 대변인이 되고 조직 전체의 변화를 촉진하기 위해 자원을 동원하는 과정이다. 언제 어떻게 주도권을 잡아야 하는지, 언제 어떻게 변화를 시작해야 하는지, 성공적인 기업 성장을 달성하기 위해 성과의 한계를 어떻게 극대화시킬지 그 방법 등을 인지하는 것이 여기에 포함된다. '탁월함'을 갖춘다는 것은 곧 시스템이 구축된 한계를 뛰어넘을 수 있도록 이끌어가는 능력을 의미한다.[3]

이 장에서 뿐만 아니라 이 책 전반에 걸쳐 자신이 속한 조직의 문화적 테두리 안에서 업무를 진행하는 방법을 터득함과 동시에 그 테두리를 확장시키고 조직의 성장과 회복력(resilience)*을 증진하기 위해 한계범위 이상의 능력을 연마하는 CFO의 사례가 수도 없이 제시되고 있다. 그들의 경험은 광범위한 변화 프로그램을 시행하기에 앞서 지원업무에 대해 탄탄한 기반을 구축하는 것이 중요함을 강조하고 있다. 중대한 변화를 주도하는 일에는 세심한 계획과 적시성이 요구된다. 우리가 진행했던 CFO 인터뷰를 통해 얻은 그들의 통찰력과 경험은 언제 '조화'를 이루어야 하고 또 언제 '탁월함'을 보여주어야 하는지를 이해할 수 있는 소중한 지침이 될 것이다. 그러므로 그 지침에 따를 때 CFO와 재무조직은 고성과 달성을 위한 비즈니스 변화에 항상 보조를 맞추어 나갈 수 있을 것이다.

◆ 회복력: 곤란에 직면했을 때 이를 극복하고 환경에 적응하여 정신적으로 성장하는 능력(Anthony, 1987)을 뜻하는 심리학 용어로서 최근 사회적·경제적 분야와 재난안전 분야에서 시스템적 관점 아래 전체를 바라보는 개념으로 널리 사용되고 있다. 특히 재난안전 분야에서는 회복력 상실의 가장 큰 원인을 획일성으로 보고 회복력의 정도를 내구성, 가외성, 신속성, 자원 부존성 등 네 가지 속성 요인으로 측정한다. 조직의 경우 회복력의 크기에 따라 위기 상황의 극복 가능성이 영향을 받는다.

전문가로부터 배우는 교훈

☑ 고성과를 달성하는 CFO는 견고하고 회복력이 뛰어난 역량 플랫폼을 개발하는 방법으로 자신이 이끌고 있는 재무팀에게까지 영향을 미치는 평판을 쌓아나간다. 역량 플랫폼은 재무업무에 대한 예리한 통찰력뿐만 아니라 비즈니스의 가치를 실현하는 동인에 대한 깊이 있는 이해력으로 조직 내에서 신뢰를 얻어내는 능력에 바탕을 두고 있다.

☑ 자신이 구축한 탄탄한 기반 위에서 고성과 CFO들은 재무조직의 변화 속도를 회사 전반의 변화에 맞추어 조절한다. 그들은 언제 '조화'를 이루고 기존 시스템과 통합해야 하는지, 또 언제 '탁월함'을 보여주어야 하는지도 알고 있다. 필요할 경우에는 직관에 어긋나는 견해일지라도 이를 제공하여 기업의 성장을 촉진하고 좀 더 나은 결과를 도출하기 위해 통념에 도전하기도 한다.

☑ 효과적인 CFO는 다른 사람을 통해 지도력을 발휘하는 일에 뛰어나다. 그들은 자신들이 가지고 있는 역량 기반을 재무조직 전체로 확대시킨다. 또한 다양한 경험과 시각을 가진 인재를 고용하는 일에 우선순위를 둔다. 재무분야의 인재 풀을 개발하는 일과 재무조직의 역량을 기본적인 회계나 보고 업무를 해결하는 이상으로 확장시키는 일에 매우 헌신적이다.

☑ 고성과 CFO는 재무조직 내에서 탁월한 실행 능력과 성과를 보여줄 뿐만 아니라 각 구성원들이 변화를 촉진하는 사람이 되고 믿을 만한 조언자가 될 수 있도록 팀을 구성하고 훈련하는 일에 상당한 자원을 투입한다. 그렇게 훈련된 재무 조언자들은 비즈니스를 지원하는 데 필요한 자원의 동원 방법을 좀 더 우수하고, 정보에 입각해 결정할 수 있게 해준다. 그리고 회사 전반에 걸쳐 가치를 창출하고 또 포착해내는 방법에 대해서도 인지하고 있다.

제3장

재무 프레임워크 전문가

탁월한 성장과 수익성의 달성

■■■ 짐 슈나이더(Jim Schneider), 부사장 겸 CFO | 델(Dell)

델은 다수의 산업과 고객 분야에서 특유의 경쟁력 있는 경영 방식을 지속적으로 재정립해나가고 있다. 델은 컴퓨터 업계에서 직접판매 방식의 세계적 선두주자이자 온라인 판매와 효율적인 공급망 관리의 혁신가로 인식되고 있다. 탁월한 성장과 수익성, 투자수익률(ROI)을 달성하기 위한 수단으로 새로운 비즈니스 모델을 개척하는 델의 능력을 입증해줄 자료는 무수히 많다.

글로벌화, 가치사슬의 복잡성, 급격한 변화, 기술적 장애물, 비용구조의 유연성. 이런 것들이 업계가 시급히 해결해야 할 당면 과제들이었고 동시에 델이 올바른 주요 사업적 이슈에 집중하면서 성공적으로 관리할 수 있었던 부분이기도 하다.

1996년 이후로 델은 두 자리 수의 매출성장률과 월등한 총주주수익률(TRS)을 달

〈그림 3.1〉 델의 5년간, 7년간 매출성장률

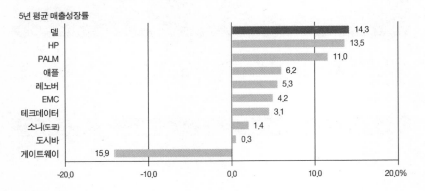

5년 평균 매출성장률

델	14.3
HP	13.5
PALM	11.0
애플	6.2
레노버	5.3
EMC	4.2
테크데이터	3.1
소니(도쿄)	1.4
도시바	0.3
게이트웨이	15.9

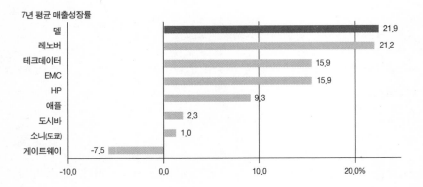

7년 평균 매출성장률

델	21.9
레노버	21.2
테크데이터	15.9
EMC	15.9
HP	9.3
애플	2.3
도시바	1.0
소니(도쿄)	
게이트웨이	-7.5

성하면서 지속적으로 경쟁사들을 앞질러 왔다(<그림 3.1>과 <그림 3.2> 참조). 델의 강력한 이익창출 능력과 그 저변에 깔려 있는 '동급 최강'의 투하자본이익률(Return on Invested Capital: ROIC)은 탁월한 투자수익률(ROI)을 달성해내는 관리 역량을 보여주는 명확한 지표라고 할 수 있다. 여기에서 델의 사례를 소개하기로 선택한 이유는 델이 고성과 기업이자 '재무 전문가'로 널리 알려져 있기 때문이다.

델의 부사장 겸 CFO인 짐 슈나이더는 해당 산업의 급속한 변화가 자신을 비롯한 재무팀과 비즈니스의 결속에 어떠한 영향을 미쳤는지에 대해 말해주었다. "델의 재

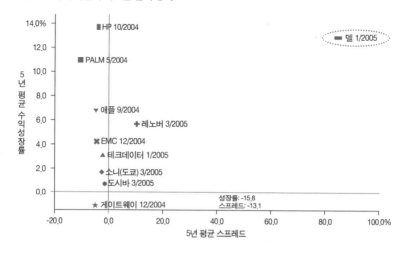

〈그림 3.2〉 경쟁사들과 비교한 델의 성과

무역량은 회사 전체의 전략과 긴밀하게 통합되어 있습니다. 이것은 델이 선점할 수 있는 시장에서 델 식의 '직접판매' 비즈니스 모델을 강화한 데 근거를 두고 있죠. 1980년대 중반 이후 델은 신생 기업으로 시작하여 지금은 1000억 달러 이상의 규모에 이르는, 세계 시장에서 막강한 위치를 선점하고 있는 기업으로 성장했습니다. 오늘날 전 세계적으로 유통되고 있는 개인용 컴퓨터 6대 중 1대는 델의 제품이고, 미국 내에서는 3대 중 1대 꼴로 델 제품이 유통되고 있습니다.

비즈니스가 자리를 잡아가는 동안 우리는 기본적인 통제 장치로서의 회계와 재무업무를 넘어서는 강력한 재무역량과 경쟁력을 길러왔습니다. 이 역량과 경쟁력은 비즈니스가 성장함에 따라 끊임없이 성숙해지고 또 진화할 것입니다. 가장 널리 알려진 델의 재무역량은 운전자본관리 프로세스입니다. 델이 경쟁사들과 차별화되는 부분은 그들이 예상 매출에 맞추어 제품을 생산하는 데 반해 우리는 모든 제품을 주문 생산하고 있다는 점입니다. 이런 비즈니스 모델의 장점은 실질적이고도 엄청난 결과를 가져다줍니다. 예를 들어 우리는 단 5일 동안의 재고 물량만 유지하고 있습니다.

재무분야에서는 저비용과 협력관계를 통한 운영 방식으로 가치중심의 문화가 좀 더 확고하게 정착되었습니다. 재무는 신뢰할 수 있는 비즈니스 파트너입니다. 그리고 전략적·전술적이며 실무에 입각한 의사결정과 긴밀하게 통합되어 있습니다. 우리는 '이익 풀(profit pool)'이라고 부르는 원칙에 근거하여 비즈니스의 분석적 역량을 지속적으로 개발해나가고 있습니다. 처음부터 마지막까지 연결하는 이른바 E2E(End-to-End) 프로세스 연결성은 모든 일선 관리자들에 대한 실시간 보고를 가능하게 해주었습니다. '구매 패턴에 따른 맞춤형 비교쇼핑서비스(frictionless com-merce)'◆가 바로 그것입니다. 마지막으로 델은 재능이 뛰어난 재무 전문가들에 대해 상당한 자부심을 가지고 있습니다.

델은 지금까지 셰어드서비스 모델의 적절한 활용에 기초하여 탄탄한 재무운영 방식을 구축해왔습니다. 우리는 이것이 재무 전문성의 전제 조건이라고 믿고 있습니다. 효율적이고 효과적인 거래처리 업무는 곧 우리의 통제체계가 확고할 뿐만 아니라 뛰어난 회복력을 보유하고 있다는 것을 의미합니다. 그 결과 우리는 다른 기업들에게는 혼란을 야기할 수 있는 문제점들을 피해 갈 수 있는 것입니다. 그들의 재무 프로세스와 시스템은 단편적이기 때문이죠.

델에서 이루어지는 거래처리 업무는 일상적인 운영 활동 속에 내재화되어 있고 슬로바키아, 파나마, 중국, 모로코, 인도 등에 있는 서비스 센터 덕분에 고도로 자동화되어 있습니다. 이 서비스 센터들의 운영 방식은 그 자체로 유전자에 각인된 표준 프로세스라고 볼 수 있습니다. 우리는 강력한 내부통제 체계를 확립하고 있으며 컴

◆ MIT 대학의 미디어랩에서 개발된 새로운 비교쇼핑 기술로 구매자의 구매 패턴에 따라 상품과 서비스를 제공하는 맞춤화된 비교쇼핑서비스를 의미한다. 기존의 비교쇼핑서비스가 주로 가격을 척도로 하는 단순비교 방식이었던 것과 달리 가격 외에 구매자가 중요시 하는 요소에 따라 상품을 선택하고 비교하는 특성을 가지고 있다.

플라이언스 실행환경 또한 매우 확고합니다."

슈나이더는 델의 강력한 가치중심 조직문화를 이렇게 설명한다. "델의 유전자는 인적자원으로부터 훌륭한 성과를 기대하는 것이고 그 가치가 바로 기준이 됩니다. 모든 신입 사원들은 입사 직후 텍사스 주 오스틴에 있는 본사에서 90일 동안 교육을 받게 됩니다. 그 첫날부터 델의 조직문화를 불어넣는 것이죠. 우리에게는 모든 분야에서 승리하기 위한 건설적인 열정이 있습니다. 끊임없이 이루어지는 지속적인 개선은 우리 조직문화의 기본이고 그것은 델이 다양한 경력과 기술을 가진 글로벌 인재들을 만들어내는 방법에도 잘 반영되어 있습니다. 어떻게 최고 수준의 정직과 성실함을 유지하고, 리더를 발굴하며, 개인적 책임을 북돋우는가에서도 그러한 조직문화를 찾아볼 수 있습니다.

재무는 신뢰할 수 있는 비즈니스 파트너이고, 회사의 중대한 의사결정이 이루어지는 자리에는 재무 전문가가 반드시 참여하고 있습니다. 델의 최고경영 위원회 회의 석상에서는 다수의 재무 담당자들이 진행하는 프레젠테이션이 이루어지고 그들의 존재감 또한 매우 높습니다. 우리는 회사의 의사결정 프레임워크와 신속한 실행 능력이 가장 중요한 역량이라고 믿고 있습니다. 그리고 이익 풀에 근거한 운영 방식은 의사결정 프레임워크의 중심에 있습니다. 우리는 진출 가능한 시장에 대해 수익이 아닌 이익을 평가하고 그것이 이익 풀의 상당 부분을 담당할 수 있도록 확실한 계획을 수립합니다. 우리가 시장에 진입할 때 흔히 발생하는 '델 효과'라는 경쟁적 영향력 때문에 이익 풀에 대한 평가도 상당히 보수적으로 하고 있습니다. 이익 풀을 확보하기 위한 계획이 확실하다고 판단할 때만 행동에 옮기는 것이죠. 일단 행동에 옮길 것을 결정하고 나면 우리는 매우 신속하게 움직입니다.

델의 의사결정은 비록 완전한 데이터가 없을 경우에도 아주 빠르게 이루어집니다. 할 수 있는 한 최적의 데이터를 수집하지만 완벽한 정보를 기다리기 위해 프로세스를 지체하지는 않습니다. 델은 비교적 수평적인 조직입니다. 업무처리를 위해

층층이 승인을 받아야 할 필요가 없다는 말이죠.

다른 기업들과 비교해보아도 우리는 아주 민첩하게 움직이는 편입니다. 개인휴대정보단말기(Personal Digital Assistant: PDA) 시장에 대한 진입 속도가 하나의 사례가 될 수 있을 것입니다. 초기에 경쟁사들이 시장의 윤곽을 분명히 하기 위해 많은 비용을 들이고 있는 동안 우리는 아주 서서히 움직였어요. 우리는 좀 더 확실하다고 규명된 시장에 월등하게 낮은 가격으로 진입함으로써 그 상황을 이용한 것입니다. 시장 진입의 시기를 조절하는 것은 델이 목표로 정한 이익 풀의 최대치를 효과적으로 확보하는 일에 매우 소중한 도구가 되어왔습니다.

우리는 실시간 보고를 가능하게 해주는 데이터 마트가 고도로 세분화되기를 요구하고 있습니다. 매일 오전 6시 정각에 대시보드를 통해 최신 정보를 끄집어냅니다. 제품별 이익과 생산라인별 매출에 관한 현장 특화된 인텔리전스 정보를 얻을 수 있죠. 그것은 수요와 공급, 경쟁 패턴과 같이 매일매일 변하는 생생한 정보이기 때문에 매우 중요합니다. 최고경영진은 대략 8개 범주의 지역별 주문 금액과 수량을 즉석에서 파악할 수 있고, 문제는 없는지 혹은 변화를 위해 무엇이 필요한지를 살펴볼 수 있습니다. 세분화와 투명성은 도처에 흩어져 있는 의사결정권자들이 시장의 추세를 파악하고 경쟁이 시작되기 이전에 행동을 취할 수 있도록 사전 무장하는 데 도움을 줍니다. 이런 방식의 성과관리가 바로 델이 이루어낸 성공의 핵심입니다.

우리의 보고체계 역량은 단순히 표준화된 프로세스를 활용한 실시간 정보 제공에 그치는 것이 아닙니다. 특유의 비즈니스 모델 덕분에 우리는 고객에게 좀 더 가깝게 다가갈 수 있고 시장의 변화를 경쟁사들에 비해 신속하게 파악할 수 있습니다. 그리고 우리는 새로운 정보에 근거하여 행동을 취하는 일에 매우 신속합니다."

슈나이더가 마지막으로 언급한 것은 델이 채용하고 육성하고 보유할 수 있었던 탁월한 재능을 소유한 재무 전문가들이었다. "우리는 인재를 채용하는 일을 잘합니다. 그리고 우리 회사에 입사한 직원들이 훌륭한 경력을 쌓아나갈 수 있도록 책임지고 지원합니다. 나는 회계 전문가를 고용하기보다는 오히려 일반적인 비즈니스 기술과 경험을 가진 MBA 출신을 고용하겠습니다. 지금 우리 회사의 재무부문 직원들을 평가하고 그들의 이력서를 확인해본다면 전통적인 의미의 회계 전문가들은 재무보고 역할의 몇몇 업무에 한해 적합하다는 것을 알 수 있을 것입니다. 우리는 회사의 경영진이 창의적 사고를 하기를 원합니다. '나는 비즈니스를 움직이게 하고 그것이 미치는 영향을 이해하기 원한다'라고 말하는 창의적인 경영진 말입니다. 단순히 숫자 계산이나 하고 스프레드시트를 잘 다루는 것보다 이것이 훨씬 더 중요하고 흥미로울 것입니다.

한동안 델의 주가는 상당히 매력적이었습니다. 지금 우리는 고도성장의 시기는 이미 지났고, 실속 있는 전문성 개발을 제공하는 데 더 많은 관심을 기울이고 있습니다. 내부적으로 좀 더 나은 리더로 만들기 위해 수많은 코칭이 이루어지고 있습니다. 심지어 고위 경영진에서도 그런 코칭이 시행되고 있습니다. 아시아 지역에서의 브리지 이니셔티브(bridge initiative) 프로그램이 코칭의 좋은 사례가 될 것입니다. 경영자가 직속 부하 4명의 경력 관리에 관심을 기울이고 그것이 단계적으로 확산되어 조직 전체로 퍼져나가게 되죠. 우리는 매우 경쟁적이며 우리의 경쟁력을 유지하는 방법을 끊임없이 평가합니다. 미래에도 여전히 고성과 기업이 되기를 원한다면 더 훌륭한 리더와 관리자가 필요할 것이란 점을 우리는 아주 잘 알고 있습니다."

델과 같은 고성과 기업은 전형적으로 명확하게 정의된 전략을 가지고 있다. 해당 산업에서 요구하고 있는 성공 조건에 부합되는 그들의 재무운영 모델 및 역량과 일맥상통하는 전략 말이다. 이 장에서는 고성과 기업들이 재무 전문성을 확보하기 위해 거쳐온 각기 다른 경로들을 살펴볼 것이다.

재무 전문성이 중요한 이유는 무엇인가?

모든 고성과 기업들이 차별적 특성의 똑같은 조합을 보여주는 것은 아니지만 그들이 재무 전문성을 확보하기 위해 자원을 사용한 방식에는 상당한 공통점이 있다. 비즈니스를 지원하고 전사적 차원의 전략에 맞추어 재무 어젠다를 통합했다는 점에서 유사성을 찾을 수 있다. 고성과 기업의 CFO들은 전략이나 리더십, 실행에서 매우 중요한 역할을 수행하며 끊임없이 재정립하고 있는 비즈니스의 방향 설정에도 깊숙이 관여한다. CFO를 비롯한 재무조직은 제1장에서 캐터필러의 데이브 버릿이 설명한 '비즈니스의 전문가'가 되었고, 수동적으로 반응하여 일하는 것이 아니라 능동적이고 선제적으로 업무를 수행하며, 단순히 영향을 받는 것보다는 결과에 영향을 끼치는 고성과 팀으로 변모했다.

CFO는 다수의 내외부 이해관계자들이 제시하는 광범위하고 다양한 요구사항에 직면한다. 고성과 달성을 지원하기 위해 갖추어야 할 자격 요건은 점점 더 어려워지고 있다(〈그림 3.3〉 참조). 특히 우리가 만났던 CFO들은 두 가지 핵심 분야 사이에서 우선순위를 정해야 하는 상황에 직면해 있다고 했다. 전략과 리더십에 관련된 문제에 가장 많은 시간을 투자해야 하는 동시에, 한층 강화된 법규에 따른 감독과 투명성 문제에 대응하여 재무와 회계의 기본적업무에 고도의 집중력을 발휘해야만 하는 상황에 놓인 것이다.

이것은 기업이 가치창출을 위해 반드시 넘어야 할 장애물이다. 재무 전문성의 확보는 실제로 추가적인 가치를 생산해낼 수 있는가? 세계적인 호텔기업, 메리어트(Marriott)의 예를 살펴보도록 하자. 재무의 전문가 메리어트는 세계적 수준의 재무 리더십팀이 필요함을 인지했고 또 만들어냈다. 이 재무 리더십팀은 조직 전반에 걸쳐 월등한 실행 능력과 결과물을 강조하는 가치중심의 문

〈그림 3.3〉 재무조직에 대한 요구 사항

요구의 원천	재무조직에 영향을 미치는 업계의 추세
투자자	· **전사적 성과관리와 예측 가능성**: 시장에서는 산업별 구분이 모호해지고 가치사슬과 네트워크에는 끊임없이 변화가 일어나고 있다. 기업은 주변에서 일어나고 있는 변화를 예측하고 신속하게 반응할 필요가 있다.
기업의 전략	· **비용에 집중**: 경쟁이 가중되면서 비용구조를 가볍게 하는 것, 특히 '비핵심' 기능과 프로세스에 대한 비용절감의 필요성이 더욱 심해지고 있다.
내외부 고객	· **리스크관리**: 기업은 더 폭넓게 리스크를 해결하고자 노력하고 있고 규제 당국에서는 재무상태표 상에서 좀 더 광범위한 리스크 파악이 가능하도록 만들 것을 점점 더 심하게 요구하고 있다(예를 들어 위험회피회계에 관한 IAS 39, FAS 133).
경쟁의 압박	· **이익의 투명성**: 외부 금융시장에서 이익을 정밀하게 조사하고 있으며, 공식 발표된 보고자료의 예측 가능성과 투명성에 대한 기대치는 계속 높아지고 있다.
애널리스트	· **CFO 역할의 변화**: 기업의 CEO들은 CFO들이 가치창출에 중점을 둘 것을 점점 더 요구하고 있고, 그로 인해 재무역할에도 상당한 변화가 일어나고 있다.
법률 규제 기관	· **글로벌화**: 글로벌 무역과 다국적 운영이 지속적으로 확대됨에 따라 조직설계, 환거래와 위험회피, 보고 필수요건, 세무전략 등에서 수많은 도전과제들이 생성되고 있다.
점진적 기타 (상주하는 요구사항)	

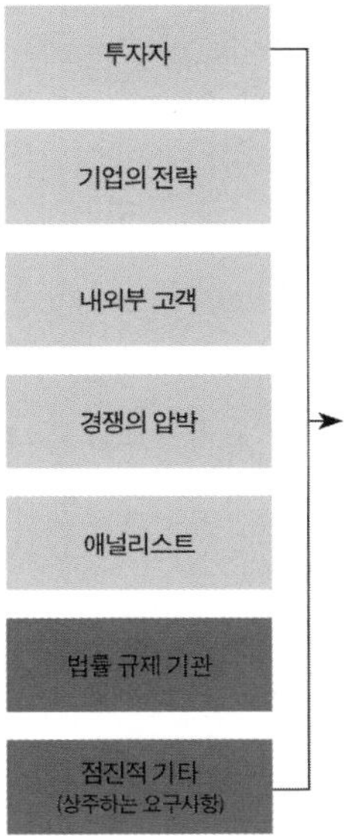

화를 양산했다. 그 과정에서 재무는 메리어트의 다양한 모든 사업운영 분야에서 친밀한 비즈니스 파트너로 인식될 수 있었다. 메리어트의 재무기능은 회사의 성장과 수익성 목표에 완벽하게 정렬되어 있다. 리더십팀 내에 정착된 재무 전문성에 힘입어 메리어트는 2005년에는 8~10퍼센트, 2006년에는 7~9퍼센트의 객실당 수익성장률을 기대하고 있다고 했다. 또한 합성연료 비즈니스의 성과를 제외한 주당순이익(Earnings per Share: EPS)은 2005년도에 2.58~2.61 달러, 2006년에는 3.00~3.10달러까지 올라갈 것으로 예상하고 있다.

재무 전문화로 이어지는 다섯 가지 역량

우리가 '재무 전문가'로 인정하는 기업들이 공통적으로 보유하고 있는 다섯 가지 재무역량을 액센츄어의 연구를 통해 밝혀냈다. 월등한 비즈니스 성과의 달성에 직접적으로 연관되어 있는 이 역량들은 조직의 재무구조를 떠받치고 있는 5개의 기둥과도 같다(〈그림 3.4〉 참조).

조사 대상에 포함되었던 고성과 기업들의 가장 특이한 점은 그들이 표에서 보여주고 있는 프레임워크처럼 기본적인 회계업무, 통제와 리스크관리 등의 범위를 넘어서는 이른바 '확장된 개념의 역량'을 개발해나가고 있었다는 것이다. 우리가 분석한 고성과 기업들은 모두 뚜렷하게 구별되는 확장된 역량을 보여주고 있다. 모든 기업들이 특정 역량을 동일한 방법으로 활용하거나 우선순위를 부여하고 있는 것은 아니다. 각각의 조직은 그 나름의 방향을 가지고 있으며, 그 우선순위도 특정한 역량의 활용에 대한 전문성을 확보해나감에 따라 시간이 지나면 바뀌게 마련이다. 예를 들어 재무운영의 성과 향상을 달성한 후 안정화 단계로 접어든 기업이라면 재무운영의 강화에서 고성과 달성이 필요한 또 다른 분야, 다시 말해 자본관리나 리스크관리 같은 분야에서 새롭고도 확장된 개념의 역량을 개발하는 일로 그 초점을 옮겨가게 될 것이다.[1]

마이크 서트클리프(Mike Sutcliff)는 "재무조직은 비즈니스에 대한 통제의 필요성이나 효과적인 리스크관리의 필요성, 재무적 성과에 대한 보고, 원가동인과 비즈니스의 잠재적 성과에 대한 투명성 제공 등의 필요성을 인지하는 조직입니다. 이런 활동에는 관련 인프라와 자원이 뒷받침되어야 하죠. 그와 동시에 재무조직은 기업이 신규 시장에 진입할 때, 신종 경쟁 영역을 확보하거나 기존과는 다른 방식으로 경쟁하기 위해 새로운 역량을 개발할 때, 그 비즈니스와 함께 움직일 수 있는 유연성이 있어야 합니다. 재무의 도전과제는 균

〈그림 3.4〉 고성과 재무 프레임워크

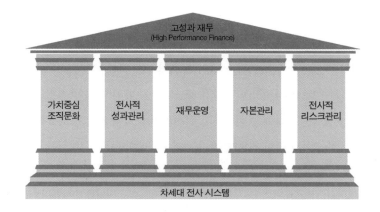

형입니다. 통제 관련 인프라에 대한 투자와 보고 및 비즈니스 성장을 위해 새
로운 역량을 개발하는 데 필요한 자원을 활용하는 것 간의 균형 유지 말입니
다"라고 말한다.

　요약하자면 재무란 운영비용 관리에 대한 리더십을 창조·발휘하기 위해 필
요한 현재의 요건들과 비즈니스의 성장 기회를 찾아내고, 지원하는 장기적 목
표 사이에 균형을 유지해야만 한다는 말이다. 여기에서는 고성과 재무의 원
동력이라고 할 수 있는 다섯 가지의 핵심역량과 스물한 가지의 연관 핵심능력
을 소개하고자 한다. 각각의 재무역량과 그에 연관된 능력은 이어지는 장에
서 좀 더 심도 있게 분석한다.

가치중심 조직문화

　가치중심 조직문화는 어떤 전략을 추구해야 하는지, 어떻게 자원을 활용해
야 하는지에 대한 신중한 의사결정을 통해 각기 다른 이해관계자들에게 최적
화된 가치를 전달한다. 재무에 대한 예리한 통찰력과 관리, 규칙 등을 조직 전

체에 불어넣기 때문에 조직의 모든 구성원들이 지속가능하면서도 뛰어난 총주주수익률 확보라는 공통 목표에 지속적으로 집중할 수 있도록 해준다. 이러한 조직문화는 새로운 가치창출 기회를 포착하기 위해 반드시 필요한 사실에 근거하여 일하는 업무환경과 관리 프로세스를 제공한다. 또한 관리에 필요한 규칙과 새로운 가치창출 기회가 포착되었을 때의 행동 방침도 제공해준다. 가치중심 조직문화에는 현재가치 실현과 미래가치 개발에 필요한 투자도 포함된다. 이 핵심역량의 저변에 깔린 능력은 이런 것이다.

- 재무의 관리 및 통제: 기업 전반에 걸쳐 효과적 의사결정을 가능하게 하는 유효한 통제와 관리 프로세스 구축
- 재무 스킬의 개발: 재무와 성과관리 프로세스를 수행하고, 비즈니스를 지원하기 위한 분석을 할 수 있는 인재를 영입하고 인재 풀을 개발
- 변화관리: 비즈니스의 변화를 이끌 수 있는 스킬과 자신감의 개발

가치중심 조직문화를 만드는 일은 보람 있는 일이지만 동시에 많은 것을 요구하는 프로세스이기도 하다. 서트클리프는 이렇게 말한다. "재무책임자가 거래처리 업무를 넘어 비즈니스의 가치창출 어젠다로 이동하면 다양한 도전 과제에 직면하게 됩니다. 비즈니스의 가치에 대해 이해하고 비즈니스 전반에서 부상하는 새로운 기회를 포착할 수 있도록 해주는 기본적인 재무 스킬을 통해 이것을 필요로 하는 좀 더 많은 조직 구성원들에게 영향을 주는 사람이 되어야 하는 것 말입니다. 그러한 스킬을 조직 전체에 스며들게 해서 구성원들이 사실에 근거하여 비즈니스와 그 방향에 대해 서로 논의하는 일에 익숙해지도록 만들기까지는 해야 할 일들이 아주 많습니다. 그와 동시에 재무책임자는 자사의 전략뿐만 아니라 경쟁사들의 동향에 대해서도 충분히 이해하고

융통성을 발휘해야 할 필요가 있습니다. 업계가 새로운 변곡점을 만들어 가치혁신의 아이디어를 내놓을 지점이 어디인지를 파악해야 합니다."[2]

가치중심의 기업이 되기 위한 독특하면서도 차별화된 방식에 대해서는 제4장에서 다룬다.

전사적 성과관리

전사적 성과관리(Enterprise Performance Management: EPM)를 통해 기업은 해당 산업에서 리더십을 유지하기 위한 자신의 경쟁력 수준을 이해하고 다시 초점을 맞출 수 있다. 이와 같은 역량을 활용할 때 경영진은 모든 업무 영역에서 상세하게 성과를 측정할 수 있고 통찰력을 행동으로 옮기는 일을 가속화할 수 있다. 전사적 성과관리는 기업이 지속가능한 주주가치 극대화라는 목표에 일치할 수 있도록 자원을 최적으로 할당할 수 있는 좀 더 뛰어나고 시기적절한 의사결정을 하는 데 도움을 준다. 전사적 성과관리에 연관된 능력은 다음과 같다.

- 주주가치에 대한 목표 설정: 전사적 차원에서 가치창출의 기회와 위협을 이해하고 발굴
- 포트폴리오의 평가와 목표 설정: 포트폴리오 구성에 대한 선택 대안들을 평가하고 균형 잡힌 도전 목표를 달성하기 위한 자본 및 비용 배분의 기회 선택
- 계획수립과 예측: 비즈니스 동인에 근거한 예측, 즉 다수의 시나리오에 기초한 경제적 가치(Economic Value: EV)에 의해 측정된 성과를 정확하게 예측하고자 내부 및 외부 데이터를 통합
- 성과관리와 보고: 가치창출을 위한 분석과 통찰력, 의사결정을 지원하는

데 필요한 전사적 성과정보를 포착하고 보고

- 투자자 관계: 투자자와 기업 간의 신뢰를 형성하고 이익의 투명성을 확보하기 위해 투자자에 대한 명확하고 개방적인 커뮤니케이션을 유지하며, 예상하지 못한 결과가 도출되는 것을 방지하여 최고경영진에 대한 신뢰를 유지

전사적 성과관리에 대해서는 제5장에서 자세히 다룬다.

재무운영

재무운영은 ERP(Enterprise Resource Planning) 시스템, 셰어드서비스 또는 아웃소싱을 통한 운영 및 프로세스 상의 비용과 효율성에 중점을 둔다. 이에 연관된 능력은 다음과 같다.

- 거래처리 프로세스: 매입채무(Account Payable: AP), 총계정원장 등과 같은 핵심 재무기능에 극대화된 효율성을 제공. 셰어드서비스 혹은 아웃소싱으로 대체되는 경우가 점차 증가하고 있음
- 재무보고 및 외부 공시: 법규에 의한 외부 공시사항과 세무 관련 보고에 필요한 자료를 거래처리 및 시스템 관점에서 정확하고 완전하게 포착해냄
- 경영관리 보고서: 경영진의 의사결정에 필요한 포괄적 데이터를 산출. 기술 및 거래처리 기반의 분석 역량(분석 역량은 전사적 성과관리의 일부분임)
- 내부통제: 비즈니스를 지원하기 위해 그리고 부채와 부정, 불필요한 리스크에 노출되는 것을 피하기 위해 필요한 재무, 회계, 감사 시스템에 관한 엄격한 통제권 제공

BP는 세계적 수준의 재무운영에 대한 좋은 사례다. 전략적 회계 서비스를 총괄하는 러스 타루시오는 이렇게 설명한다. "나는 강력한 CFO와 연륜이 풍부한 리더십팀이 오늘날 BP가 세계에서 가장 부유하고 강한 기업이 될 수 있었던 중요한 성공 요인이라고 생각합니다. 재무통제와 회계업무에서 우리는 세 가지 주요 기능에 중점을 두었습니다. 첫 번째는 일관성 있고 신뢰할 수 있으며 시기적절한 경영정보를 전달하는 것입니다. 그런 기능 없이는 경영진이 신뢰할 수 있는 의사결정을 하기가 불가능하기 때문에 우리는 이것을 매우 중요하게 생각합니다. 두 번째 기능은 BP가 대내외적인 신뢰를 얻을 수 있도록 하는 통제환경을 만들어주는 것입니다. 현재의 환경은 수년 전에 비해 분명 달라졌습니다. 통제환경의 중요성이 감소했다는 것이 아니라 우리가 신뢰할 수 있는 기업이며, 컨트롤러나 CFO, 고위 경영진의 역할에서 신뢰가 핵심 요소가 되는 환경을 조성하는 것이 중요하다는 것입니다. 마지막으로 우리는 회계서비스를 비용효율적으로 제공하는 일에 중점을 두고 있습니다. 우리는 회계서비스가 경영정보 시스템에 신뢰할 수 있는 데이터를 경쟁력 있는 비용으로 제공해주기를 원합니다. 점점 경쟁이 심해지는 상황에서 그것은 매우 중요한 문제입니다."

재무운영에 관해서는 제6장에서 더 자세히 다루기로 하자.

자본관리

자본관리란 총주주수익률의 극대화를 위해 손익계산서와 재무상태표를 통합적으로 관리하는 방법으로, 자본을 배치하고 유지하며 증식시켜나가는 능력을 말한다. 자본관리에 연관된 능력은 다음과 같다.

- 자본투자: 장기적인 재무자원의 극대화와 유연성 확보라는 목표에 부합하

도록 일상업무 수행에 필요한 자금이 아닌 재무적 투자를 효율적으로 관리
- 자본구조에 대한 관리감독: 투자와 성장전략에 부합하는 자금조달을 위해 부채와 자기자본 간의 역동적인 균형을 유지
- 운전자본과 재무상태표 관리: 적정한 자본비용으로 탁월한 운영성과를 거둘 수 있도록 영업 활동에 의한 현금흐름과 재무상태표를 관리
- 세금관리: 분기별/연간 재무보고서, 소득신고, 회계감사 등을 위한 믿을 수 있고 시기적절한 데이터에 기초하여 납세의무 및 관련 리스크를 관리
- 무형자본의 관리: 무형자본과 부외거래 가치에 대한 인식, 관리 및 활용(예를 들어 운영리스, 의무인수계약 등)

유나이티드헬스 그룹의 CFO 팻 얼랜슨은 자본관리의 중요성에 대해 이렇게 설명한다. "우리의 자본관리 프로세스는 부족한 자본을 가장 적절하게 배분하는 방법을 찾아내는 데 도움을 줍니다. 우리의 비즈니스에서는 자본관리가 매우 중요합니다. 450억 달러의 수익을 올리는 다섯 가지 비즈니스 분야에 효과적이면서도 효율적으로 자본을 배분하는 일은 각 비즈니스 분야에서 양호한 수익률을 확보하는 핵심이라고 할 수 있습니다. 우리의 자본관리 프로세스는 1989년도의 4억 달러, 1998년도의 170억 달러 그리고 현재의 450억 달러 수익 규모에 이르기까지 강력하고도 지속가능한 성장을 이룩할 수 있었던 결정적 요인입니다. 자본적 지출과 비자본적 지출(연구개발비와 같은 비용)을 모두 포함한다면 우리는 과거 5, 6년 사이에 20억 달러가 넘는 비용을 지출한 셈입니다. 그것은 연간 4억 달러에서 7억 달러 정도의 비용 지출을 의미하지요. 중요한 것은 1998년부터 우리가 자기 주식을 사들이기 시작했다는 점입니다. 그 이유는 주식 가치가 상당히 양호했기 때문입니다. 그래서 나는 우리 회사가 강력한 사업운영 성과를 거두었을 뿐만 아니라 자본관리 측면에

서도 상당히 발전했다고 생각합니다. 현재 우리 회사 총주주수익률을 통해 나타난 가치 상승의 동인도 바로 이것입니다."

제7장에서는 자본관리에 대한 투자로부터 얻을 수 있는 혜택을 설명하고 있으며 자본관리와 주식 가치 사이의 강한 연결 고리를 보여주고 있다.

전사적 리스크관리

전사적 리스크관리(Enterprise Risk Management: ERM)란 기업의 전략적 목표 달성을 지원함에 있어 기업의 자산 포트폴리오 전반에 걸쳐 재무적 리스크와 비재무적 리스크를 모니터링하고 관리하는 것이다. 전사적 리스크관리는 그 중요성이 점점 더 높아지고 있는 재무기능이며 CFO가 해결해야 할 업무중 최우선순위에 올라와 있다. CFO는 재무조직의 리스크관리 방법을 기업 전반의 비즈니스 니즈에 최적으로 맞추어야만 한다. 전사적 리스크관리에 연관된 능력은 다음과 같다.

- 재무 리스크 관리: 시장과 유동성, 신용 등에 대해 노출된 리스크를 정확하게 계산하고 능동적으로 평가한다.
- 비즈니스 리스크 관리: 기업의 비즈니스 계획 및 모델을 지원하는 계획수립과 관리 프로세스에 연관된 리스크를 평가한다. 시장의 역동성이나 경기순환과 같은 내외부적 변수가 미치는 영향력에 대한 평가에 중점을 둔다.
- 운영 리스크 관리: 운영 주체에 의해 적용된 프로세스와 물류, 기술, 시스템으로부터 야기되는 리스크들을 효과적으로 측정하고 흡수한다. 보험가입과 관련된 부보 리스크는 전사 차원의 리스크관리를 구성하는 한 요소다.
- 이벤트 리스크 관리: 자연재해나 정부 혹은 준정부 차원의 정책과 규범 등

과 같은 외인성 고려 사항에 대해 관리한다. 바젤 II (기존의 은행 건전성 기준인 자기자본비율에 관한 협약, 즉 바젤I을 강화한 새로운 자기자본비율 협약으로 신바젤협약이라고도 부른다 —옮긴이)나 사베인스-옥슬리 법안(SOX), 전쟁 상황 등은 산업 전반에 영향력을 가하는 대표적인 외인성 사건과 환경이라고 할 수 있다.

법규의 변경과 이를 준수해야 하는 상황은 기업으로 하여금 좀 더 포괄적인 리스크관리 방법을 적용하도록 만든다. 세계적인 부동산서비스 제공업체인 존스 랑 라살(Jones Lang LaSalle)의 수석부사장 겸 CFO인 로렐리 마틴(Lauralee Martin)은 리스크관리를 위해 글로벌운영 위원회를 설치했다고 언급했다. 마틴은 위원회에 관해 이렇게 말한다. "위원회에서는 특정 리스크가 국지적인 것인지 혹은 더 광범위한 방법으로 대처해야 할 필요성이 있는지에 대해 판단합니다. 우리가 반드시 짚고 넘어가는 것은 바로 '지금 우리가 리스크의 근원에 대처하고 있는가?'입니다."

제8장에서는 비즈니스에 필요한 구체적인 리스크관리 방법, 리스크와 보상이 끊임없이 변화하는 상황에서 리스크를 경감시키는 데 사용되는 차별화 역량에 대해 살펴본다.

지금까지 확인한 다섯 가지의 차별적 역량과 그에 연관된 능력들은 고성과 기업을 여느 경쟁자들과 구분 짓고 경쟁사들이 고전을 면치 못하는 도전적인 경제환경에서도 번영을 구가할 수 있는 위치에 서도록 만들어준다. 또한 고성과 재무조직은 네 가지 필수 요소를 매우 효과적으로 다루고 있다. 재무 전문가들은 ① 가치를 위한 관리, ② 전사적 차원의 가치중심 조직문화 양성, ③ 기술에 대한 적절한 투자 및 강화 조치, ④ 능숙한 재무 스킬과 정통하면서도 실무적인 현장 비즈니스 운영 지식을 조합할 수 있는 전문가들로 구성된 인재 풀을 개발하는 일에 탁월한 능력을 보여준다.

1. 가치를 위한 관리

재무적 관점의 시장에서는 경영진이나 주주들이 기대하는 것만큼 기업의 가치를 높이 평가하지 않는 경우가 많기 때문에 최고경영진은 자사의 시장가치를 향상시켜야 하는 숙제를 떠안는다. 단순히 주당순이익(EPS)을 향상시키는 것만으로는 충분치 않다. 주식의 시장가격은 전통적인 회계 수치가 아니라 리스크가 반영 조정되어 산출된 미래 현금흐름의 기대치에 근거한다. 주주가치 목표 설정은 장기적 관점의 가치동인에 초점을 맞추는 것이다. 재무적·비재무적 가치동인, 유무형의 가치동인 등에 중점을 둔다는 이야기다.

재무관리는 현재가치와 미래가치에 영향을 미치는 요소를 식별할 수 있어야 하고 비즈니스 구성 요소를 세분화할 수 있어야 한다. 그런 다음 데이터를 가치동인트리(Value Driver Tree: VDT)로 만들어 기업의 전략적·전술적·운영적 측면의 의사결정이 경제적 용어로 표현될 수 있게 해야만 한다. 이것은 주주수익률의 극대화를 위해 매우 중요할 뿐만 아니라 기업의 재무조직이 변화하는 비즈니스 환경에 좀 더 효과적으로 대응하는 데 도움을 준다.

2. 전사적 차원의 가치중심 조직문화를 양성

가치중심 조직문화를 보유한 기업은 구성원들이 주주가치 창출을 위한 의사결정을 신속하게 행동으로 옮길 수 있는 동기를 부여한다. 그와 같은 조직문화는 변화를 가로막는 일반적인 장애물을 제거하고 모든 구성원이 같은 방향으로 동일한 안건과 우선순위를 붙잡고 서로 보조를 맞추어 행진하도록 만든다.

가치중심 조직문화는 고성과 분석의 일부분을 형성하고 있다. CFO들은 재무기능 내에서 가치중심 조직문화를 창출하고 지속시켜나가는 일, 그 문화를 기업 전반으로 확장시키는 일을 성공을 위한 가장 중요한 요소로 간주한다.

3. 기술에 대한 적절한 투자 및 강화 조치

기업은 자사의 프로세스와 기술적 역량에 대해 이해할 필요가 있다. 다른 경쟁사들이 다음 단계에 닥칠 변화의 물결을 예측하기에 앞서 차세대 기술 역량과 차세대 운영모델을 제시할 수 있어야만 한다. 선두기업들은 목적에 부합하는 적정한 규모의 기술을 적용한다. 그들은 전사적 성과관리와 관련된 비즈니스 분석 도구에 투자한다. 이러한 도구들은 경영진이 자원 할당에 대해 좀 더 나은 의사결정을 하고, 단기적·장기적 주주가치를 보여주는 일에 도움을 준다. 선두기업들은 업계 평균을 상회하는 수준에서 기술에 대해 지속적으로 투자하고 경쟁사들에 비해 높은 수익률을 확보하고 있다.

4. 전문가들로 구성된 인재 풀의 개발

조직 내에서 최대의 영향력을 발휘하기 위해 재무분야의 실무자들은 전통적인 회계업무 스킬뿐만 아니라 핵심 비즈니스 스킬도 갖추어야 한다. 또한 그들은 혁신적 사고를 할 줄 알아야 한다. 단순히 비용이나 수익, 예산편성을 생각하는 것이 아니라 자본관리와 변화를 예측할 수 있는 좀 더 진보된 분석적 기술을 활용할 수 있어야 한다는 이야기다. 선두기업들은 자사의 재무능력을 확보하는 데 있어서 다양한 배경을 가진 인재를 영입하는 것에 다시 초점을 맞추어왔다. 재무조직의 내외부에서 혁신적인 직무순환 프로그램을 도입해 핵심 비즈니스 스킬을 양성하고 각 분야의 역량이 서로 융합될 수 있도록 했다. 그리고 재무 전문가들의 차별화된 재능을 육성할 목적으로 공식/비공식 교육 프로그램도 개발했다. 무엇보다 재무 리더들은 비즈니스의 발전을 위해 '재무역량이 반드시 필요하다'는 조직문화를 창출하여 그들 회사의 진정한 차별화를 만들어낼 수 있도록 재능 있는 전문가를 성공적으로 영입해왔다.

우리가 만났던 CFO들은 재무조직이 고성과 기업의 성공을 가능하게 만드는 중심 역할을 수행한다는 점에 이견이 없었다. 이제부터 재무 전문가들이 어떻게 그들의 재무역량을 기업의 전략에 맞추어 정비했는지, 기업의 변화 과정에 어떤 기여를 했는지 살펴볼 것이다.

어떻게 연구했는가?

고성과 재무조직의 차별적 역량을 규명하도록 고안된 이 연구에는 전 세계 선두기업의 250명이 넘는 CFO들을 직접 인터뷰한 내용과 글로벌 컨설팅 회사인 해켓 그룹과 공동으로 진행한 광범위한 벤치마킹 연구가 포함되어 있다. CFO 인터뷰를 위해 액센츄어는 재무기능의 전문성을 확보한 기업들 사이에 나타나는 공통된 특징을 포착하고자 주주가치 분석법을 사용했다. 다음 사항에 대한 이해를 위해 정량적·정성적 질문들이 마련되었다. ① 재무 전문성과 선두기업들 간의 연관성, ② 그 연관성이 산업 분야나 비즈니스 모델 혹은 성장에 대한 기대치에 따라 차이가 있는지 여부, ③ 선두기업들의 재무기능에서 공통적으로 찾아볼 수 있는 역량 그리고 적절할 투자 대상을 판단하는 방법. 벤치마킹 연구에서는 선두기업들과 그렇지 못한 기업들의 재무 전문성을 상호 비교하고 분석하기 위해 해켓 그룹에서 보유하고 있는 전 세계 기업들의 재무 데이터를 활용했다.

재무 전문가 여부를 판단하기 위해 액센츄어는 연구 참가자들을 상대로 가치중심 조직문화, 전사적 성과관리, 재무운영, 자본관리, 전사적 리스크관리

〈표 3.1〉 재무와 성과관리 전문성 척도 및 평가

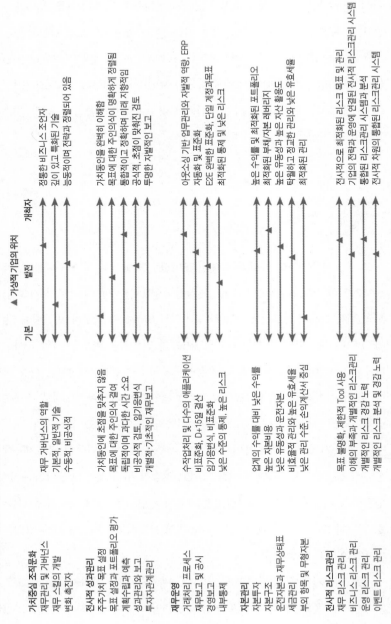

▲ 가상적 기업의 위치

기본　　발전　　개척자

가치중심 조직문화
재무관리 및 거버넌스
재무 실행의 개발
변화 촉진자

발전 측	개척자 측
재무 거버넌스 역할	정통한 비즈니스 조언자
기본적, 일반적 기술	깊이 있고 특화된 기술
수동적, 비공식적	능동적이며 전략과 정렬되어 있음

전사적 성과관리
주주가치 목표 설정
목표 설정과 포트폴리오 평가
계획수립과 예측
성과관리와 보고
투자자본 관리

발전 측	개척자 측
가치동인에 초점을 맞추지 않음	가치동인을 완벽히 이해함
목표에 대한 주인의식 결여	목표에 대한 주인의식이 명확하게 정립됨
독립적으로 과다한 시간 소요	통합적이고 정확하며 미래 지향적임
비공식적 검토, 읽기용변식	공식적, 초점이 맞춰진 검토
개별적·기초적인 재무보고	투명한 지발적인 보고

재무운영
거래처리 프로세스
재무보고 및 공시
경영보고
내부통제

발전 측	개척자 측
수작업처리 및 다수의 애플리케이션	아웃소싱 기반 업무관리의 지발적 역할, ERP
비표준화, D+15일 결산	자동화 및 표준화
임기응변식, 비표준화	E2E 완벽한 표준화, 단일 계정과목
낮은 수준의 통제, 높은 리스크	최적화된 통제 및 낮은 리스크

자본관리
자본투자
자본구조
운전자본과 재무상태표
세금관리
부외 항목 및 무형자본

발전 측	개척자 측
업계의 수익률 대비 낮은 수익률	높은 수익률 및 최적화된 포트폴리오
높은 자본비용	최적화된 부채/자본 레버리지
낮은 유동성과 운전자본	높은 유동성과 높은 자산 활용도
비효율적 관리와 높은 유효세율	탁월하고 정교한 관리와 낮은 유효세율
낮은 관리 수준, 순익계산서 중심	최적화된 관리

전사적 리스크관리
재무 리스크 관리
비즈니스 리스크 관리
운영 리스크 관리
이벤트 리스크 관리

발전 측	개척자 측
목표 불명확, 제한적 Tool 사용	전사적으로 최적화된 리스크 목표 및 관리
이해의 부족과 개별적인 리스크관리	기업의 전략과 운영에 연결된 전사적 리스크관리 시스템
개별적인 리스크 경감 노력	통합된 리스크관리 시스템과 분석
개별적인 리스크 분석 및 경감 노력	전사적 차원의 통합된 리스크관리 시스템

와 같은 다섯 가지 핵심 재무역량에 대한 평가를 진행했다. 그들의 재무성과를 스물한 가지 연관 능력과 함께 평가하는 방법으로 재무역량에 대해 좀 더 완전한 그림을 얻을 수 있었다. 예를 들어 재무 거버넌스, 거래처리 프로세스, 주주가치 목표 설정과 같은 연관 능력 말이다. 그리고 그 각각을 '기본형', '발전형', '개척자형'의 범주를 기준으로 등급을 나누었다(〈표 3.1〉 참조). 이와 같은 등급에 근거하여 연구에서 사용된 역량의 범주 중 개척자형을 25퍼센트 이상 필요로 하고 개척자형과 발전형을 통합하여 65퍼센트를 획득한 재무조직을 재무 전문가로 간주했다.

기업전략을 지원하기 위한 재무 전문성의 기본구조 형성

재무 전문성의 기본구조를 기업에 맞게 만드는 일은 매우 중요하다. 구성요소들의 우선순위가 어떻게 정해지며 어떤 것에 중점을 두는가는 그 기업이 경쟁 주기의 어느 지점에 있는지, 변화를 위한 준비 태세가 어느 정도인지 그리고 비즈니스 모델의 안정성에 따라 달라진다. 재무 전문성을 추구하는 일은 역동적인 프로세스다. 재무 전문성과 관련해 새로운 단계의 성과를 달성하기 위해서는 기업의 재무운영 모델과 자원 개발이 시간이 지남에 따라 변화해야 한다. 이 책에 소개되고 있는 CFO들은 그들의 재무조직을 변화시키는 방법으로 색다른 경로를 선택했다. 그들은 또한 각자의 독특한 재무전략과 운영 모델에 맞추어 재무역량을 정비한다.

글로벌 금속생산기업의 예를 보면 재능이 뛰어난 재무 전문가들로 구성된 핵심 인재 그룹을 만들고, 그 인재들을 강력하고 결속력 있는 팀으로 결집시키는 일이 알루미늄 생산 시장의 힘겨운 경제적 여건들을 성공적으로 헤쳐나가는 데 중심 역할을 했다. 이 기간에 회사의 수익은 2배 이상 증가했고 세계적 규모로 성장했으며, 비핵심사업을 청산하고 수직적으로 확장하여 인접한 신규 시장으로 진출하기도 했다. 이것은 강력한 재무 리더십과 엄격한 규율, 변화관리 기술이 없었다면 불가능했을 것이다. 최고 수준의 자본관리 역량과 리스크관리 역량을 갖춘 가치중심의 조직문화 창출 또한 이 성공 스토리의 핵심을 이루고 있다.

델은 상당 기간 극적인 성장을 이루어낸 경험을 보유하고 있다. 비즈니스를 지원하기 위해 델의 재무팀은 재무분야의 인재를 지속적으로 영입하면서 회사와 함께 확장되었다. 델은 고성과 문화가 다수의 외부 자원의 급속한 유입으로 인해 희석되지 않도록 하는 데 각별한 주의를 기울였다. 최근 델의 경영진에서 내부 인재가 차지하는 비율은 점점 더 증가했다. 5년 전만 해도 임원과 책임자 직급의 75퍼센트가 외부 인사에 의해 채워진 상태였다. 그러나 지금은 인재개발과 코칭, 교육 등이 점차 강화되면서 그 비율이 30퍼센트로 하락했다.

첨단 전자산업은 다른 산업에 비해 변화 속도가 더 빠르기 때문에 델의 기업적 민첩성 개발은 매우 중요한 성공 요인일 수밖에 없다. 델은 크고 작은 변화의 방향을 실시간으로 설정할 수 있도록 만들어주는 짧은 주기의 '실행을 위한 계획' 수립 프로세스를 통해 경쟁사들을 압도하고 있다. 델의 직접판매 방식은 재무역량의 중요성을 한층 더 강화시킨다. 예를 들어 고객의 수요를 충족시키기 위한 주문제작 방식에 따라 적절한 재고를 유지·확보할 수 있도록 가치사슬을 단단히 통합하는 일은 델에게 무엇보다 중요한 일이다. 상대적으로 델의 청구서 발행 업무나 신용거래, 채권회수 업무는 다른 기업과 비교해볼 때 오히려 단순하다.[3]

그와는 반대로 버라이즌(Verizon)은 주문 접수에서부터 대금 결제에 이르는 총괄적 프로세스에 상당한 노력을 기울이고 있다. 수백만 명의 고객을 보유하고 있으며 수십억 건의 거래처리 업무가 이루어져야 하는 버라이즌에서 시기적절하고 정확한 청구서 발행, 신용거래, 채권회수 업무 등을 목표로 한 선진사례 적용 노력은 결과적으로 비즈니스 성과를 향상시키는 데 긍정적인 영향을 끼쳤다.

버라이즌은 자본집약적인 산업에서 경쟁을 펼치고 있다. 여기에 필요한 자본투자에의 시기와 그 규모 상의 한계는 강력한 자본관리 역량의 개발이 중요함을 더욱 잘 보여주고 있다. 효율적인 자본배분, 승인과 통제 프로세스는 버라이즌의 투입 자본에 대한 리스크와 이익의 균형을 최적화할 수 있도록 자본관리 프로세스를 더욱 강력하게 만들어주고 있다.

고성과 달성을 위한 여정이란 무엇인가?

지금까지의 사례에서 알 수 있듯이 재무 전문가가 되기 위한 여정은 각 기업마다 모두 다르다. 특정 재무역량에 부여하는 우선순위는 산업의 역동성이나 비즈니스 전략 그리고 무엇보다 중요한 것으로서 사전계획 아래 특정 성과가 향상되면 기업 전체의 목표 달성에 도움을 줄 것이라는 데 대한 경영진의 합의에 의해 결정된다.

각 기업들이 역량의 우선순위를 선정하는 것은 제각각이지만 재무 전문성을 확보하기 위한 네 가지 요소, 즉 전사적 성과관리, 자본관리, 전사적 리스크관리, 가치중심 조직문화 등이 실질적으로 향상되려면 반드시 전제되어야 할 것이 탁월한 재무운영 역량의 확보라는 점은 불변의 사실이다. 앞서 언급한 바와 같이 재무 전문성의 확보와 성과관리를 위한 유일한 공식이란 것은 존재하지 않는다.

기업들이 선택하고 있는 각기 다른 변화의 경로 그리고 각자의 재무운영 향상 노력을 통해 달성한 결과들을 알아보기 위해 BP, SAP 아시아태평양 지부, 코러스 그룹(Corus Group)에서 사용되었던 방식을 간략하게 살펴보도록 하자.

세계적인 에너지 기업 BP는 아웃소싱 분야의 개척자라고 할 수 있다. BP가 처음으로 유럽 지역의 회계업무를 아웃소싱을 통해 수행한 것이 1991년이다. 재무회계(Finance and Account: F&A) 업무에 대한 아웃소싱은 2002년까지 전 세계적으로 다른 사업에도 점차 확대되었고, BP는 재무회계 아웃소싱 계약으로서는 가장 규모가 크고 기간이 긴 계약을 체결하기도 했다. 현재 BP에서는 시스템이나 기술에서부터 세금관리나 인사관리에 이르기까지 다양한 분야에 걸쳐 아웃소싱이 활용되고 있다. BP의 아웃소싱 전략은 지속적으로 강력한 비용절감 효과와 유연성을 제공해 주고 있다('제5장 전사적 성과관리' 중 'BP의 재무전략' 부분 참조).

그와는 정반대로 SAP 아시아태평양 지부에서는 2003년부터 고정적인 사내 셰어드서비스 센터를 설치하여 실시간 서비스를 제공하기 시작했다. 이 서비스 센터는 SAP가 아시아 지역에서 급성장하는 데 지대한 영향을 끼쳤다. SAP 아시아태평양 지부의 COO이자 CFO인 콜린 샘슨(Colin Sampson)에 의하면 셰어드서비스 전략 덕분에 SAP는 성과관리와 프로세스 설계, 그 외 핵심 업무 분야에서 "스스로의 운명을 통제할 수 있는 능력"을 얻었다. 셰어드서비스 프로그램은 결과적으로 아시아태평양 지부 전체가 급속한 성장과 점차 높아져 가는 서비스 수요에 적절히 대응할 수 있는 역량을 현저히 향상시켜주었다(더 자세한 것은 '제6장 재무운영' 중 '콜린 샘슨과의 인터뷰' 부분 참조).

또 다른 대조적 사례로는 코러스 그룹이 있다. 코러스 그룹은 이제 막 재무운영에 대한 재정비를 시작하면서 셰어드서비스 모델을 도입하고 있다. CFO인 데이브 로이드(David Lloyd)에 의하면 중대한 구조조정 노력의 결과 현재 코러스 그룹은 셰어드서비스를 효율성 강화를 위한 최고의 수단으로서 인식하는 단계로 접어들고 있다고 한다('제9장 변화관리, 고성과로 가는 여정' 중 '코러스 그룹 사례 연구' 부분 참조).

앞서 언급한 것처럼 탁월한 재무운영은 재무 전문성 확보를 위한 첫걸음이다. BP의 아웃소싱 전략이나 SAP 아시아태평양 지부에서 사용한 셰어드서비스는 광범위하게 사용되고 있는 방법이다. 캐터필러와 유나이티드헬스 그룹은 그와는 다른 방법으로 높은 수준의 재무 전문성을 확보한 바 있다. 셰어드서비스로 들어가기 이전에 다른 역량을 확대해나가는 방법으로 말이다. 이 분야의 역량이 점차 향상되면서 고성과를 달성할 수 있는 유능한 인재들은 자신이 속한 조직에 좀 더 큰 가치를 제공하는 데 초점을 맞출 수 있게 된 것이다. 거래처리 프로세스를 최대한 간소하게 유지하고자 하는 이들 기업의 노력은 더 나은 성과 향상의 토대를 형성하고 있다.

많은 기업들이 총재무비용을 가능한 낮게 사용하는 것으로 재무 전문성을 확보할 수 있다고 생각하는 잘못을 범하고 있다. 1990년대 초반에는 수익 대비 평균 재무비용의 비율이 2퍼센트 이상이었다. 지난 15년간 ERP 시스템이나 프로세스의 재설계, 셰어드서비스, 아웃소싱 등의 방법이 적용되면서 재무비용은 그 절반인 1퍼센트 이하로 감소했다. 하지만 '제6장 재무운영'에서 볼 수 있듯이 현재 기업의 재무비용은 다시 상승하고 있다. 그 기간에 재무분야에서 창출되었던 대부분의 가치는 재무조직의 거래처리 프로세스에 대한 효율성 향상의 결과였다. 그러나 많은 기업에서 효율성 향상을 통한 점진적인 보상은 이제 수확체감의 단계, 다시 말해 노력에 대한 보상이 점점 줄어드는 단계에 이르고 있다. 즉, "성공을 위한 방법을 보관해둘 수는 없다"는 말이다.

재문 전문성이 시간의 경과에 따라 변하는 이유는 무엇인가?

끊임없이 변화하는 경쟁환경과 점점 진화하고 있는 고객의 요구는 시간이 지나면서 기업의 성공을 위한 역동적인 기준을 제시해준다. 기업 입장에서 볼 때조차도 현재의 환경에서 좀 더 효과적으로 경쟁하는 데 필요한 특정 재무역량의 전문화와 그것들을 통합할 수 있는 역량은 고객과 경쟁적 수요에 의해 변할 가능성이 매우 높다. 지금부터 제시하는 두 가지 사례 연구를 통해 점점 변화하는 기업의 성공 조건과 그에 대한 재무조직의 반응에 관한 통찰력을 얻을 수 있을 것이다.

사례 연구 ■ ■ ■ 재무관리에서 재무 리더십으로

매출 규모가 360억 달러 이상인 마이크로소프트는 세계 제일의 소프트웨어 기업이다. 7개의 주요 비즈니스 단위로 구분되어 전 세계에 걸쳐 운영되는 마이크로소프트는 5만 7000명의 직원을 고용하고 있다. 과거 30년간 마이크로소프트는 기술혁명을 주도했고 취미 활동을 좋아하는 사람들의 장난감에 불과했던 개인용 컴퓨터를 핵심 비즈니스 도구로 발전시켰다. 오늘날 전 세계 모든 업무용 사무실에서 6억 대의 컴퓨터가 사용되고 있다. 같은 기간 마이크로소프트 자체에서도 많은 변화가 있었다. 1990년대 초반 마이크로소프트는 강력한 셰어드서비스 프로그램을 실행하여 회사 전반의 거래처리 프로세스의 핵심 요소를 집중화했고 업무 효율성을 추구하기 위해 표준화된 프로세스와 시스템을 도입했다.

- 마이크로소프트는 아일랜드 더블린에 중앙집중화된 유럽운영센터를 설립하고 싱글-인스턴스 SAP 환경에서 구동되는 단일 계정과목표(Chart of Accounts: COA)를 설치했다.

- 신용거래와 채권회수, 부가가치세, 매입채무, 고객서비스 관련 업무를 모두 아웃소싱했다.
- 내부 프로세스의 자동화는 좀 더 높은 수준의 재무통제로 이어졌고 내부감사와 보고 역량을 향상시켰다.

마이크로소프트에서 재무의 역할은 재무관리에서 재무 리더십으로 변화했다. 최근 2년간 마이크로소프트의 CFO는 7명의 고위 재무임원을 새로 영입하여 7개 자사제품 사업 분야에서 새로운 직책을 부여하는 방법으로 재무팀을 보강해왔다. 이들 새로운 사업 분야의 CFO들은 개선된 통제와 일관성, 투명성 확보를 위한 사베인스-옥슬리 법안을 준수하는 데 중요한 역할을 담당하고 있다. 그들은 또한 재무 리더십의 변화를 주도하고 있으며 각 사업 부문을 담당하고 있는 사업부장의 가까이에서 비즈니스에 대한 자문을 제공하고 있다.

전통적으로 영업과 마케팅은 마이크로소프트의 제품군 형성에 지대한 영향력을 끼친 게 사실이다. 오늘날 기업의 재무 담당자가 제품 영역에 끼치는 영향력은 점차 증가하고 있다. 마이크로소프트에는 전사적으로 상위 300위까지의 재무 전문가들을 대상으로 한 새로운 재무 리더십 교육 프로그램이 있다. 재무 스킬 개발을 위한 교육에서 엄청난 발전이라 할 수 있는 이 프로그램은 기술적 훈련에 중점을 두고 있지 않다. 재능을 갖춘 전문가들을 재무 관리자에서 재무 리더십 보유자로 만드는 것이 이 프로그램의 목표다.

마이크로소프트의 재무 리더십 전략의 핵심에 포함되는 것들은 다음과 같다.

- 재무 스킬 및 역량의 유입: 재무기반의 강화
- 의사결정권자들이 시기적절하고 정확하며 일관성 있는 정보에 쉽게 접근할 수 있도록 하기 위한 강력한 기술과 도구

- 폭넓은 정보의 제공으로 좀 더 향상된 투명성을 확보하고 '실행을 위한 계획' 수립 프로세스를 가속화
- 개인역량 모델을 적용하여 인재 채용 시 재무 스킬에 대한 엄격한 검증을 강화하고 결과적으로 재무 전문성의 수준과 조직에 대한 기여도의 지속적인 향상에 매진하는 좀 더 강력한 재무팀을 구성

전략의 변화 혹은 산업의 구조적 이동은 재무역량의 우선순위에 대한 재조정을 촉발시키기도 한다. 이와 같은 변화의 좋은 사례가 바로 메리어트 인터내셔널(Marriott International)이다.

사례 연구 ■■■ 재무역량의 우선순위에 대한 재조명

수익 면에서 메리어트는 세계 최대의 호텔기업으로 전 세계 65개 이상의 나라에서 2700여 개의 업장이 직영 혹은 프랜차이즈 형태로 운영되고 있다. 지난 수년간 메리어트의 비즈니스 모델은 부동산 소유주에서 호텔 경영 및 프랜차이즈 기업으로 변화했다. 이 모델은 기업 전체에 새로운 수준의 성장과 수익성을 촉발시켰고 새로운 비즈니스 모델이 더 나은 경쟁력을 가질 수 있도록 하기 위해 재무역량을 재편성하도록 재촉했다.

메리어트는 단순한 호텔기업이 아니다. 재무영역에 탁월한 재능을 보유하고 있는 서비스 기업이다. 기업은 물론 이해관계자와 주주들에게 가치를 더할 수 있는 창의적인 방법을 탐구하는 데 선두적인 역할을 수행하고 있기도 하다. 메리어트는 보유 부동산을 매각하는 대신 해당 부동산에 대한 관리서비스를 제공하고 수수료 수익을 얻는 비즈니스 모델을 도입한 최초의 호텔기업이었다. 또한 타임셰어 회원제 서비스를 제공하고 그것을 합법적 비즈니스로 만들어낸 첫 번째 호텔기업이기도 하다. 이와 같은 메리어트의 역량은 소유주와 프랜차이즈 가맹점에 대한 서비스 그리

고 가치 전달 탁월성에 초점을 맞춘 비즈니스를 효과적으로 지원할 수 있는 재무란 어떤 것인가를 보여준다.

메리어트는 새로운 재무역량을 실행에 옮기는 일에서 화려한 경력을 갖고 있다. 2000년도부터 메리어트는 재무기능의 상당 부분을 셰어드서비스 모델로 통합하기 시작했다. 셰어드서비스 역량을 창출하기 위해 시작된 프로그램은 개별 호텔들이 가지고 있던 고비용의 과잉 프로세스를 줄이고 정보시스템의 지원과 비즈니스 프로세스의 통합 절차를 간소화할 목적으로 고안된 것이다. 메리어트의 회장이자 COO 인 빌 쇼(Bill Shaw)는 이렇게 회상한다. 쇼는 셰어드서비스 프로그램을 지원한 CEO 중 한 사람이기도 했다. "당시 좀 더 신속하게 업무를 추진하는 데 방해가 되는 수많은 걸림돌들이 있었습니다.

주변에서는 신경제가 정착되고 있었고 비즈니스 환경 또한 급속하게 변하고 있었습니다. 우리는 일관성 있고 비용효율적인 서비스를 제공하고, 규모의 경제를 실현할 수 있는 그리고 좀 더 신속하고 유연한 조직을 만들 수 있는 경영 방식이 절실히 필요했습니다."

쇼가 셰어드서비스를 통한 운영모델에 매력을 느꼈던 것은 단지 그것이 비용을 극적으로 절감할 기회를 주었기 때문만은 아니다. 비용절감은 셰어드서비스로부터 취할 수 있는 전형적 혜택이긴 하지만 그보다는 메리어트의 지원 부서가 핵심 비즈니스를 뒷받침하는 서비스 제공자로서 재탄생될 수 있었기 때문이다. 예를 들어 호텔의 컨트롤러는 업무시간 중 75퍼센트를 매입채무나 매출채권 등과 같은 프로세스 관리에 사용하고 있었다. 메리어트는 그러한 프로세스를 간소화하고 컨트롤러들이 그 시간에 일선 관리자들과 능동적으로 협력하며 수익성을 향상시켜주기를 원했던 것이다. 쇼는 이렇게 설명한다. "우리는 스스로를 호텔기업이라고 생각했던 적이 한 번도 없었습니다. 잠잘 방을 제공하는 일은 누구나 할 수 있는 일이죠. 메리어트는 서비스 기업입니다. 이런 변화를 통해 얻어낸 역량으로 전 세계에서 일하고 있는 메리어트의 직원들에게 좀 더 나은 고객서비스 제공에 필요한 도구와 정보를 제공할 수 있게 되었습니다. 그리고 우리의 고객들과 소유주들, 프랜차이즈 가맹점들이 원하는 방식대로 비즈니스를 더 잘 수행할 수 있게 되었습니다."

셰어드서비스 운영의 성공을 기반으로 하여 메리어트는 재무적 비즈니스 파트너십, 전문가 조직(Center of Excellence: COE), 전사적 회계서비스 등 세 가지 핵심 재무기능에 초점을 맞추어 재무조직을 재편했다. 각 그룹은 그 나름의 역량 개발과 목표 달성에 책임을 가지고 있었고 그것은 다시 재무조직 전반에 걸쳐 통합된다. 무엇보다 중요한 것은 재무기능이 기업 전체의 내외부적 핵심 이해관계자들을 지원할 수 있도록 하기 위해 이러한 구조가 메리어트의 비즈니스 전략과 긴밀하게 연관되어 설계되었다는 점이다.

이와 같은 세 가지 재무기능을 공식적으로 개발하면서 메리어트의 재무조직은 비즈니스 전략을 지원하기 위한 더 나은 도구를 갖추게 되었다. 메리어트는 세계적 수준의 재무 리더십팀을 성공적으로 개발해냈을 뿐만 아니라 재무조직 안팎에서 재무업무에 대해 예리한 통찰력을 가진 미래의 리더를 양성할 수 있는 체계도 만들어낸 것이다. 실제로 메리어트에서는 직원들을 다양한 부서로 이동시키면서 가치중심 조직문화를 보급하고 있다. 다수의 직원들이 첫 직장생활을 재무부서에서 시작한다. 그들이 호텔운영 부서나 영업과 마케팅 부서로 이동할 쯤에는 재무업무를 통해 습득한 분석적인 문화도 함께 가지고 이동하는 것이다. 그렇게 함으로써 조직 전체가 끊임없이 가치에 중점을 두게 되는 혜택을 누린다.[4]

....

재무 전문성의 확보 여부를 어떻게 알 수 있는가?

재무 전문성의 확보는 종착점이 아니다. 그것은 능동적으로 가치를 전달하기 위한 준비 태세를 갖춘 것에 지나지 않는다. 항상 그렇다고 할 수는 없지만 재무운영의 탁월함은 재무 전문성 확보를 위한 전제 조건이 되는 경우가 많다. 기초가 튼튼하지 못한 조직이 그보다 높은 수준의 재무역량에 초점을 맞추기란 결코 쉬운 일이 아니다.

GE만큼 수십 년간 지속적으로 재무 전문성을 과시하고 있는 기업을 떠올리기란 쉽지 않을 것이다. GE에게는 재무분야의 개척자라는 호칭이 그리 낯설지 않다. GE의 역사는 재무조직이 오늘날에 이르기까지 최고의 업무수행 방식이라고 널리 인정받고 있는 새로운 방식을 어떻게 개발했는지 보여주는 최고의 사례들로 가득 차 있다. 50여 년 전 GE는 미국 기업 중 처음으로 투자자관계관리 부서를 설치했다. GE의 재무관리 프로그램(Financial Management Program: FMP)은 업계에서 가장 뛰어난 재무임원을 길러낸 교육의 장이 되었고 CFO에서부터 각 사업부장에 이르는 GE의 고위 경영진은 모두 이 재무관리 프로그램을 통한 교육과 훈련으로 양성된 인재들이다. GE가 보유하고 있는 벤치의 힘, 즉 핵심 인력을 대체할 수 있는 자질과 역량을 갖춘 잠재적 리더들은 글로벌 1000대 기업의 부러움을 사고 있다. 실제로 GE의 재무관리 프로그램에서 배출한 인재들 중 다수가 세계적인 대기업의 최고경영진으로 영입되기도 했다.

GE에서 재무관리 프로그램은 시작일 뿐이다. GE의 고위 경영진은 1년 중 몇 주간 세계적 명성을 자랑하는 뉴욕의 크로톤빌 연수원에서 직원 교육에만 전념한다. GE의 유명한 내부감사팀(Internal Audit Group)에서 2, 3년간 근무하는 것을 반드시 포함하는 직무순환 프로그램을 통해 GE는 재무분야의 인재 풀을 만든다. 내부감사팀은 GE의 내부에 존재하는 컨설팅 회사 같은 역할을 한다. 감사팀을 구성하는 250여 명의 전문가들은 미래 재무 리더들의 능력을 검증할 목표로 고안된 이 엄격한 프로그램을 위해 엄선된 인재들이며, 다양한 산업과 지리적 위치에서 도전적인 환경에 부딪히며 지속적으로 가치를 전달할 수 있도록 훈련받는다. GE의 고위 재무임원들 대부분은 내부감사팀은 물론 가정용 가전제품 사업부나 비행기 엔진 사업부에서부터 보험 사업부에 이르기까지 GE의 다양한 비즈니스 중 3개 이상의 분야에서 다년간 근무한 경력을 갖고 있다.

장황한 설명보다 결과를 제시하는 것이 더 확실한 방법일 것이다. 교육 프로그램이나 직무순환 프로그램을 운영하고 있는 기업은 무수히 많다. 그럼에도 GE는 다른 10개 경쟁사와 비교해볼 때 더 많은 고성과 인재를 배출해내고 있다. '세션 C(Session C)*'라는 명칭으로 널리 알려져 있는 GE의 인사 회의는 델과 같은 다른 고성과 기업에서 복제하여 사용하기도 했다. GE는 잠재력이 높은 미래의 경영자를 관리·교육·지도·검증하는 매우 공식적인 프로세스를 갖고 있으며, 그것은 재무분야에도 마찬가지로 적용된다. GE는 리더십의 확보에 언제나 최우선순위가 부여될 수 있도록 하는 데 공식적·비공식적 프로세스들을 모두 사용한다. 매년 GE의 최고재무임원들은 세션 C의 일환으로 각 사업단위를 직접 방문하여 전사적 차원에서 인재를 찾아내고 그 인재가 회사와 함께 성장할 수 있도록 지원한다.

GE의 재무 전문성은 단순히 최고의 재무인재를 고용하고 성장시키는 데 그치지 않는다. 수십 년간 GE는 셰어드서비스를 실행하는 개척자로서 널리

◆ 세션 C: GE 운영체계의 하나로 GE의 전 조직 내에서 최고의 인재를 발굴·육성 관리·보상하는 리더십 개발 및 인력평가 육성 프로세스다. 직원 개개인의 성과와 가치관을 기반으로 경영자, 간부, 직원에 대한 경영성과 및 가치를 평가하며, 이는 통상 직원의 급여와 승진 등에 국한된 일회성 평가로 끝나는 것이 아니라 업적, 교육, 승진, 후계자, 보상 등에 대한 종합평가로서 실시되는 연속적 프로세스다. 이런 과정을 통해 전 직원은 이른바 '활력곡선'으로 불리는 분류 기준에 의해 상위 20%, 높게 평가된 70%, 덜 효율적인 10%로 배분된다. 리더십 개발교육 참가를 희망하는 직원은 평가에서 상위 20% 또는 높게 평가된 70%에 반드시 포함되어야 한다[한국기업교육학회, 『HRD 용어사전』(중앙경제, 2010)].

인식되어왔다. GE에서는 1980년대부터 재무업무를 셰어드서비스 센터로 통합시키기 시작했고 재무분야는 물론 그 외의 다른 영역에서도 능률과 효율성의 향상을 촉진하는 초기 진입자였다.

고성과 달성을 위해 GE는 활용 가능한 모든 원천으로부터 베스트 프랙티스를 찾아내는 동시에 '이곳에서 만들어지지 않은 것은 안 된다'라는 사고방식, 다시 말해 자신이 최고라는 생각에서 외부의 새로운 시각이나 아이디어를 배척하는 배타적 성향을 거부했다. GE의 식스시그마는 이것을 행동으로 옮긴 사례라고 할 수 있다. 식스시그마는 1980년대 모토롤라(Motorola)에서 제품 생산라인의 불량률을 감소시키기 위해 고안된 품질개선과 문제해결 방법론이다. 지난 25년간 식스시그마는 GE와 같은 대기업들에 의해 광범위하게 적용되어왔다. 식스시그마는 매우 엄격한 프로세스로 실무자들은 이를 두고 문제의 정의, 측정, 분석, 개선 및 통제 프로세스라고 부른다. GE에서는 재무를 비롯한 모든 사업에 이 방법론을 적용하여 자신의 것으로 재탄생시켰다. GE의 식스시그마 추진을 위한 전문 요원인 '블랙 벨트(black belt)'는 현장 근로자에서부터 최고경영진에 이르기까지 회사 전반에 미친 긍정적인 영향력으로 오랫동안 명성을 떨쳐왔다.[5]

1980년대 중반 GE의 전 CEO 잭 웰치는 '워크아웃' 프로세스를 실행에 옮겼다. 구조조정을 통한 경쟁력 강화라는 의미의 워크아웃은 웰치 회장에 의해 지금은 대중화된 용어이기도 하다. 웰치의 워크아웃 프로세스는 관료주의를 배제하고 생산성을 향상시키는 엄격하고 신속한 비즈니스 분석 과정을 통해 기업 전체의 민첩성을 향상시켰다. 워크아웃 프로세스의 초기 목표는 대부분 재무영역에 집중되어 있었지만 이후 20여 년간 다른 영역으로 점차 확대 시행되어왔다.

GE의 사례가 보여주고 있듯이 재무 전문성은 기업이 새로운 비즈니스의 도전과제에 직면하게 되고 그때마다 각기 다른 성공을 위한 역량을 필요로 하면서 반복적으로 획득해야 하는 것이다.

해켓 그룹의 재무 전문성에 대한 분석

13년 만에 처음으로 해켓 그룹은 수익 대비 총재무비용의 가파른 상승을 목격했다. 통제와 리스크관리를 중요시한 결과였다. 사베인스-옥슬리 법안과 같은 새로운 법률로 인해 통제와 리스크관리의 수요는 더욱 높아졌고 그에 따른 비용 부담은 CFO가 해결해야 할 문제가 되고 있다. 법률 규정 준수에 따른 업무 비중이 상당히 늘어났고 외부 전문가들에게 지불되는 수수료와 점점 증가하고 있는 회계감사 비용을 포함한 관련 업무에 소요되는 비용 또한 증가하게 되었다.

〈그림 3.5〉 수익 대비 재무비용 격차
2003년 대비 2005년의 수익 대비 총재무비용 비율

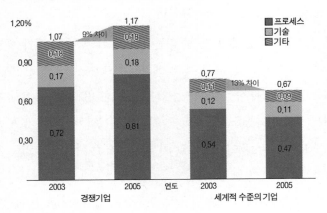

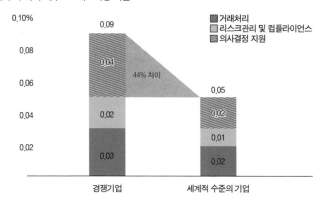

2005년의 표준보고서에 대한 분석시간 배부율

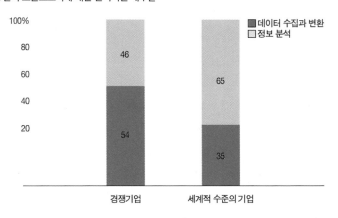

같은 기간 세계에서 최고 수준 기업들의 수익 대비 총재무비용이 0.77퍼센트에서 0.67퍼센트로 13퍼센트 감소한 것은 그리 큰 것은 아니다.

표준화와 집중화 같은 최적의 업무수행 방식을 활용하면서 이런 선두기업들은 지속적으로 경쟁자들을 앞질러 가고 있는 것이다. 표준화된 프로세스와 기술은 그들에게 진정한 규모의 경제를 실현해주었고 법률 규정이 끊임없이 변화하고 있는 상황에서 경쟁사들보다 효율적으로 대응할 수 있는 간소한 운영체계를 제공했다.

분석자료가 보여주는 것은 세계적 수준의 선도기업들이 최적의 업무수행 방식을 통해 이미 거래처리 프로세스의 효율성을 대부분 확보하고 있다는 것이다. 그들은 이제 거래처리 효율성의 단계를 넘어 법률 규정을 준수하고 리스크를 감소시킬 수 있도록 최적의 통제 방법과 모니터링 도구를 프로세스에 내재화하여 더 나은 기회를 포착하는 데 노력을 기울이고 있다.

전문가로부터 배우는 교훈

☑ 고성과 기업과 고성과 재무 프레임워크에서 정의하고 있는 다섯 가지 역량의 개발 사이에는 밀접한 상관관계가 있다.

☑ 연구 대상으로 삼았던 기업들 중 상당수가 여기에서 설명하고 있는 포괄적인 전사적 성과관리 체계를 적용한 바 있으며 향후 3년 내에 실행할 계획을 가지고 있었다. 이것은 기업의 CFO가 가치중심의 조직문화를 만들어내고 유지하는 일에 중심적인 역할을 수행한다는 보편적인 견해와 일맥상통하는 것이다.

☑ 비즈니스를 수행하는 데 어떤 역량이 가장 중요한가라는 질문에 교과서적인 해답은 없다. 그러나 재무운영의 전문성을 확보하는 것이 다른 네 가지 역량의 전문성을 확보하기 위한 일반적인 전제 조건이라는 것은 알 수 있었다.

☑ 고성과 재무조직이 되기까지의 여정을 관리하기 위해서는 재무임원이 전사적 차원의 변화 동인에 보조를 맞추어야 한다. 그렇게 하면 향후 활용성이 떨어지는 역량에 투자하는 일 없이 비즈니스의 수요를 예측하고 한 발 앞서 필요로 하는 역량에 투자할 수 있기 때문이다. CFO는 현재 보유하고 있는 조직의 역량과 미래의 비즈니스가 필요로 할 역량 간의 격차에 대해 이해하고 미래에 필요할 역량을 키워나가는 일에 초점을 맞출 때 가장 성공적인 고성과 달성 CFO가 될 수 있다.

제4장

가치중심 조직문화

가치창출 프로세스의 중심에 있는 재무

■■■ 미치 블라저(Mitch Blaser), CFO | 스위스리(SwissRe), 손해보험 미국 지부

　전 세계 30개 국가에 70개의 사무실을 운영하고 있는 스위스리는 세계적 재보험
회사다. 혁신적인 지식 기반의 재무운영 방식으로 유명한 스위스리는 고객의 요구
에 맞춘 종합담보자본, 리스크관리 상품과 서비스를 제공한다. 거의 100년 세월에
가깝게 스위스리는 미국 재보험업계의 발전에 공헌해왔다. 북미 지역의 손해보험업
계에서 스위스리의 존재는 틈새시장 공략을 위한 특화 상품에서부터 글로벌 솔루션
까지 거의 모든 분야에 걸쳐 있다.

　스위스리는 리스크와 자본관리 분야에서 독보적인 기업으로 인식되고 있다. 세
계에서 규모가 가장 큰 기업을 추구하는 것이 아니라 고객과 주주들을 위한 가치창
출을 추구하며 글로벌 리더들에게 영감을 불어넣고 있는 기업이다. 가치를 규명하

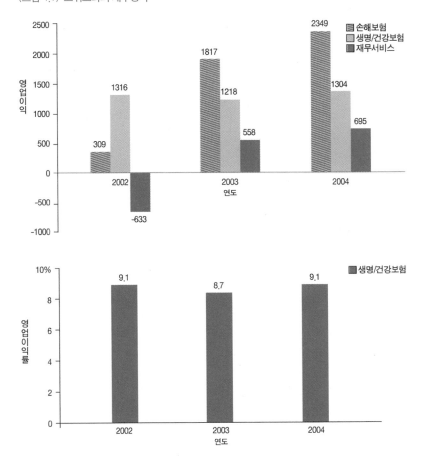

〈그림 4.1〉 스위스리의 재무성과

고 관리하고자 스위스리는 자체적으로 개발한 경제적 가치 모델(Economic Value
Model: EVM)을 사용한다. 경제적 가치 모델 프로세스에서 핵심적 역할을 하는 것이
바로 재무다. 단순히 숫자나 결과의 차원에서 뿐만 아니라 비즈니스 계획의 수립과
의사결정 측면에서도 중요한 역할을 담당한다는 이야기다. 가치에 초점을 맞추는
것에 더하여 모든 직원들의 전문성과 기회를 개발하는 일에도 스위스리는 매우 헌

신적이다. 스위스리에서는 강력한 재무역량과 자원, 그리고 업무지식을 갖춘 인적 자원과 가치중심 기업문화가 주요 경쟁우위 요소로 간주되고 있다.

스위스리의 손해보험 미국 지부 CFO인 미치 블라저는 재무의 역할에 대한 중대한 변화가 일어나고 있음을 재임 초기부터 인지하고 있었다. 그는 이렇게 회상한다. "재보험시장은 9/11사태 이후 급속하게 성장했고 보험사들의 리스크를 상쇄하기 위한 목적으로 판매했던 재보험 수요와 가격경쟁력 전망도 매우 낙관적이었습니다. 그런 환경에서는 새로운 비즈니스 사이클에 필요한 자본조달 같은 단기적 특성에 초점을 맞추고, 수익성 있는 성장이나 가치창출 같은 장기적 목표와는 보조를 맞추지 않는 방식으로 전술적 리스크를 만들어낼 수도 있습니다."

당시 재무의 역할은 기본적인 수준에 머무르고 있었다. 필요한 회계업무와 보고 기능을 수행했고, 개별 비즈니스 단위에서 필요로 하는 보고서와 분석자료를 제공하며, 모기업에는 올바른 수치를 적시에 정확하게 전달하는 기본적인 기능을 담당하고 있었다. 블라저는 재무의 역할 변화를 이렇게 설명한다. 재무팀의 능력을 평가한 블라저는 '재무팀이 충분한 능력을 갖추고 있으니 단순히 보고서를 만들어내는 일만 할 것이 아니라 가치창출을 통해 회사에 더 많이 기여할 수 있을 것이다. 향후 성과에 대한 예측과 채권관리 같은 핵심 재무서비스를 좀 더 강화시킬 수도 있고 고객을 위한 진단·감사서비스나 개별 비즈니스 단위에 맞는 계획을 수립하고 분석하는 것과 같은 새로운 서비스를 제공할 수도 있을 것이다'라고 생각하기에 이르렀다. 무엇보다 중요한 것은 블라저가 재무 리더십 역할을 만들어낼 필요가 있었고 그때 스위스리 내부에서 진행되고 있던 가치중심의 관리구조 핵심에 재무 리더십이 있어야 한다는 생각을 가졌다는 점이다.

재보험 계약은 특성 상 장기계약이다. 수익이나 자본에 미치는 궁극적인 영향을 결정하는 데 보통 수년의 시간이 소요된다. 재보험회사는 계약 체결에 앞서 신중하게 리스크를 선택하고 증권을 인수하며, 계약 내용을 설계하고 가격을 결정해야 한다. 계약 내용에 대한 설계가 끝나면 클레임 관리와 채권회수, 책임 범위와 규모의 추정 등에 지속적으로 관심을 기울여야 한다. 회계기준(GAAP)에 따라 공시되는 정기적인 손익계산서를 통해 산업 간 실적을 비교 검토할 수 있지만 스위스리 같은 재보험회사는 기본적인 계약 내용에 대한 경제적 가치를 지속적으로 재평가해야 한다. 이모든 과정과 절차가 진행되는 동안 재무의 역할은 무엇보다 중요하다. 블라저는 재무의 역할이 명확하면서도 고객중심적이기를 원했다.

스위스리의 전략 맵과 사명은 경제적 가치를 관리하고 극대화해야 하는 이유와 그 방법에 초점이 맞추어져 있다. 조직 전체가 영업이익을 극대화하고 각 비즈니스 단위나 시장, 채널, 법인들 사이의 모든 업무 단위에서 이루어지는 개별 계약 단계에서부터 통합적인 그룹 차원의 실적에 이르기까지 자본을 보호하는 일이 중심이 되도록 만들 의도를 가지고 있었다는 이야기다. 재보험사인 스위스리는 다른 보험사들이 리스크를 다양화하고 관리하는 데 도움을 주기 위해 보험 약관을 발행하고 있다. 실제로 스위스리는 재무상태표 상에서 확인할 수 있는 기업의 강점과 자본을 고객들과 공유하고 있는 것이다. 일상적인 비즈니스에 적용되고 있는 스위스리의 목표는 최고 품질의 비즈니스를 최고의 우량 고객과 진행하는 것이다.

그 목표를 달성하기 위해 스위스리가 의존하고 있는 것이 바로 경제적 가치 모델이며, 이것은 재무역량에 의해 운영 및 관리되고 있는 자동계산 시스템을 근간으로 이루어지는 포괄적인 평가 프로세스다. 블라저는 이렇게 설명한 바 있다. "경제적 가치 모델은 개별 계약 단위까지 이르는 각각의 비즈니스에 대한 경제적 가치를 끊임없이 산출합니다. 스위스리의 경제적 가치 모델 결정 과정에는 수많은 변수가 포함되어 있고 당기뿐만 아니라 예측 가능한 장래 갱신기간 또한 고려하고 있습니다. 포함되는 변수의 예를 몇 가지 들어본다면 증권 인수에 따른 궁극적 수익성, 예측되는 클레임과 비용지불 형태, 현금흐름, 자본비용 등입니다. 경제적 가치 모델은 가격과 계약 구조를 평가하고, 재무계획에 대한 결정을 내리고, 개별 단위와 비즈니스 단위의 성과목표를 추적하기 위해 각각의 개별 계약에 적용됩니다.

재무팀은 비즈니스 단위와 협력하여 모든 개별 계약을 경제적 가치 모델 프로세스를 통해 평가한 다음 서면으로 작성되어 있는지, 가격이 어떻게 책정되었고 관리되고 있는지 그리고 갱신된 계약인지 등에 관해 비즈니스 파트너들과 심도 있게 비교 검토합니다. 지속적인 롤링예측계획을 기반으로 재무팀에서는 경제적 가치 모델을 적용하여 재무성과와 가치창출, 성과목표 달성에 대한 평가와 분석을 수행합니다. 재무는 연간계획 수립과 목표 설정 프로세스에서도 중심적인 역할을 합니다. 여기에는 스위스리에서 수행하는 모든 비즈니스의 특성과 규모, 품질 등에 영향을 미치게 될 가격 기준을 책정하는 일도 포함됩니다."

그렇다면 경제적 가치는 스위스리의 비즈니스 단위와 재무의 상관관계에 어떤 영향을 끼치는 것인가? 현재 스위스리의 손해보험 미국 지부를 통틀어 고객중심의 제1순위를 차지하는 것이 바로 재무다. 블라저와 그가 이끄는 재무팀에서는 "재무팀은 고객만족과 우수한 인재, 회사의 재무역량 향상에 기여하는 재무서비스를 제공한다"라는 사명을 중심으로 변화를 주도했다.

스위스리의 재무팀은 개별 비즈니스 단위들과의 효과적 파트너링, 고객서비스의 향상을 포함하는 가치제안(value proposition)을 정립했다. 블라저는 "재무의 가치제안은 재무팀에서 어떤 일이 성사되는가에 관한 것일 뿐만 아니라 얼마나 효율적으로 정확하게 목표를 달성하는가에 관한 것입니다"라고 설명한다. 재무를 이끌어가는 원칙은 시기적절하며 부가가치가 있는 서비스와 팀워크, 진실성으로 고객에게 초점을 맞추는 것이다. 또 다른 핵심 원칙인 지속적인 개선은 재무가 현재 진행 중인 측정 가능한 가치를 상위 조직으로 전달하도록 진로를 계획하는 데 도움을 주었다. 지속적 개선을 위한 시도의 성과들은 다음과 같다.

- 도입 이후부터 고객관리와 채권회수, 현금흐름 등을 현저히 향상시킨 고객감사

그룹(client audit group)이 설치되었다.

- 집중적인 채권계좌 관리와 프로세스의 향상, 효율적인 자원배분을 통해 만기가 지난 채권이 30퍼센트 이상 감소했다.
- 품질관리와 경제적 가치 모델 및 재무예측 결과를 검토하기 위해 업무 일정을 의도적으로 늘리는 상황에서조차도 결산과 보고 완료주기를 일주일로 감소시켰다.
- 계획 분석가를 각 비즈니스 단위의 모든 보고 및 분석, 재무업무를 위한 공식적인 커뮤니케이션 담당자로 지정하여 고객서비스를 향상시켰다.
- 철저한 사용자 피드백에 기초한 재보험 관련 새로운 재무 시스템을 구축하여 프로세스 사이클 타임을 현저하게 감소시켰으며 정보관리와 통제, 업무 흐름을 향상시켰다.

CFO 미치 블라저와 그의 리더십 그룹은 그들의 가치제안과 상위 조직으로 전달하는 특정한 혜택을 위해 매일같이 재무팀의 활력을 북돋우고 있다. 재무는 현재보다는 미래 그리고 지속적인 개선을 실현할 수 있는 방법에 철저하게 초점을 맞추고 있다. 블라저와 그의 팀이 3년 전에 수립했던 재무의 비전과 사명, 원칙들은 여전히 조직 내에서 재무의 역할을 상기시켜주는 역할을 하고 있다. 블라저는 이런 부분에 세심한 주의를 기울인다. "해마다 재무조직 전체가 목표를 설정하고 통합적이면서도 부서별로 구분된 균형성과표를 작성하는 일에 매달리게 됩니다. 핵심적인 원칙은 사업에서의 이익을 높이고 상위 조직에 최대의 가치를 제공하며 조직 구성원의 전반적인 생산성과 만족도를 확보하는 것입니다." 부서 단위에서는 자발적으로 목표를 설정한 후 블라저와 그의 재무 리더십 그룹으로부터 전달되는 하향식 목표 그리고 부서 상호 간 연관되어 설정된 목표와 조율하게 된다.

성과 측면의 목표는 고객중심, 운영 최적화, 인적자원 개발, 재무성과 차원에서 설정된다. 재무팀의 연례 행사를 통해 부서장들은 자산들의 성과목표를 발표하고 여러 부서의 인원으로 구성된 평가팀에서 발표 내용을 평가한다. 평가팀은 피드백을 제공하고 새로운 아이디어를 만들어내기도 하며 목표를 더 세밀하게 조정한다. 또한 현재 새롭게 시도되는 것들과 지속적인 개선을 위한 우선순위 간의 균형을 유지한다. 성과표에 대한 검토가 이루어진 후에는 '팀 빌딩 갤러리 워크' 활동을 통해 다시 한 번 평가가 이루어진다. 설정된 목표가 기업의 핵심가치와 사명에 부합하는지 확인하고 목표 달성에 필요한 새로운 시도와 자원은 어떤 것인지(범위, 혜택, 시기, 실행 가능성 등)에 대해 규명한다. 이 프로세스의 핵심 요소는 우선순위 항목에 대한 동등한 투표와 현재의 계획과 목표가 진정한 변화를 실현할 수 있는지, 가치를 창출할 수 있는지, 사람 중심의 목표인지 그래서 스위스리 내에서도 재무가 최고의 일터가 될 수 있도록 만들 수 있는지를 확인하기 위한 것이다.

블라저는 지금까지 설명한 새로운 시도들에서 그치지 않는다. CFO와 그의 리더십팀은 재무인력들이 일상적인 업무 활동의 범위를 넘어 전략적이고 혁신적이며 부가가치를 창출할 수 있는 기회를 찾아내도록 권장한다. 진행 과정을 검토하기 위해 정기적으로 회의를 열고 우선순위를 결정하며 다수의 합의에 기초하여 행동 방향을 치밀하게 설정한다. 균형성과표를 지속적으로 관리하고 또 그것을 광범위하게 공유하여 재무에 의해 측정된 가치가 돋보이도록 만든다. 직원들은 각자의 기여도에 대해 인정받고 또 보상받는다. 이와 같은 프로세스를 통해 재무는 전략적 부가가치를 한 단계 발전시킬 수 있는 기회를 정기적으로 찾을 수 있게 되었다.

향후에는 경제적 가치 모델의 고도화를 위해 재무의 창의적 사고가 필요할 것이다. 블라저는 자신의 계획에 이런 것들이 포함되어 있다고 말한다. "경제적 가치 모델에 좀 더 개선된 세밀함을 추가하는 것, 좀 더 깊이 있는 정보를 얻기 위해 더 자세히 파고드는 것, 그리고 경제 상황이나 화폐, 이자율의 변동과 같은 외생 변수를 기존 모형에 첨가하는 것, 이런 것들이 회사가 기대하는 미래의 재무역할이라고 할 수 있습니다. 이에 더해 경제적 가치 모델을 활용하여 증권 인수나 가격 책정, 계획 수립, 유보 등의 모든 단계별 관리 프로세스들을 매끄럽고 연속성 있게 분석, 계획 수립, 의사결정의 과정으로 연결하는 것은 통제기능을 향상시키고 더 나은 고객 선택과 관리를 위해 중요한 목표라고 할 수 있습니다." 차세대 경제적 가치 모델은 이미 개발 단계에 있다. 그리고 스위스리를 위한 가치창출에 기여하는 재무의 위상을 한층 더 강화하려는 의도도 가지고 있다.

....

미치 블라저와 그가 이끄는 리더십팀은 지속적인 개선을 촉진하고 회사에 대한 기여도를 높일 수 있는 혁신적인 가치창출 기회를 포착하는 새로운 방법을 끊임없이 모색하고 있다. 재무의 가치제안에 대해 명확히 정의함으로써 블라저는 재무의 사명을 가치창출이라는 목표와 직접적으로 연결할 수 있었다. 이 창의적인 CFO는 재무팀 구성원들에게 일상적인 역할의 범위를 뛰어넘어 사고할 것을 북돋아줌으로써 좀 더 흥미진진하고 활기 넘치는 업무환경을 만들어나가고 있다.

가치중심 기업문화의 개발

고성과를 창출하고 유지할 수 있는 비즈니스 포지셔닝을 위한 중요 단계

고성과 기업의 일관된 특징 중 하나는 그들에게 에너지가 넘친다는 점이다. 주변환경은 물론 그들과 함께 일하는 모든 사람의 태도에까지 스며드는 특별한 기운이 있다는 이야기다. 이 에너지는 그들이 업계의 경쟁자들과 구분되는 일련의 비즈니스에서 탁월함을 성취하는 데 집중적으로 투입된다. 눈으로 보이지는 않지만 성공을 향한 조직의 엄청난 집중력이 바로 가치중심 기업무화의 핵심이다. 고객들은 훌륭하게 설계된 서비스와 프로세스를 통해 그런 에너지를 보게 되고, 가치중심의 조직에게 그것은 고객들과의 비즈니스를 좀 더 손쉽게 만들어주는 기능을 한다. 협력업체들은 거래하고 있는 파트너들이 시장이나 지리적 기회에 대해 신속하게 대응할 수 있도록 프로세스와 정보가 매끄럽게 연결될 때 고성과 기업의 에너지를 확인할 수 있고, 직원들은 조직 내부의 프로세스와 정책, 경영관리 철학이 일상적으로 이루어지는 날마다의 가치창출 성과와 잘 정렬될 때 그 에너지를 느낀다. 관리자들은 결함이 있는 프로세스를 신속하게 복구하여 연결할 수 있는 조직의 역량 그리고 지속적으로 탁월한 성과를 만들어낼 수 있는 조직의 역량에서 그런 에너지를 확인한다. 그렇다면 일부 고성과 기업들이 이런 특별한 기운과 역량을 포착하고 길러낼 수 있도록 만드는 것은 무엇인가?

GE의 경우 그 해답은 재무관리 프로그램(FMP)에 있다. 탁월한 재무역량의 기반 위에 조성된 가치중심의 문화를 촉진하고자 개발된 고도의 훈련 프로세스가 바로 재무관리 프로그램이다. GE의 리더십 개발 훈련에서 재무관리 프로그램은 매우 중요한 요소다. GE의 리더십 교육에 참여하는 모든 관리자들은 가상의 GE 비즈니스를 위한 사업별 CFO 역할을 수행해보는, 이른바 비즈니스 시뮬레이션 과정을 완수한다. 이 과정에는 사업관리팀의 핵심 구성원과 직접 인터뷰하거나 각 사업 본부장들을 상대로 한 사업운영 검토와 프레젠테이션까지 포함된다. 이것은 컴퓨터를 통한 비즈니스 시뮬레이션과 직접적인 경영관리 네트워킹을 결합한 것이다. 궁극적인 목표는 프로그램에 참여하는 모든 관리자들에게 재무의 탁월성을 추구하는 문화를 심어주는 것이다. 이는 경영관리 철학이 보강된 차별적이고 포괄적이며 전 세계적으로 널리 알려져 있는 프로그램으로서 GE가 가치창출에 예리한 집중력을 발휘하는 데 엄청난 기여를 해왔다.

SAP의 비즈니스 솔루션 개발팀 수장이자 부사장인 한스-디터 슈에르만(Hans-Dieter Scheuermann)은 가치중심 기업문화와 전사적 성과관리(EPM)를 중요한 재무 전문성의 두 가지 요소로 간주한다. 재무 전문성에 대해서는 제3장에서 소개한 바 있다. 슈에르만은 "리더십 접근법에 점점 더 많은 투명성이 확보되면서 가치중심의 기업문화에 대한 구성원들 간의 이해도가 엄청나게 강화되었다"고 강조한다. 이와 같은 구성원들 간의 이해도는 설문조사를 통해 정기적으로 모니터링되고 있으며, 성과의 측정과 향상을 가능하게 만드는 원동력이 되고 있다. 나아가 회사 전체의 조직구조까지도 가치를 최우선으로 하는 데 적합하도록 바뀌었다. 슈에르만은 이렇게 말한다. "SAP는 성과 기반의 보상체계로 변경했기 때문에 성과와 보상 간의 연관성이 한층 더 강화되었습니다. 비즈니스 전략의 목표가 실제 업무수행 단계까지 이어지는 것이죠. 수익 및 성과를 극대화하고 조직 전반에 걸쳐 좀 더 효과적으로 상호작용할 수 있도록 하기 위해 각각의 비즈니스에 적합한 서로 다른 핵심성과지표(Key Performance Indicators: KPI)가 설정됩니다. 우리의 보상체계는 인원이 많은 대규모 조직에 근거하는 것이 아니라 성과와 목표의 달성에 초점을 맞추고 있습니다. 다른 무엇도 아닌 실행이 바로 핵심이라고 할 수 있습니다." 팀이나 조직 차원의 성과에 근거하여 설정한 목표가 50퍼센트이고 개인 성과에 근거한 목표가 50퍼센트로 구성될 때 가치중심의 문화가 기업문화로 자리 잡을 수 있다는 것이 슈에르만의 견해다.

델의 '델은 행동을 중요시한다'라는 프로그램은 회사를 위해 일한다는 것 그리고 회사와 협력관계를 맺는다는 것이 어떤 의미인지 자세하게 설명해주고 있다. 주주가치는 그 의미를 설명하는 주요 요소 중 하나일 뿐이다. 고객들의 기대치, 델의 구성원이 된다는 것, 고객관계관리(Customer Relationship Management: CRM), 글로벌 시민 그리고 승리의 의미 등을 모두 설명하고 있다. 델에서는 가치중심 접근법의 사례가 될 수 있는 행동이나 성과를 중심 내용으로 하는 뉴스 레터를 게시한다. 적절한 행동보강 조치로 이어지는 효과적인 커뮤니케이션 덕분에 델은 직원들과 직접적으로 연결될 수 있고 강력한 가치중심 조직문화를 유지해나가고 있다.

회사가 표방하고 있는 핵심가치와 사명을 구성원 개개인의 차원에서 실현될 수 있도록 전달하는 능력이 바로 고성과 기업의 차별성이라는 점을 연구 결과가 보여주고 있다. 개인에게 어떤 영향이 미치는가에 대해 이해하지 못한다면 단순히 주주들의 부가 늘어난다는 사실에 흥분할 리 없다. 기업의 사명과 구성원들 간의 연결 고리를 만들어내고 탁월한 성과를 달성하기 위한 열정을 이끌어낼 수 있는 기회가 곧 가치중심의 조직문화다.

인간 사회에 문화적 다양성이 존재하는 것과 마찬가지로 기업이나 정부기관에도 다수의 문화적 경향이 존재한다. 그러한 조직문화 중 일부는 고성과 창출이라는 결과로 이어지지만 또 일부는 그렇지 못하다. 우리는 최근 수년간 부적절한 조직문화가 원인이 되어 기업 붕괴로까지 이어지는 광경을 보아왔다. 규칙을 무시하고 '어떤 대가를 치르더라도 거래를 성사시킨다'라는 식의 조직문화가 엔론의 경영진 사이에 팽배해 있었다는 점을 곰곰이 생각해볼 필요가 있다. 엔론 사태와 같은 난관에 봉착한 기업의 조직문화 이야기는 신문에 대서특필되는 반면, 건전한 조직문화를 보유한 기업들이 소개될 기회는 매우 적다. 아마도 이것이 우수한 고성과 기업들이 최고의 기업군을 형성하는 이유일 것이다.

예를 들어 1975년 S&P(Standard & Poor's, 스탠더드 앤드 푸어스) 500 지수가 처음 선정될 당시 그 대상에 포함되었던 기업들 중 현재까지 남아 있는 회사는 125개일 뿐이다.[1] GE나 존슨 앤드 존슨(Johnson & Johnson)처럼 현재까지 남아 있는 기업들은 시장의 변화, 정기적인 경영진 교체, 경제의 호황과 불황 등을 모두 거치면서 번성하고 있다. 이와 같은 성공적인 기업들 모두는 격변의 시기를 지탱할 수 있는 조직문화를 보유하고 있다. 문화적 기반이 약한 경쟁사들은 무너질 수밖에 없는 그런 급격한 변화의 시기에도 견딜 수 있게 해주는 조직문화 말이다.

리더십과 조직구조, 업무 유형과 인력 등의 변화를 견딜 수 있는 가치중심 조직문화

탁월한 비즈니스의 성과를 거두는 데 기여하는 요소는 무수히 많지만 연구 결과에 따르면 리더십, 프로세스, 조직구조 등 기업의 성공 요소 중 가장 오래 지속되는 것은 다름 아닌 조직문화다.

게리 존슨(Gerry Johnson)과 케번 스콜스(Kevan Scholes)[2]는 1993년에 '문화 웹(culture web)'이라는 개념을 제안한 바 있다. 문화는 여러 변수들이 합쳐진 강한 영향력의 혼합체이며 그 변수에는 리더십 스타일, 널리 알려져 있는 스토리와 전설, 사회적으로 수용되는 의식과 상징, 권력구조의 형태, 조직구조의 형식, 의사결정의 과정, 기능별 정책과 관리체계 등이 포함된다는 것이다.

존슨과 스콜스는 각각의 문화 변수들이 가지는 힘과 강도는 조직 내의 개인과 그룹에 따라 다를 수 있으며 조직과 조직 간에도 차이가 있을 수 있지만 지배적인 조직문화가 일반적인 문화로 보급될 것이라고 주장한다. 그들의 주장을 성과와 연관시켜본다면, 유사한 자원을 활용할 수 있는 상황에서 조직문화의 특성과 강렬함의 정도가 한 조직이 다른 조직에 비해 월등한 경쟁우위를 가질 수 있느냐 없느냐를 결정하게 된다고 주장하는 것이다.

가치중심 조직문화를 만들어가는 일은 미래를 위한 훌륭한 투자다. 그것은 1999년 폴 브리워튼(Paul Brewerton)과 린 밀워드(Lynne Millward)에 의해 규명된 네 가지 문화 유형을 초월할 수도 있을 것이다.

- 리더 중심의 문화: 강력한 리더는 조직의 문화를 만들어갈 수 있다. 리더 중심의 문화는 그 리더가 적절한 가치를 보유하고 있을 경우에 한해 매우 효과적일 수 있다. 엔론과 월드컴(World Com)은 이러한 리더 중심 문화의 가장 파괴적인 단면을 보여주는 사례일 것이다. 리더 중심의 문화는 리더가 바뀔 때마다 언제나 문화적 위기라는 리스크에 직면한다는 점에서 본질적인 취약함도 가지고 있다. 애플이 스티브 잡스(Steve Jobs)의 지휘 아래 있을 때 거둔 성공과 그가 권좌에 있지 않은 시기(잡스가 애플에 복귀하기 전 —옮긴이)의 성과를 비교해본다면 좋은 사례가 될 것이다. 지속적인 성과를 확보하기 위해 기업은 현재 리더의 한계를 뛰어넘을 수 있는 조직 문화를 개발해가야만 한다.

- 조직 중심의 문화: 문화는 조직구조나 구성원이 담당하는 각각의 역할보다 훨씬 근본적인 것이다. 문화는 조직이 변화한다고 해서 그 근본이 변하는 것은 아니다. 예를 들어 제조운영이라든가 정보기술의 개발, 고객지원 등을 포함하여 비즈니스의 상당 부분을 아웃소싱하고 있는 기업들이 무수히 많다. 하지만 그렇게 중대한 내부적 변화에도 불구하고 조직의 문화적 기본 토대가 대체된 경우는 찾아보기 힘들다.

- 과업 중심의 문화: 문화는 그 어떤 과업이나 시도보다 강력하다. 과업 중심의 문화가 없었다면 액센츄어의 모든 프로젝트팀은 각기 다른 가치를 추구했을 것이고 결과적으로 고객에 대한 서비스 수준도 제각각이었을 것이다. 이런 문제점을 극복하기 위해 액센츄어에서는 고객가치의 창출, 최고의 인재, 개인에 대한 존중, 성실, 하나의 글로벌 네트워크와 관리 책임 등을 포함하는 일련의 핵심가치를 중심으로 공통의 조직문화를 만들

어왔다. 액센츄어가 전 세계에서 지속적으로 조직을 변화시키고 성공적으로 프로젝트를 완수할 수 있는 힘도 바로 이 공통의 조직문화에 뿌리를 두고 있다.

- 사람 중심의 문화: 기업의 임직원은 조직문화를 포괄적으로 정의할 수 있다. 1990년대를 주름잡았던 이른바 닷컴 기업들은 젊은 기업가들이 대세를 이루었다. 대부분이 MBA 과정이나 기술 과정을 막 끝낸 그야말로 젊은 인재들이었다. 한동안 그렇게 급부상하는 젊은 인재들로 인해 기업문화의 전반이 재정의되는 것처럼 보이기도 했다. 당시 에너지는 매우 열정적이었으며 또 전염성도 강했다. 하지만 결국에는 오래 지속되지 못했다. 닷컴 기업들은 그릇된 가치 개념을 지지하는 조직문화를 부추기고 있었기 때문이다.

가치중심 조직문화는 조직의 핵심 이해당사자들의 목표와 일맥상통하는 근본적인 원칙에 깊이 뿌리내리고 있다. 문화의 동인과 핵심 이해당사자들의 목표가 완전히 일치한다면 조직문화는 영원히 지속될 것이다. 가치중심 조직문화는 단순히 재무적 측면의 성공만을 의미하는 것이 아니다. 물론 재무적 측면의 성공이 매우 중요하고 또 필요한 결과물이기는 하지만 그보다는 기업이 내부의 구성원을 포함한 모든 이해당사자들을 위해 가치를 창출하고 장기간에 걸쳐 상호 이득이 되는 결과물을 지속적으로 만들어내는 방법을 이해하는 일이기도 하다.

록히드 마틴(Lockheed Martin)의 항공기 개발 부서인 스컹크 워크스(Skunk Works)[3] 모델은 조직문화가 오랜 기간 고성과 기업으로 남는 데 어떤 도움을 주는지 잘 보여주는 사례다. 1943년 이래로 항공산업의 혁신에 앞장서 왔던

이 팀은 1960년 게리 파워스(Gary Powers)의 U2 정찰기(정찰용 카메라를 장착한 기종)가 소비에트 연방의 상공에서 피격당했을 때 중대한 도전에 직면했다. 그 사건은 미국 정부에 상당한 외교적 부담을 안겨주었다. 모스크바와 워싱턴의 관계가 껄끄러워졌을 뿐만 아니라 정찰임무 수행에 대한 새로운 전략을 궁리해내지 않으면 안 되는 상황에 놓이게 되었던 것이다.

미국은 야심찬 목표를 설정했다. 마하 3의 속도로 8만 피트 고도에서 비행하면서 레이더망에 노출될 위험을 최소로 줄인 비행기를 만드는 것이었다. 그런 비행기를 설계하고 제작하는 데는 만만치 않은 도전들이 도사리고 있었다. 간략하게 정리해보면 이런 것들이다.

- 비행기의 기체는 티타늄을 포함한 새로운 소재로 만들어져야 했다.
- 연료는 섭씨 300도의 고열에도 점화되지 않고 견딜 수 있어야 했다.
- 마하 3의 속도에서 발생하는 음속 충격파를 견딜 수 있는 새로운 엔진을 설계해야 했다.
- 타이어는 고열에서도 파열되지 않고 견딜 수 있을 만큼 충분히 강해야 했다.

나머지는 역사가 말해주고 있는 바와 같다. 스컹크 워크스 팀은 모델명 SR-71, 일명 '블랙버드(Blackbird)'를 만들어냈다. 앞서 언급한 모든 조건을 충족하는 비행기였고 그 업적은 항공산업의 역사에 명예롭게 남아 있다.

하지만 스컹크 워크스는 단지 1대의 비행기 생산에 그친 것이 아니다. 1943년 이후로 스컹크 워크스 팀에서 만들어낸 엄청난 전투기 디자인만 해도 20건이 넘으며, 현재 전 세계의 여러 공군에서 사용하고 있다. 스컹크 워크스의 조직문화는 지금은 전설적인 리더로 불리는 클래런스 '켈리' 존슨(Clarence 'Kelly' Johnson)에 의해 만들어진 것이다. 존슨이 스컹크 워크스 팀을 그렇게 효과적이고도 효율적으로 운영할 수 있었던 것은 그가 틀에 얽매이지 않는 자유분방한 리더였기 때문이다. 그는 기존의 규칙을 과감히 깨부수었고 혁신과 진전을 가로막고 있던 만연한 관료체계를 거부했다. 존슨은 자신만의 차별화된 가치기반 접근법을 만들어냄으로써 자신의 팀을 어떻게 운영할 것인지에 대한 형태를 갖추었다. 실제로 그가 만들어낸 '열네 가지 업무수행 방식과 규칙'은 오늘날까지도 록히드 마틴의 기업윤리 중 일부분을 차지하고 있다. 스컹크 워크스 모델은 록히드가 60년간 군용항공기 업계의 선두 위치를 유지할 수 있었던 원동력이다.

가치중심 조직문화를 조성하는 데 재무는 어떤 도움을 줄 수 있는가?

재무는 가치중심 조직문화에서 중요한 역할을 수행한다. 가치가 무엇인지를 규명하는 일과 조직 전반에 걸쳐 가치에 근거한 의사결정이 이루어질 수 있는 여건을 조성하는 데 도움을 주는 일을 담당한다는 이야기다. 간단히 말해 재무는 비즈니스의 대안들이 가치창출 극대화라는 목표와 함께 분석되는 방법 프레임워크를 만든다. 전략적 의사결정에 대한 궁극적인 책임이 일선 관리자들에게 있다고 한다면 재무는 논의에 필요한 경제적 용어를 설정하는 역할을 하며 동시에 의사결정 그룹에 없어서는 안 되는 구성원이라 할 수 있다. 재무는 새로운 일련의 책임 사항들을 당연할 일로 간주하면서 가치중심 조직문화 속에서 '가치'를 강화하는 데 도움을 줄 수 있는 위치에 자리 잡게 되었다. 이런 문화를 양성하고 발전시켜나가기 위해 재무는 어떻게 조직되어야 하는가?

재무기획(Financial Planning and Analysis: FP&A) 조직들은 비즈니스 단위나 부서에 실질적으로 배치되어 그들과 항상 함께 일하고 또 그들을 지원하는 것이 가장 이상적이다. 이와 같은 조직 형태를 선호하는 것은 재무와 일선 관리자들 사이에 긴밀하고 일상적인 업무관계가 형성될 수 있기 때문이다. 이와 같은 강력한 협력관계를 통해 얻을 수 있는 혜택은 점점 늘어갈 것이다. 기업의 재무 전문가들은 지원하고 있는 비즈니스의 강점과 약점에 대해 잘 이해하게 되고 내부 조직의 일선 고객들로부터 신뢰를 받게 된다. 이와 함께 재무 전문가들이 외부인이 아닌 팀의 일원으로 인식되고 핵심 의사결정 과정에 훨씬 빈번하게 참여하게 된다는 것도 중요하다.

이렇게 분산된 재무기획 조직이 항상 가능한 것은 아니다. 그리고 그것이 최적의 조직이라고 할 수도 없다. 경우에 따라서는 비즈니스 단위 혹은 부서 규모로 인해 이런 맞춤형 재무기획 조직을 적용할 수 없고 오히려 중앙집중적이고 자원을 공동으로 활용하는 조직 형태가 더 실질적일 수도 있다. 다른 한편으로는 M&A 관련 분석, 복잡한 가격결정이나 거래구조화, 리스크 평가 혹은 세금계획 수립과 같은 특화된 분야에 대해 깊이 있는 스킬이 필요한 경우도 있다. 이렇게 기업의 독특한 니즈를 충족시키는 데 중대한 영향을 미치는 부분이라면 세계적 수준의 스킬과 역량으로 이어지는 각 비즈니스 단위 또는 부서의 크리티컬 매스(critical mass)*를 설정하는 것이 불가능할 수도 있다.

숙련된 스킬을 보유한 개인들을 중심으로 조직을 구성하는 것이 정답에 더 가까울 수도 있다. 조직의 필요에 따라 언제든 개인의 전문성을 활용할 수 있는 조직 구성 말이다. 테라데이터의 CFO 밥 영이 직면했던 도전과제들을 생

◆ 크리티컬 매스: 임계 질량(핵분열 연쇄 반응을 유지하는 데 필요한 최소 질량), 원하는 결과물을 도출하는 데 필요한 또는 충분한 수나 양.

각해보자. 테라데이터의 소프트웨어와 서비스에 대한 가격결정과 계약 관련 의사결정은 그 복잡성이 점점 더 증가하고 있었다. 그 문제에 대한 대안을 밥 영은 이렇게 말한다. "…… 가격결정 전문가들로 구성된 글로벌 협의체를 만들었습니다. 이 소규모 전문가 그룹은 자신들의 경험을 정기적으로 공유하면서 가장 어렵고 중요한 거래를 처리합니다. 그룹의 구성원들은 판매 조직의 컨설턴트 역할을 수행하며, 경쟁력 분석과 고객의 비즈니스에 관한 제안 그리고 특정 고객과 연관된 우리의 경험과 과거의 기록에 근거하여 어떻게 거래를 성사시키는지 알려줍니다."

가치에 대한 일관된 사고 방법을 촉진하는 데 도움을 주기 위해 재무는 어느 정도의 조직적 결합을 필요로 한다. 이것은 가치 개념을 적용하기 위한 표준 도구와 방법론으로 비즈니스를 지원해야 하는 상황에서도 마찬가지다. 재무조직이 분권화되고 광범위할수록 재무조직 내에서 혹은 조직 전반에 걸쳐 일관된 가치중심 조직문화를 만들어내는 일은 더욱 힘들 수밖에 없다. 조직구조가 어떻든 상관없이 분권화되고 '전면 배치'된 재무모델이 선호되고 있기는 하지만 어떤 경우에서든 재무 전문가는 재무의 필수 요소를 충족시키는 책임을 완수해야만 한다.

책임을 완수하는 데는 여러 가지 방법이 있다. 대다수의 기업들이 재무조직을 체계화하여 구성원 모두가 명확한 수직구조 내에서 직접적인 책임을 갖도록 하고 있다. 하지만 이것이 반드시 필요한 절대적 요건은 아니며 적어도 간접적인 책임을 가질 수 있도록 대비는 되어 있어야 한다. 재무는 보상이나 성과평가, 교육과 경력개발에 관해서도 일정 부분의 역할을 담당해야만 한다. 그런 역할을 통해 재무 전문가들의 주의를 집중시킬 수 있고, 또 그들이 비즈니스를 지원하는 일에 필요한 일정 수준의 역량을 보유하고 있는 전문가들이라는 확신을 줄 수 있을 것이다.

가치중심 조직문화를 만들어가는 여정

문화적 변화는 조직이 시작할 수 있는 가장 힘든 여정이다. 변화의 진행 상황을 확인해줄 수 있는 명확한 이정표를 포함한 12단계의 프로그램이 있는 것도 아니다. 그러나 가치중심 조직문화를 창출한다는 것이 만만치 않은 목표이기는 하지만 달성하지 못할 것도 없다. 다양한 각도의 도전과제들을 동시에 해결할 수 있는 경영자의 리더십과 적극적인 의지 그리고 오랜 관행이 변하기 위해서 시간이 필요하다는 인식이 전제된다면 말이다.

출발점은 경영자의 리더십이다. CFO는 조직 내부에서 가치중심의 사고 방식을 전파하는 전도자 역할을 수행할 준비가 되어 있어야만 한다. 스위스리의 미치 블라저가 수행한 역할이 바로 그것이다. 경영진에서 방향을 결정했다면 나머지 조직은 자연스럽게 주의를 기울이기 마련이다. 하지만 CFO의 전도자 역할은 변화에 필요한 기본적인 작업이 완전히 마무리되고 기업이 이해관계자들을 위해 어떻게 가치를 창출할 것인가에 대한 명확한 이해가 전제되었을 때라야 비로소 가능한 것이다. 따라서 가치중심 조직문화를 창출하는 과정 초기의 중요한 단계는 ① 가치창출을 측정하는 데 사용될 측정법, ② 기업의 각 부분들이 전체의 가치제안에 기여하는 방법을 위한 강력한 분석적 틀을 우선적으로 갖추는 일이다. 스위스리의 경우에는 경제적 가치 모델(EVM)이 바로 사실에 기반을 둔 단단한 토대 위에 가치창출을 올려놓은 분석 프레임워크였다.

다른 무엇보다 CFO는 자신의 조직을 동원하고 재무 리더십 전체가 적극적인 역할을 수행하도록 만들어야만 한다. 전사 차원의 조직에 있든 혹은 비즈니스 단위에 있든 재무팀의 구성원들은 가치중심 조직문화 창출의 중요성과 그것이 실행되도록 하는 전략의 관점에서 CFO와 동일한 태도를 취해야 한다.

재무 리더십 내에서 이와 같은 정렬 수준과 결속력을 확보한다는 것은 재무가 어떻게 구성되어야 하는지, 또 변화를 촉진하기 위해 필요한 좀 더 큰 책임을 재무가 완수하기 위해서 재무활동을 어떻게 측정할 것인지 재고해보는 것을 의미할 수도 있다.

가치와 책임이 명확히 정의되었다면 앞서 설명한 다차원적인 '문화 웹'이 실행을 위한 유용한 틀을 제공한다. 이 모델에 의하면 그다음 단계는 의식이나 일상적 행위, 스토리, 상징, 권력구조, 통제체계 등의 측면에서 가치중심 조직문화 특성이 제대로 자리 잡고 있는지에 대한 평가가 될 것이다. 문화적 변화의 속도는 이와 같은 다차원적 전략을 사용함으로써 더욱 빨라진다.

마지막으로 진행 상황을 측정하는 것도 중요한 일이다. 결과는 세 가지로 나타날 수 있다. 첫째, 일상적인 비즈니스 의사결정에 가치 개념이 광범위하게 적용되고, 둘째, 비즈니스의 방향을 설정하는 데 재무역할이 점점 커지며, 셋째, 기업 전반에 걸쳐 재무의 기여도를 점점 더 중요하게 인식하게 된다. 이와 같은 유형의 결과물은 현재 스위스리의 재무팀이 얻고 있는 고객중심 평가에서 명확하게 드러난다.

가치중심 조직문화가 제대로 자리를 잡았다면 기업의 전체 구성원들이 어떻게 하면 고성과를 달성할 수 있는지 그리고 기업의 가치제안에 어떻게 기여할 수 있는지를 좀 더 빨리 터득하게 될 것이다. 이와 같은 가치를 깊이 이해하고 그 가치에 집중하는 것을 통해 주요 이해당사자의 기대에 성공적으로 부응할 수 있다는 충분한 증거자료가 있다고 우리는 믿는다. 비즈니스 세계에서 그것은 더 높은 주주수익률을 의미하는 것이고, 공공 부문에서는 시민들을 위한 좀 더 나은 가치를 의미한다.

해켓 그룹의 가치중심 조직문화에 대한 분석

해켓 그룹의 연구 결과는 세계적 금융기업의 CFO가 여러 측면에서 CEO의 뒤를 잇는 가장 영향력 있는 경영진의 한 사람이라는 점을 보여준다. 비록 일반적인 회계업무와 그에 따른 기밀 사항을 관리하는 관리자로서의 책임은 계속 수행해나가지만 CFO들은 자신들의 책임 범위가 극적으로 확대되고 있음을 보아왔다. 그들에게 주어진 새로운 역할은 바로 기업을 이끌어가는 핵심 경영진의 한 사람으로서 활동하는 것이다. 이러한 변화에는 CFO가 비즈니스의 모든 측면에 통합적으로 관여하게 된 이유도 있겠지만 그보다 더 중요한 것은 그들이 뛰어난 가치창출 결과로 이어질 수 있는 경제적 상충관계와 우선순위에 대해 독특한 통찰력을 보유하고 있기 때문이다. 세계적 수준의 기업들과 그렇지 못한 경쟁사들 사이의 차이점은 주목할 만하다. 세계적 수준 기업의 CFO들 중 94퍼센트가 기업의 주요 의사결정에 적극적으로 참여하는 데 비해 그렇지 못한 경쟁사들은 이 비율이 75퍼센트 수준에 머물고 있다.

앞으로 재무조직은 가장 높은 수준에서 그리고 가장 초기 단계에서 기업의

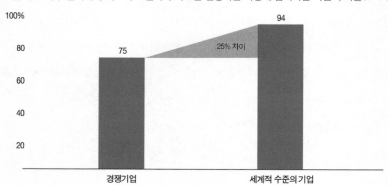

〈그림 4.2〉 재무 관리자가 비즈니스 전략과 목표를 설정하는 과정에 참여하는 기업의 비율(2005)

계획수립과 의사결정 과정에 참여해야만 한다. 그와 동시에 고위 경영진들이 실무를 이끄는 데 필요한 도구와 서비스도 제공해야만 한다(예를 들어 균형성 과표 같은 도구). 재무조직은 거래처리 업무의 효율성을 향상시키기 위해 시작한 일을 반드시 완수해야 한다. 그래야만 가치중심 조직문화를 만들어가는 일에서 리더십 역할을 수행하는 데 관심을 집중할 수 있을 것이기 때문이다.

전문가로부터 배우는 교훈

☑ 기업의 가치에 대해 명확하게 정의하고, 가치를 창출하기 위해 가치사슬 내에서 비즈니스가 어떻게 수행되어야 하는지 이해하도록 하라. 가능한 한 구체적인 용어로 정의하고 분석할 수 있도록 하라.

☑ 기업의 전략 개발과 비즈니스를 위한 의사결정 과정에 재무가 반드시 참여하도록 하라. 비즈니스에 대한 예리한 안목, 가치 분석, 세금의 효과, 리스크가 미치는 영향, 회계기준, 손익계산서 영향 등에 관한 재무의 독특한 기술적 전문성에 입각하여 재무가 갖고 있는 통찰력을 전략 개발과 의사결정 과정에 불어넣을 준비를 해야 한다.

☑ 비즈니스를 통찰력 있게 분석하는 데 필요한 좀 더 고차원적인 재무와 비즈니스 스킬 유형을 개발하는 데 우선순위를 두어야 한다. 전통적인 회계 담당자로서의 스킬보다는 비즈니스 관리자와 흡사한 스킬 개발을 목표로 삼아야 한다. 가장 중요한 새로운 스킬에는 분석 스킬, 비즈니스에 대한 예리한 안목, 산업에 대한 통찰력, 변화관리자로서의 역량, 효과적인 커뮤니케이션 등이 포함된다.

☑ 일선 관리자들과 직원들에게 가치 개념에 대한 교육과 일상적인 의사결정에 가치 개념을 적용할 수 있는 교육을 함께 실시해야 한다. 체계화된 교육과정은 물론 일선 관리자들이 숙련된 재무 전문가와 상호작용을 하면서 지식과 스킬을 습득하는 현장 학습을 포함해서 공식적 교육 전략과 비공식적 교육 전략을 동시에 적용하라.

☑ 기업 내부의 '고객'들과 일상적 상호작용이 긴밀하게 이루어질 수 있도록 재무를 조직해야 한다. 가장 어려운 문제를 해결하기 위해 활용할 수 있는 고도로 숙련된 전문가 그룹과 고객접점 조직 간에 균형을 유지하도록 한다.

제5장

전사적 성과관리

Enterprise Performance Management

가치중심 경영을 위한 재무의 변화

■■■ 섹 와이 쾅(Seck Wai Kwong), CFO 겸 수석부사장 |

싱가포르 증권거래소(Singapore Exchange: SGX)

싱가포르 증권거래소는 아시아태평양 지역에서 최초로 주식회사로 전환했고 증권과 파생상품의 거래를 통합했다. 싱가포르 증권거래소는 1999년에 조직되어 아시아태평양 지역에서는 최초로 주식의 공모(public offer)와 사모(private placement) 발행을 통해 상장되는 거래소가 되었다. 싱가포르의 주요 상장회사들이 등록되어 있으며 아시아에서는 증권거래가 완전히 자동화되어 있고 하한가 없는 거래가 가능한 시장이다. 2005년 9월 현재 648개 회사가 상장되어 있으며 시장자본총액은 4186억 싱가포르 달러 규모다. 등록된 회사들 중 4분의 1 이상이 싱가포르가 아닌 타 국가에서 주요 비즈니스를 수행하는 외국계 기업들이며, 그 회사들의 대부분은 중국본토 기업들이다. 2005 회계연도에 싱가포르 증권거래소 증권시장의 거래 총액은 1683억 싱가포르 달러에 달했으며 거래량은 1485억 주에 이르렀다. 광범위한 아시아 주가지수 및 이자율 상품을 제공하는 파생상품 시장에 힘입어 싱가포르 증권거래소는 아시아 지역의 역외 리스크관리 센터로 부상하고 있기도 하다.

2003년 CFO에 취임한 이래 섹 와이 쾅이 가장 중요하게 생각해온 것은 어떤 것들인지 질문했다. "우리는 조직 전반과 재무 변화에 중점을 두고 한 차원 높은 고성과 기업으로 발돋움할 수 있게 만드는 일에 집중했습니다. 지금까지 가치중심 조직문화, 성과관리, 시스템과 자본관리 등에 주력해오고 있습니다. 그런 것들에 시장도 반응을 보이는 것 같습니다. 지난 2년간 회사의 주가가 2배나 오른 것을 보면 말이지요.

우리가 가장 먼저 착수했던 문제는 성과관리 부분이었고 가치중심 경영(VBM)의 구조와 결합하는 것이 목표였습니다. 처음에는 초보적인 경영관리 보고서만 있었기 때문에 가치중심 경영을 확립할 수 있는 로드맵을 고안했습니다. 더불어 수익성 관리 시스템도 필요했습니다. 그리고 상품과 고객을 기반으로 시장을 세분하는 일도 가치중심 경영을 만들어가는 과정의 일부였습니다. 현재 수익성 관리 문제는 어느 정도 해결되었지만 좀 더 양질의 정보와 이를 자동으로 산출할 수 있는 능력은 여전히 필요하며 현재 노력하고 있는 부분도 바로 그것입니다."

우리는 그에게 먼저 목표를 설정하고 그것을 달성하기 위해 필요한 것을 실행해 나갔는지 물어보았다. "네, 그렇습니다. 우리가 원했던 것은 가치중심 경영체계로 변화하는 것이었기 때문에 그 과정은 당연히 목표한 바를 이루는 데 도움이 되는 것이어야겠죠. 수익성 관리 시스템이 확립된 이후에 경제적부가가치(EVA®)를 위해 그것을 다시 해체하는 것은 바람직하지 않습니다. 체계적인 목표를 머릿속에 그려놓고 목표 달성을 위해 필요한 것들을 하나씩 갖추어나가야 합니다."

그는 회사의 비전과 자신이 직면했던 도전과제들에 대한 이야기를 이어갔다. "우

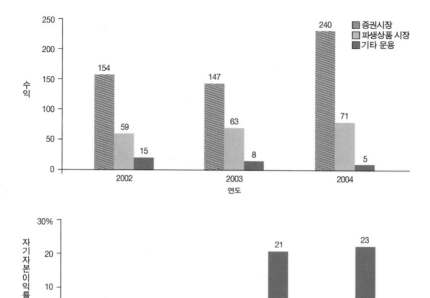

리 회사는 임직원의 수가 600명이고 연매출 규모가 3억 싱가포르 달러 정도입니다. 시장 상황에 따라 다르겠지만 그중 1억~1억 3000만 싱가포르 달러가 이익입니다. 관리하기에 그렇게 규모가 큰 것도 아닌 셈이죠.

수많은 우선순위 중 하나가 수익성 관리였습니다. 기본적으로 우리는 핵심 우선순위 업무를 '시계를 만드는 과정'으로 생각하고 있습니다. 탄탄한 시장을 구축하는 데 필요한 인프라를 적재적소에 배치하는 과정과도 같은 것이죠. 예를 들어 지금 작업하고 있는 포트폴리오 관리체계 프로젝트 같은 것입니다. 진행하고자 하는 프로젝트는 수백 개가 넘지만 그 많은 프로젝트들을 동시에 진행할 수는 없습니다. 어느 프로젝트에 먼저 투자할지를 결정해야 하고 그다음에는 예산 범위 내에서 정해진

기간 내에 완수할 수 있도록 해야 합니다. 의도한 성과를 산출하는 것도 놓쳐서는 안 될 부분이죠. 우리가 만들어가고 있는 모든 프로세스와 체계들은 우리가 목표로 하고 있는 가치의 실현이라는 전사적 목표에 기여할 수 있어야 합니다.

앞으로 3년에서 5년 정도가 걸릴 것으로 생각하고 있고 벌써 그 두 번째 해를 보내고 있습니다. 새로운 체계의 정립이 시급히 이루어져야 한다는 말이죠. 나는 그 과정을 이렇게 예상하고 있습니다. 향후 6개월 내에 굵직한 주요 과업이 완수될 것입니다. 그러면 조직 전체가 새로운 업무 방식에 익숙해지겠죠. 내일 당장이라도 가치중심 경영을 시작할 수 있습니다. 하지만 그렇게 하면 사람을 잃게 되죠. 직원들이 비즈니스를 관리하는 새로운 프로세스와 체계를 받아들이고 완전히 적응할 수 있도록 기운을 북돋워주어야 합니다."

미국의 3000개 대기업의 주가지수를 나타내는 러셀 3000 지수의 재무상태표 상에서 무형자산은 80퍼센트 가량을 차지하고 있다. 따라서 재무보고의 범위도 이와 같은 비재무적 요소까지를 포함할 수 있도록 확대되어야 한다. 그럼에도 현행 재무보고 기준은 무형자산과 이 자산이 지분가치에 미치는 영향을 체계화하도록 요구하고 있지는 않다.

가치중심 경영체계에 무형자산을 포함시키는 것에 대한 그의 의견을 물어보았다. 그는 이렇게 언급했다. "우리는 브랜드 가치를 매우 중요하게 생각하고 있습니다. 싱가포르 증권거래소라는 브랜드는 기업가치와 싱가포르라는 기업의 청렴한 재무라는 관점에서 그 가치가 매우 높다는 것을 잘 알고 있습니다. 중국에서 거래를 할 때 그러한 평판은 중국 기업들이 싱가포르 증권거래소에 상장하도록 유도하는 역할을 해줍니다. 왜 싱가포르 증권거래소에 상장해야 하는가라는 질문을 많이 받습니다. 더 나은 주가수익배율(Price/Earning Ratio: PE or PER)을 얻을 수 있다는 것이 그 대답 중 하나입니다. 다른 하나는 싱가포르 증권거래소가 받은 '우수 제품·브랜드 인증', 다시 말해 싱가포르 증권거래소에 상장되었을 때는 그만큼 신뢰할 수 있는 관리체계의 덕을 볼 수 있다는 것이죠. 우리의 브랜드 가치를 보여주는 데 없어서는 안 될 요소입니다. 싱가포르 증권거래소라는 브랜드는 협력 계약에 관심이 있는 고객들을 끌어모으는 역할을 해주었습니다. 시간이 지난 후에는 싱가포르 증권거래소의 상품에 대해 다른 파트너들과 공동 브랜드 사용 같은 방법으로 공동 판매를 위한 노력도 지원할 수 있을 것이라고 생각합니다.

직원개발 교육 프로그램이나 고객중심의 업무처리 등을 통해 이와 같은 자산을 개방하는 것은 우리에게 비교적 새로운 것입니다. 2003년도에 있었던 구조조정 당시 고객이 모든 업무의 중심이 되었습니다. 우리는 고객을 4개의 주요 그룹으로 구분하고 있습니다. 재판매자와 기관 투자자들을 통해 주식과 파생상품을 거래하는 중계자, 직접 거래를 하는 재판매자, 기관 투자자, 증권 발행자 이렇게 말이지요. 자기 계정으로 거래를 수행하는 장내 거래인들도 많습니다. 그들은 시장에 유동성을 제공하는 측면에서 매우 중요한 구성원이라고 할 수 있죠. 펀드매니저와 재판매 고객들 또한 중요합니다. 그래서 우리는 각각의 고객 그룹에 초점을 맞추고 서비스를 제공하는 기능적인 업무팀을 갖추고 있습니다. 그리고 거래소와 최종 고객 간에 피드백이 이루어질 수 있도록 권장하는 데도 주력하고 있습니다.

인적자원 부분에도 많은 시간을 할애하고 있습니다. 리더십과 인재의 보존과 유지 정책, 보상체계 등 제대로 된 프로세스를 갖추려고 노력하고 있습니다. 보너스 풀은 회사의 수익성과 직접적으로 연결되어 있습니다."

아시아 지역의 CFO를 위한 중요한 성공 요인을 그는 이렇게 말한다. "우리 회사의 리더십은 그 초점을 비즈니스에 명확히 맞추고 있습니다. 비용을 관리하고 수익을 향상시키며 자본을 관리하는 일에 중점을 두고 있다는 의미죠. 그로 인해 직원들과 고객들 모두 안정감을 느낄 수 있습니다. 그건 매우 중요한 부분이지요. 나는 우리의 리더십 수준이 싱가포르 증권거래소의 가치에 기여하고 있다고 생각합니다. CEO인 푸후아 시에(Fu Hua Hsieh)는 투자자들이 신뢰를 가질 수 있도록 만들어줍니다. 그는 회사가 달성해야 할 목표와 어떻게 그 목표에 도달할 것인지에 대해 명확한 비전을 제공하는 사람입니다.

직원들을 위해서 우리는 회사의 재무적 목표와 고객 가치제안을 설명해줄 전략 맵을 가지고 있습니다. 팀 전체가 이 전략 맵을 잘 이해하고 있으며 각자가 어느 부분에 기여할 수 있을지 판단할 수 있습니다. 모든 구성원들이 우리의 시선이 어느 방향을 향하고 있는지 확인할 수 있고 각자의 기여도에 따라 변화를 창출할 수 있다는 생각을 가지는 것은 매우 중요합니다."

재무가 가치중심 조직문화를 가능하게 만들어줄 수 있다고 생각하는지 그에게 질문해보았다. "바로 그것이 지금 우리가 하고 있는 일입니다. 기업서비스 그룹으로서 우리는 회사의 비전 형성과 전략적 의사결정에 도움을 주는 파트너라고 할 수 있습니다. 우리는 각기 다른 비즈니스 단위의 파트너가 되어 필요한 변화를 촉진할 수 있는 인프라를 제공하고 있습니다.

우리는 가치중심의 성과관리와 포트폴리오 관리, 여타 시스템들의 적재적소 배치를 통해 다양한 비즈니스 그룹을 지원하고 있습니다. 포트폴리오 관리 시스템을 구축한다는 것은 기술이나 상품만을 위한 시스템을 제공한다는 의미가 아닙니다. 우리는 조직 전체를 지원할 수 있는 기본적인 체계와 인프라를 제공하고 있습니다."

그가 말한 바와 같이 성과관리는 중요하다. "증권거래와 결제가 이루어지는 곳이기 때문에 자본에 대한 수요가 매우 큽니다. 우리는 지난 1987년도의 시장 붕괴처럼 예측할 수 없는 상황에서도 견딜 수 있을 정도의 재정을 확보하고 있어야 하기 때문에 상당한 자본을 미래를 위한 적립금으로 유보해놓고 있습니다. 지금까지 우리가 필요로 하는 자본의 규모와 잉여금 그리고 주주들에게 환급할 수 있는 자본이 어느 정도인지 신중하게 재평가해오고 있습니다. 실제로 지난 2년간 주주들에게 자본을 2배나 환급해줄 수 있었다고 말할 수 있어 나도 기쁩니다."

신뢰할 수 있는 전사적 성과관리(EPM) 시스템이 없었다면 싱가포르 증권거래소의 성공도 없었을 것이다. 싱가포르 증권거래소의 재무에 대한 그의 견해를 확인해보았다. "재무는 우리가 하고 있는 일의 중심축과도 같습니다. 언제나 더 신속하고 더 나은 업무처리 방법을 찾고 있습니다. 예를 들어 내가 처음 부임했을 당시만 해도 수행한 연간 결산업무의 결과인 실적이 나오고 보고서로 만들어지기까지 무려 두 달 반이라는 시간이 소요되었습니다. 지금은 회계연도가 이번 달 말일에 끝난다고 하면 늦어도 20영업일 내에 보고서 작업을 완료할 수 있게 되었습니다. 우리는 거래소이기 때문에 주도적인 역할을 해야 한다고 생각합니다. 싱가포르 증권거래소의 분기별 실적 보고는 매 분기가 시작되는 7영업일 내에 이루어지고 있습니다."

우리는 지난 24개월간 사용된 리스크관리 역량에 대한 그의 생각도 물어보았다. "새로운 리스크관리체계를 제대로 정착시키는 일은 매우 중대한 사안이었습니다. 과거에는 청산 자금에 대해 한정적으로 집중했지만 지금은 그 폭을 확대하여 함께 협력하여 일하는 다른 관계자들은 물론 우리가 직면하고 있는 모든 리스크, 예를 들어 운영 리스크나 평판 리스크, 신용 리스크 등을 포함하고 그것을 체계적인 틀 내에서 상호 결합하는 일에도 중점을 두고 있습니다. 우리는 이사회 차원에서 리스크관리 위원회를 조직하여 가장 중요한 리스크는 어떤 것들인지에 대해 합의를 이끌어 업무를 처리하고 있으며, 어떻게 이 리스크를 경감하고 적절하게 관리할 수 있을 것인지 그 방안을 확실히 해가고 있습니다."

어떤 경영자들은 새로운 규제 관련 요구가 비용을 수반한다고 생각한다. 하지만 그것이 훌륭한 경영관리의 수행이라고 보는 경영자들도 있다. 여기에 대한 그의 견해를 알고 싶었다. "우리는 거래소이기 때문에 규제를 비용 측면에서 보지 않고 성공의 일부로 간주하고 있습니다. 싱가포르 증권거래소는 규제 요구를 준수해야 하는 책임이 있고 동시에 상장된 기업이기도 합니다. 이 두 가지 측면이 상충되면서 긴장감이 조성되기도 하지만 그런 문제들은 분쟁 위원회를 통해 해결합니다. 분쟁 위원회는 독립적인 이사회 기구로 이해 충돌과 규제 요구의 준수의무 등을 총괄하고 있습니다. 나는 이 위원회가 수익창출과 규제 요구의 준수의무 간에 적절한 균형을 유지할 수 있도록 일하고 있다고 봅니다. 피할 수 없는 이 두 가지 중대 사안 사이에 종종 긴장이 발생하기도 합니다. 어떤 회사가 상장되기를 바라고 그에 따른 수수료 수익이 기대되지만 그것이 규정에 위배되는 것은 아닌가? 그런 문제점을 어떻게 해결할 것인가? 분쟁 위원회에서는 싱가포르 증권거래소가 규제 요구의 준수의무를 이행하기 위해 필요한 적절한 자원을 확보하도록 하고 있습니다. 이런 요구를 무용지물로 만들어버릴 수 있는 가장 손쉬운 방법이 자원을 박탈하는 것이기 때문입니다. 그래서 분쟁 위원회에서는 이런 문제를 깊이 있게 다루고 있습니다. 바로 그것이 우리가 적절한 균형을 유지할 수 있는 이유입니다."

효과적인 성과관리

좀 더 나은 의사결정과 엄격한 실행

대부분의 비즈니스에서는 성과관리를 몇 가지 명백한 혜택을 제공해주는 '소프트 사이언스'로 보고 있다. 그러나 포괄적인 전사적 성과관리 방식은 기업에서 비즈니스 성과를 계획하고 예측하며 모니터링하고 관리하는 방식에 중대한 변화를 일으킬 수 있다는 명확한 증거가 있다.

- 전사적 성과관리는 기업의 전략실행력을 향상시킨다. 좀 더 신속하고 더 나은 의사결정을 가능하게 해주기 때문이다. 또한 최적의 자원배분을 끊임없이 촉진하여 지속가능한 주주가치를 극대화한다.
- 전사적 성과관리는 기업의 재무적·비재무적 그리고 유무형의 현재 및 미래 가치를 위한 핵심 동인을 일관되게 정의하고 모델화한다. 또한 그러한

가치동인들이 어떻게 상호 관련되어 작용하는지 설명해준다.
- 전사적 성과관리는 단일 기업 혹은 비즈니스 네트워크에 걸쳐 비즈니스 성과에 대한 관리와 최적화를 촉진한다.
- 전사적 성과관리는 성과지향 전략을 식별하고 평가할 수 있도록 해주며, 이 전략이 가시적인 전술과 계획으로 전환될 수 있도록 도와준다.
- 전사적 성과관리는 예측과 보고, 분석기능을 개선하여 기업 전반에 걸쳐 전략이 실행되는 과정을 모니터링할 수 있게 해준다.

이러한 전사적 성과관리의 긍정적인 혜택에도 불구하고 오늘날 사용되고 있는 전사적 성과관리 시스템의 거의 대부분이 그다지 뛰어난 가치를 창출해내지 못하고 있다. 최근 ≪하버드 비즈니스 리뷰(Harvard Business Review)≫를 통해 발표된 연구 결과에 의하면 전사적 성과관리 시스템을 사용하는 최고의 기업에서 자산순이익률(Return on Assets: ROA)과 자기자본이익률(Return on Equity: ROE)이 각각 2.95퍼센트와 5.14퍼센트 높게 달성된 것으로 나타났지만 이러한 이득은 전사적 성과관리를 사용하는 기업들 중 4분의 1 미만(23퍼센트)에서만 현실화되고 있다.[1]

또 다수의 기업들이 개별 솔루션 개발에 상당한 투자를 하고 있지만 실질적인 가치를 창출하는 일에는 계속해서 실패하고 있는 것이 사실이다. 좀 더 포괄적인 전사적 성과관리 접근법을 적용하면 이런 기업들은 더 선제적으로 유용한 경영정보를 산출하고 제공할 수 있을 것이다. 또한 재무적 수익을 극대화할 수 있는 프로세스에 자원과 노력을 집중하게 되어 그만큼 자금도 절약할 수 있을 것이다.

전사적 성과관리 역량을 향상하는 데 집중

우리는 지금 성과관리에 집착하는 세상을 살아가고 있다. 설문조사 결과를 살펴보면 2000년도 이전까지 5년간 30퍼센트에서 60퍼센트가량의 기업들이 성과측정 시스템의 변경에 착수한 것을 알 수 있다.[2] 최근 AMR(Advanced Market Research)에서 363개 기업을 대상으로 진행한 설문조사에 의하면 조사대상 기업들 중 60퍼센트는 2005년도 전사적 성과관리 예산을 늘릴 것이라고 했으며, 35퍼센트는 현재 수준을 유지할 것이라고 했고, 5퍼센트 정도는 전사적 성과관리에 소요되고 있는 비용을 삭감할 계획이라고 답했다.[3] 많은 기업에서 의미 있는 가치를 창출하는 데 실패하고 있다는 증거가 명확함에도 불구하고 성과관리 시스템(PMS) 개선에 이렇게 많은 노력을 기울이는 이유는 무엇일까? 이 조사 연구에서는 성과관리 개선을 위한 기업의 노력을 촉진하는 내적·외적 동인이 무엇인지 규명하고 있다.

전 세계적으로 규제기관들과 입법기관들은 기업들에게 성과와 실행에 대한 정보를 무한정 제공하도록 요구하고 있다. 미국의 사베인스-옥슬리 법안(SOX) 같은 입법 규정은 기업의 성과 이슈와 관련된 폭넓고 다양한 정보의 공시를 기업에 강제하고 있다. 그와 같은 입법 규정이 없다고 해도 투자분석가들은 기업의 비재무적 정보에 점점 더 많은 관심을 보이고 있는 것이 분명한 현실이다. 특히 기업의 미래가치 창출의 잠재력에 대해 통찰력을 제공해줄 수 있는 '무형자산'에 대한 관심이 더욱 높아지고 있다.

내부적 관점에서 볼 때 유형자산과 과거 성과지표에 중점을 두고 있는 전통적인 회계 측정치들은 극히 일부의 정보만 제공해줄 뿐이다. 많은 기업들이 브랜드 자산과 종업원 만족, 지적자산(Intellectual Property: IP) 등에 관한 비재무적 무형자산 정보를 더 중요하게 생각하고 있다. 그럼에도 기업의 내부 보고체계를 살펴보면 대부분이 이미 일어난 일에 대한 보고에 그치는 재무적 정보에 초점을 맞추고 있을 뿐이다. 많은 기업들이 비즈니스의 동인이 되는 모든 요소들에 대한 적절한 관리 능력에 차이가 있음을 지적하고 있다.

개별 솔루션의 출현

앞서 논의된 비즈니스의 동인은 좀 더 새롭고 향상된 성과관리 방식의 결과물이다. 균형성과표나 활동기준관리(Activity-Based Management: ABM) 그리고 '예산제도를 개선한 새로운 경영관리 모델'* 같은 기본적인 틀이 개발되었다. 기업들은 통합되지 않은 ERP 시스템이나 데이터 웨어하우스(Data Warehouse: DW), 재무보고 패키지, 예산관리 및 예측 시스템, 균형성과표나 대시보드 도구들을 실무에 적용하는 데 상당한 자금을 소모했다.

성과 추이와 인과관계에 대한 분석을 통해 비즈니스 리더들은 좀 더 전략적으로 자원을 배분하여 가치를 창출하고자 노력해왔다. 그 결과 어느 정도 효율성은 개선했지만 효과적인 관리 시스템과 의미 있는 가치창출 측면에서는 그다지 큰 성과를 거두지 못했다. 기업의 비즈니스 모델에서 가치창출의 진정한 동인이 무엇인지 이해하는 능력에는 여전히 현저한 격차가 있다. 결과적으로 다수의 경영자들이 현재 사용하고 있는 전사적 성과관리에 대해 실망과 불만족을 느끼고 있다는 말이다.

》 대부분의 전사적 성과관리는 의도한 효과를 달성하는 데 실패했다

최근의 한 연구는 왜 대부분의 기업들이 성과관리를 개선하는 데 여전히 고군분투하고 있는지 그 이유를 설명하는 공통적인 요소들을 강조하고 있다.

◆ 예산제도를 개선한 새로운 경영관리 모델: 제러미 호프(Jeremy Hope), 로빈 프레이저(Robin Fraser)와 피터 번스(Peter Bunce)가 새로운 경영관리 원탁회의(Beyond Budgeting Round Table: BBRT)를 설립하여 제안한 모델.

1. 잘못된 측정지표: 균형성과표를 사용하는 기업들 중 단 23퍼센트만이 성과표와 주주가치의 성장 사이에 검증된 연관성을 가지고 있었다. 품질지표와 반품이 상호 연결되어 있는 기업은 겨우 12퍼센트에 그치고 있으며 적어도 70퍼센트에 해당하는 기업들이 통계적 유효성이 결여된 측정지표를 사용하고 있다. 정교한 측정지표의 부재는 혼란을 야기할 뿐만 아니라 전략의 실행에 걸림돌이 되고 있다.

2. 데이터 품질 비용: 데이터 웨어하우스 구축을 위해 소모되는 총비용은 연간 400억 달러가 넘는 것으로 추정된다. 이 비용 중 60퍼센트 이상이 데이터를 정제하는 데 사용되고 있다.[4]

3. 데이터의 바다: 엄청난 비용이 투입되었음에도 불구하고 대부분의 결과물은 비생산적인 것으로 나타났다. "임직원의 60퍼센트가 자신들이 제공받는 정보로 인해 중압감을 느낀다."[5] 그리고 "관리자의 43퍼센트는 지나치게 많은 정보 때문에 중요한 의사결정이 지연되고 의사결정 능력 자체가 영향을 받는다고 믿고 있다."[6]

4. 고립된 시스템: 예산 및 계획수립, 균형성과표, 경제적부가가치, 보고 목적의 각종 도구들을 위한 특정의 개별 솔루션들이 매우 많음을 확인할 수 있었다. 그러나 이와 같은 개별 솔루션들 사이에 통합이 이루어지지 않아 추가적인 비용이 발생하고 산출 결과와 결론에 일관성이 결여되고 있다.

5. 가치창출 자산을 간과하거나 제대로 관리하지 못하는 현재의 경영관리 시스템: 1980년에는 S&P 500 지수에 100달러를 투자했다면 그중 80달러는 재무

상태표 상에서 유형자산으로 기록될 수 있었다. 하지만 지금은 S&P 500 지수의 가치 중 25퍼센트만이 유형자산으로 간주되고 있다.[7] 그 나머지는 대부분 무형자산이다(예를 들어 고객유지율, 브랜드, 임직원의 생산성 등). (대형 투자자와 기관 투자자, 포트폴리오 관리자, 리서치 담당자 등을 포함하는) 300명의 매수 측 투자자들에 대한 연구 결과, 투자를 위한 의사결정의 50퍼센트는 비재무적 성과에 근거하는 것으로 조사되었다.[8]

6. 잘못된 인센티브: 우리의 경험과 연구 결과를 살펴보면 다수의 기업들이 성과를 개선하기 위해 잘못된 인센티브 체계를 가지고 있다는 것을 알 수 있다. 인센티브 체계는 눈앞의 성과에 초점이 맞추어진 경향이 있고 단기적 성과와 장기적 성과 사이에 적절한 균형을 이루지 못하고 있다. 장기적 주주가치 창출과 명확한 연관성이 없는 재무적 지표에 의해 측정되는 성과 인센티브가 그 사례다.

가장 성공적인 기업은 어떻게 전사적 성과관리에 접근하는가?

성과관리를 최적화할 수 있는 유일한 비법이란 것은 없지만 전사적 성과관리를 통해 가치창출을 지속적으로 실현하고 있는 다수의 고성과 기업들이 가지고 있는 일곱 가지 특성을 발견했다.

1. 신속한 의사결정과 행동을 위한 통합 프레임워크
2. 외부의 가치창출 관점을 겸비한 가치실현의 견고한 토대

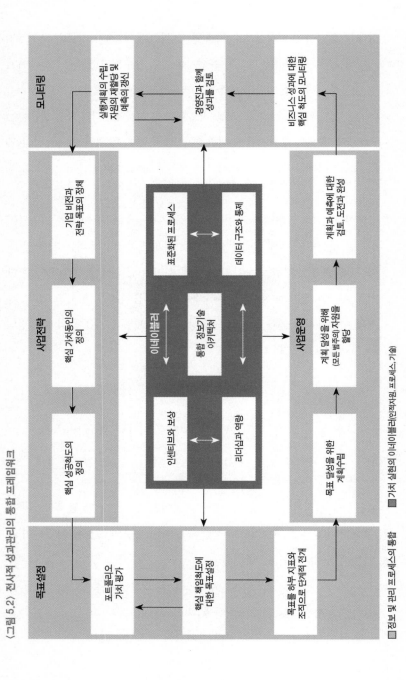

〈그림 5.2〉 전사적 성과관리의 통합 프레임워크

모니터링

실행계획의 수립,
자원의 재할당 및
예측의 갱신

경영진과 함께
성과를 검토

비즈니스 성과에 대한
핵심 척도의 모니터링

사업전략

기업 비전과
전략 목표의 정제

핵심 가치동인의
정의

핵심 성과척도의
정의

표준화된 프로세스

데이터 구조와 통제

인에이블러

통합 정보기술
아키텍처

인센티브와 보상

리더십과 역량

사업운영

계획과 예측에 대한
검토, 도전과 완성

계획 달성을 위해
(모든 범주의) 자원을
할당

목표 달성을 위한
계획 수립

목표설정

포트폴리오
가치 평가

핵심 책임척도에
대한 목표설정

목표를 하부 지표와
조직으로 단계적 전개

■ 정보 및 관리 프로세스의 통합   ■ 가치 실현의 이네이블러(인적자원, 프로세스, 기술)

3. 기업의 핵심 가치동인에 대한 깊은 이해

4. 게임과 협상 위험을 최소화할 수 있는 외부, 시장 기반의 목표 설정

5. 새로운 시도, 계획수립, 자원배분에 대한 역동적 평가

6. 장기간에 걸친 개선된 통계적 관련성을 가지고 성과를 모니터링하고 분석하는 데 중점을 두어 실행함

7. 장기간에 걸친 고성과 달성을 가능하게 해주는 핵심 인재, 프로세스 및 기술

대부분의 고성과 기업들이 이와 같은 선도적 업무 방식을 전사적 성과관리를 위한 통합적 프레임워크 내에서 적용하고 있다고 본다(〈그림 5.2〉 참조). 이 프레임워크는 고성과 기업들이 적절한 미래 비전을 단계적이고 체계화된 방식으로 만들어 전사적 성과관리를 적용할 수 있게 해준다.

신속한 의사결정과 행동을 위한 통합적인 프레임워크

전사적 성과관리 프로세스의 통합적 특성은 올바른 정보에의 집중을 핵심으로 하며, 이를 통해 작동된다.

1. 경제적이익의 총액(〈그림 5.3〉 참조)이나 수익성장률과 같은 성공적 전략 실행에 대한 핵심 결과 측정치

2. 현재 및 미래 가치의 핵심 동인과 비교하여 성과를 측정하는 전략실행에 대해 소수이지만 중요한 성과측정치

3. 성과를 향상하기 위해 현재 투자하고 있는 주요 전략적 시도에 대한 정보

4. 정확한 정보에 바탕을 두고 올바른 의사결정을 내릴 수 있도록 임직원을 북돋워서 가치를 실현할 수 있게 의사결정을 돕는 프레임워크

〈그림 5.3〉 총주주수익률 구조화 프레임워크

총주주수익률 구조화는 가치창출에 대한 완벽한 맵핑을 보여준다

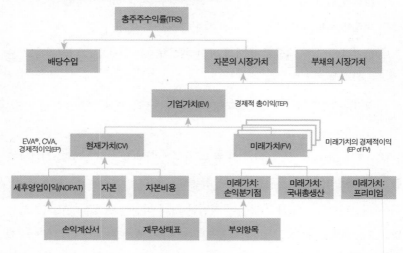

전통적 재무성과의 측정 기준[예를 들어 주당순이익(EPS), 순자산수익률(RONA), 경제적부가가치(EVA) 등]은 0퍼센트에서 55퍼센트 범위 내에 총주주수익률과 상관관계가 있는 것으로 묘사되기 때문에 주주가치와 연결되어 있다고 알려져 있다. 이와 같은 측정 기준들은 현재가치(Current Value: CV)에 초점을 맞추고 있기 때문에 좀 더 높은 상관관계를 가지고 있다고 볼 수는 없다. 대부분의 기업가치는 미래의 성장에 대한 기대치와 연결되어 있다. 총주주수익률의 맵핑은 이것을 다른 관점에서 바라본 것이라 할 수 있다. 최상위에서 시작하여 하위 단계로 구성 요소들을 파악해나가는 방식이기 때문이다.

> ① 총주주수익률(Total Returns to Shareholders: TRS)은 주주에게 전달된 배당수입과 자본의 시장가치 증감으로 구성된다.
> ② 기업가치(Enterprise Value: EV)는 자본의 시장가치와 부채의 시장가치다.
> ③ 기업가치는 현재가치(예를 들어 영구연금으로 환산한 현재의 수익성)와 미래가치(Future Value: FV)다.
> ④ 현재가치는 경제적이익(Economic Profit: EP)과 같은 전통적인 측정 기준에 의해 결정된다.
> ⑤ 미래가치의 경제적이익(Economic Profit of Future Value: EP of FV) 형태로 미래가치를 환산하기 위해 정기적인 성과측정지표들을 사용한다.
> ⑥ 경제적이익의 미래가치에 경제적이익의 현재가치를 더하여 경제적총이익(Total Economic Profit: TEP)을 산출한다. 경제적총이익은 총주주수익률에 직접적으로 연결되어 있는 최우선의 성과측정지표다.

총주주수익률 맵핑은 회계연도의 재무성과를 나타낸다. 또한 중요한 것은 회계연도의 '가치'로 표현된 성과를 통합하는 것이다. 그 덕분에 성과의 측정과 관리, 무형자본의 투자를 통해 창출된 미래가치라는 혜택을 프레임워크에 수용할 수 있게 되었다.

미래가치의 경제적이익은 경영진의 전략과 투자에 대해 주주들의 직접적인 피드백을 제공해준다. 이와 같이 지표화하는 것은 경영진의 성과에서 시장이 미치는 영향을 확실하게 구분해준다. 경쟁력 있는 성과와 경쟁사 벤치마킹에 적용한 이런 프레임워크를 통해 경영진은 미래에 대한 탁월한 관점과 포괄적인 경쟁정보도 갖게 된다.

사례 연구 ■■■ 통합적 전사적 성과관리 전략의 설계

단기간에 급속도로 성장한 기업들이 대부분 그러하듯이 세계적인 한 소매기업은 포화 상태에 있는 소매업계에서 수익성 있는 성장과 주주가치의 향상을 추진해야 하는 몇몇 핵심 도전과제에 직면하게 되었다. 과거 몇 년 간의 급속한 성장으로 말미암아 이 회사는 단기적 재무성과에 대해서는 불굴의 노력을 기울이고 있지만 장기적 가치와 관련된 핵심 동인에는 제대로 초점을 맞추지 못하고 있었다. 더욱이 전략과 자본투자에 대한 평가, 자원배분, 예산수립과 성과 모니터링 등은 통합이 이루어지지 않은 상태였다.

그들은 다음과 같은 핵심 영역 개선에 중점을 둘 수 있도록 완벽하게 통합된 전사적 성과관리 프로그램을 구축해야 할 필요성을 인식하게 되었다.

- 가치창출의 목표와 장기계획 수립 프로세스를 위해 좀 더 나은 정보를 제공해 줄 수 있도록 외부에 대한 벤치마킹 역량의 향상
- 일반적인 개념과 성과 관련 용어를 사용하여 가치동인에 근거한 계획수립 구조를 개발
- 전략계획 수립과 실행 간의 연관성을 강화할 수 있는 일관되고 완벽하게 통합된 경영관리 프로세스 설계
- 계획수립 및 성과보고를 위한 코그노스(cognos) 기술 플랫폼과 더불어 프로세스 변화를 촉진

전사적 성과관리 실행 후 채 1년도 되지 않은 시점에 이와 같은 역량으로 얻은 주요 효과는 다음과 같다.

- 사실에 근거한 전략적 의사결정 및 자본투자에 관한 의사결정 능력의 개선

- 실행과 장단기수익률의 균형을 위해 적절하게 진행된 혁신적이고 차별화된 경영계획을 개발하는 데 좀 더 역동적인 접근 방법을 시도하고 있음
- 성과 모니터링을 위한 논의는 가시적인 결과를 이끌어내는 핵심성과지표(KPI)에 중점을 두게 됨

한 고위 경영자는 좀 더 강화된 전사적 성과관리 프로그램의 혜택을 이렇게 요약했다. "전략과 경영계획의 수립 프로세스는 우리 회사의 경쟁우위가 되었습니다. 전사적 성과관리를 통해 더 나은 지침을 제공하고 있으며 이와 같은 프로세스로서 목표 달성에 필요한 것이 무엇인지를 확고히 이해할 수 있게 되었습니다."

사례 연구 ■■■ 경쟁력 확보의 무기로서 전사적 성과관리의 활용

델은 지속가능한 고성과 달성을 촉진하기 위해 전사적 성과관리를 경쟁력 있는 차별화 도구로 사용하는 기업의 훌륭한 사례다. 2000년 여름, 델은 수요가 점점 줄어드는 추세와 예측된 글로벌 경기침체보다 앞서 업계 전반이 위축되고 있는 것을 감지하기 시작했다. "그날그날 데이터가 입수되면서 수요가 현저히 감소하고 있다는 사실이 명확해졌습니다." 델의 부사장이자 CFO인 짐 슈나이더의 말이다.[9]

이런 정보를 보유한 델의 경영진은 비용절감과 저가정책으로 신속하게 대응했다. 같은 시기 컴팩(Compaq)이나 HP(Hewlett-Packard, 휴렛패커드) 그리고 델의 다른 경쟁사들은 이와 같은 문제를 예측하지 못하고 있었다. 그들은 4사분기를 낙관적으로 전망했고 그런 문제는 델에 국한된 문제라고 언급했다. 투자자들은 델의 저가정책 발표를 어떻게 판단해야 할지 알지 못했고 델의 주식 등급은 낮아졌다.

외부적으로 업계 전반에서 일어나는 추세를 신속하게 평가했던 델의 능력, 수요를 촉진하는 핵심 동인에 대한 이해, 치열한 경쟁에 한 발 앞서 자신의 시장에 대한 통찰력을 의사결정에 신속하게 적용할 수 있었던 델의 능력은 곧 진가를 발휘했다.

2001년도 델의 주가는 23퍼센트 이상 상승한 반면 컴팩, 게이트웨이(Gateway), HP의 주가는 각각 36퍼센트, 62퍼센트, 32퍼센트 하락했다. 델의 2001년도 매출은 2.3퍼센트 감소하여 비교적 이전 수준을 유지했지만 경쟁사들의 매출은 7퍼센트에서 37퍼센트 정도까지 감소했다.

CFO인 슈나이더는 이렇게 말했다. "경쟁사들이 가지고 있었던 정보는 델의 정보와 같지 않았습니다. 우리는 고객을 직접 상대하기 때문이죠. 델이 경쟁사들의 다음 분기 매출액이 엄청나게 감소하기에 앞서 저가정책을 그렇게 빨리 시작할 수 있었던 이유도 바로 여기에 있습니다."

고성과 기업들은 가치 지향적인 특성이 매우 강하다. 그들의 전략은 가치를 실현하는 데 견고한 토대를 갖고 있으며 성과측정을 위한 핵심 결과지표는 총주주수익률과 잘 연결되어 있다. 그들은 자신들의 가치동인이 무엇인지 명확히 이해하고 있으며, 전략 및 가치창출과 잘 정렬된 핵심 인과요소를 포착하여 우선순위를 정할 수 있도록 검증된 프로세스를 갖추고 있다. 또한 몇몇 소수의 중요한 가치동인과 비즈니스 관리에 필요하고 또 충분한 인과관계 정보에 초점을 맞추고 있다.

사례 연구 ■■■ 핵심 가치동인에 대한 이해

최근 유럽의 한 공기업은 몇 가지 어려움에 직면하게 되었다. 예를 들어 수익성에 대한 압박과 형편없는 주가 그리고 새 CEO와 경영관리 모델 등이다. 내부적으로 유럽 공기업에는 개발이나 검토를 위한 단일화된 측정지표들이나 일관된 경영관리 프로세스가 없었다. 다양하고 투명하지 않으며 지나치게 재무에 초점이 맞춰진 프로세스가 있을 뿐이었다.

새 CEO는 공기업의 경영진팀과 상위 200명의 경영진들을 회사의 핵심 가치동인을 중심으로 정렬하는 일부터 시작했다. 처음에는 가치동인을 정량화하고 민감성을 파악하는 데 집중했고 그다음에는 성과를 개선하는 데 걸림돌이 되는 조직 내부의 주요 장애들을 제거해나갔다. 그런 다음 회사는 경영진팀과 상위 200명의 경영진들별로 설정된 목표와 전사 차원의 핵심 가치동인을 상호 연결하는 성과계약을 체결했다. 마지막으로 유럽의 공기업은 가치중심의 균형성과표를 사용하여 성과를 보고하는 표준화된 방식을 주요 비즈니스와 기능 부문에 적용했다.

이러한 새로운 시도는 다음과 같은 여러 가지 혜택을 가져왔다.

- 전략을 실행하는 데 좀 더 효과적으로 조직을 정렬했다.
- 이사회나 경영진 회의, 부서별 회의, 사업단위별 회의가 더 효과적이고 효율적으로 바뀌었다.
- 핵심 가치동인의 정의와 이해가 강화되었다.
- 상위 200명의 경영진들 중 98퍼센트에게 사업단위별 성과표에 부합하는 명확한 성과계약서가 전달되었다.
- 재무적 성과와 총주주수익률이 향상되었다.

목표를 설정하는 일에 외부시장 접근 방식을 적용하면 게임과 협상으로 인해 야기되는 위험을 최소화할 수 있다.

대부분의 기업에서 목표 설정 프로세스를 부분최적화 방법이자 시간을 많이 소모하는 비전략적 프로세스로 인식하고 있다. 또한 서로 눈치를 보며 게임하는 행태로 인해 상황은 더욱 나빠진다. 이와 같이 예산 협상 프로세스를 통해 설정된 목표는 필연적으로 인센티브와 연결될 수밖에 없고 그렇기 때문에 성과의 상한선(예를 들어 절대 예산을 초과하지 않는다)과 하한선(예를 들어 주어진 예산은 반드시 소진한다)을 동시에 설정하는 셈이 되는 것이다.

에너지 분야의 세계적 기업인 BP는 가장 중요한 목표가 어떤 것인지에 대해 내부에서 의미심장한 논쟁을 했다. 그 논쟁을 통해 경영진의 우선순위와 외부의 이해관계자들이 생각하는 우선순위가 일치하지 않는다는 것을 알게 되었다.

BP의 사업단위들이 세운 연결재무계획(consolidated financial plan)이 이사회와 주주들이 요구한 재무성과에 부합하지 못하자 회사의 경영진은 재무성과에 대한 이 차이를 '도전 목표'라는 형태로 각 비즈니스 전반에 할당하기로 결정했다. 이런 간단한 기교는 여러 계층의 경영진들 사이에서 일어날 수 있는 달성해야 할 성과목표와 그에 필요한 예산은 어느 정도가 되어야 하는지에 대한 논쟁과 협상을 제거해주었다. 현재 연중 진행하고 있는 검토 작업에서는 각 비즈니스 단위가 재무성과의 차이를 얼마나 성공적으로 해소해가고 있는지를 중점적으로 평가하고 있다.

BP는 여전히 상당한 규모의 시간을 예산수립 프로세스에 투입하고 있지만 동종 업계의 여타 주요 기업들에 비해서는 현저히 적은 시간을 할애하고 있다. 그리고 이러한 접근 방식은 회사의 목표를 전략적 목표와 외부 이해관계자들의 기대치에 맞추어 정렬하는 데 훨씬 효과적이다.

몇 가지 핵심 개선사항에 집중한다면 기업들은 BP의 사례를 통해 교훈을 얻을 수 있다.

- 외부 벤치마크와 최소기대치에 기초하여 하향식 목표 설정 방법을 사용하라(예를 들어 산업의 라이프사이클을 초과한 기업가치수익률 대응 자본비용)
- 목표는 전략계획 수립 단계에서 도출되어야 한다. 목표 설정 프로세스를 지원할 수 있는 명확한 관리 구조가 필요하다.
- 목표는 상향식 예산수립 절차에 근거하여 협상할 수 있는 것이 아니다.

새로운 시도와 자원 할당에 대한 역동적인 평가

80퍼센트의 기업들이 예산과 계획수립 프로세스가 부가적 가치를 창출하지 못한다고 평가한다. 시간 소모가 많고 전략적이지 않기 때문이다.[10] 그러나 연간예산은 누구를 평가하고 또 누가 보상을 받을 것인지 고려하여 목표 설정에 사용되기 때문에 근본적인 원인이라기보다는 문제의 전형적인 증상이다. 연간예산은 게임하는 것과 같은 경향이 있다. 예산수립과 예측 사이에는 거의 차이점이 없다. 이는 예측이 단지 예산수립 과정에서 설정되는 목표의 연장선에 지나지 않기 때문이다. 예측이 정확하지도 않고 게임하는 것과 같이 제약 조건에 따라 결과가 달라질 수도 있다는 이야기다.

고성과 기업들은 계획수립 프로세스를 자본과 사람 등의 자원을 가장 높은 가치를 창출할 수 있는 기회에 할당하는 데 사용한다. 시간 경과에 따라 가장 중요하면서도 민감한 핵심 가치동인과 전략실행을 고려하여 목표를 달성할 수 있게 해주는 기회 말이다. 이런 기업들은 계획수립을 인위적으로 당해 연도로 한정하지 않으며, 인센티브를 연간예산의 범위로 제한하지도 않는다. 그 대신 비즈니스 성과를 촉진할 수 있도록 역동적이며 자원을 재할당하는 데 초점을 맞춘 롤링계획 프로세스를 사용한다.

헝가리의 석유가스 기업인 마자르오일 앤드 가스컴퍼니(Magyar Oil and Gas Company: MOL)는 계획수립과 보고 프로세스의 개선은 물론 정보에 대한 접근성을 높이고 분석 결과를 제공하여 재무와 정보기술 같은 간접 조직의 비용을 절감하기 위한 전략적 목표를 가지고 있는 대기업의 전형적 사례다.

마자르오일 앤드 가스컴퍼니는 논리적 형태의 고품질 정보를 통해 의사결정 능력을 높이는 데 초점을 맞추고 장기적 비즈니스 인텔리전스(Business Intelligence: BI) 전략을 개발했다. 그것은 좀 더 향상된 계획수립과 예측, 보고에 효과적인 프로세스 등을 통해 달성되었다. 마자르오일 앤드 가스컴퍼니는 또한 기술 기반의 프로세스를 간소화해 더 나은 정보 분석이 가능하도록 했다.

그 결과 프로세스 효율성이 향상되었고 계획수립에 소요되는 시간과 인원이 상당히 감소되었다. 무엇보다 중요한 것은 더 나은 정보 품질 그리고 계획수립과 실제 성과 간의 긴밀한 연관성을 통해 경영 의사결정의 효과성이 향상되었다는 점이다.

성과 분석과 모니터링의 초점

성과 모니터링과 보고는 대부분의 기업들에게 지루한 프로세스임에 틀림없다. 70퍼센트 이상의 노력이 보고서 작성에 소모되고 있기 때문이다. 당연히 데이터는 지나치게 많지만 의사결정을 촉진하는 예리한 통찰력은 부족한 결과로 이어지고 만다.

고성과 기업들은 통계적 사실과 평가 대상의 관련성을 향상시키기 위해 성과를 모니터링하고 분석하는 역량을 강화하는 데 노력을 집중하고 있다. 고성과 기업들은 전사적 성과관리 역량을 보유하고 있어서 목표를 달성하거나 초과 달성하는 데 필요한 의사결정을 하고 실행하는 것에 초점을 맞추어 공통의 데이터 모델을 사용하고 신속하게 보고한다.

SAP 기업서비스 부문 CFO인 피터 래스퍼(Peter Rasper)는 회사에서 사용하고 있는 전사적 성과관리에 대해 이렇게 말한다. "우리는 SAP에서 제공하는 도구 세트를 충분히 활용하고 있습니다. 전 세계에서 사용할 수 있는 투명하고도 단일화된 측정 방법을 제공해주기 때문이죠. 비즈니스의 모든 수준과 부분에서 끊임없이 정보가 포착되고 또 보고됩니다. 결과적으로 그것을 통합하기 위한 별도의 큰 노력이 필요하지 않고 정보는 항상 '온라인' 상에서 활용 가능합니다. 깊이 있는 분석자료가 있다면 리더가 모든 것을 꿰뚫어 볼 수 있다는 것은 이론의 여지가 없는 진실입니다. SAP에서는 이사회가 주요 정보에 접근하고 검토하며 즉각적으로 대응하는 일이 언제나 가능합니다."

세계 최대의 스테인리스 스틸 제조업체인 오토쿰푸(Outokumpu)는 투자수익률(ROI) 상승과 이익 실현에 대한 압박이 심한 것으로 유명한 산업에서 전략실행을 효과적으로 측정하기 위해 노력하는 기업이다. 오토쿰푸는 전략계획과 목표 설정, 가치동인, 미래 지향적 성과지표, 보고와 보상 등이 상호 정렬되도록 만들기 위해 시작 단계의 역량 개선에 초점을 맞추었다. 이것은 이후 공통의 성과관리 프로세스를 사용하고 프로세스의 모든 요소를 설명하는 공통의 도구와 언어를 이용하면서 전체 비즈니스 단위와 관리 수준에서 작동하게 되었다.

이 결과로 가치창출에 더욱 집중할 수 있었다. 오토쿰푸에서 가치창출은 활동과 행동 그리고 기업 전반에 걸쳐 지속가능한 긍정적인 경제적이익이라고 정의된다. 오토쿰푸의 수석부사장이자 재무와 리스크관리를 총괄하고 있는 조우니 그뢴루스(Jouni Grönroos)는 이렇게 말한다. "전략계획과 단기적 목표, 액션플랜, 성과측정과 보고, 보상체계와 인재개발 결합 등의 정렬이 기업전략을 실행하는 데 핵심 요소입니다. 이렇게 정렬된 힘이 지속가능한 주주 가치 창출에 사용될 때 그 결과는 조직 전반에 걸쳐 나타날 뿐만 아니라 주주수익률에서도 그대로 드러날 것입니다."

장기간에 걸친 지속적 고성과의 달성

과거 20년간 상당수의 기업들이 앞서 언급된 문제들로 인해 좌절을 겪었고, 개별 솔루션을 적용해 문제를 해결하고자 시도한 기업들도 많다. 개별 솔루션의 적용으로 어느 정도 효율성이 향상되기도 했다. 그러나 핵심 인재와 프로세스, 기술이 지원되는 좀 더 효과적인 통합 경영관리 시스템, 즉 그와 같은 효율성 향상이 장기간 지속될 수 있는 시스템을 개발하지는 못했다.

고성과 기업과 조직에 대한 연구는 다수의 공통적 리더십과 생산성을 강화시키는 특성을 보여준다.

1. 리더십: 우리의 경험으로 볼 때 최고의 전사적 성과관리 역량을 구축하기 위해서는 강력한 후원과 리더십이 필요하다. 바꾸어 말하면 고성과 기업의 효과적인 리더십은 확고한 전사적 성과관리 역량을 필요로 한다는 이야기다.

2. 가치중심의 조직구조: 형태는 언제나 기능을 따르기 마련이다. 조직구조는 가치창출의 걸림돌이 되어서는 안 된다. 효과적인 전사적 성과관리 역량을 갖추기 위해서는 여러 기능을 아우르는 다기능 기술이 필요하다.

3. 기술과 역량/재능: 비즈니스 성과관리를 효과적이고 성공적으로 변화시키기 위해 기업은 변화를 지원할 수 있는 적절한 훈련과 교육 프로그램을 갖추고 있어야 한다.

4. 가치중심의 태도와 문화: 조직 전반의 모든 구성원들은 개인의 개별 행동이 전체 비즈니스 목표의 달성에 어떻게 기여할 수 있는지를 반드시 이해하고 있어야 한다.

5. 인센티브와 보상체계의 정렬: 보상체계는 투자자의 기대치에 근거한 다년간의 예산 목표와 함께 현재 및 미래 가치 성과에 직결되는 총주주수익률과 연결되어야 한다. 이것은 상향식 예산 협상과 게임하는 것 같은 상황이 조장되는 것을 방지한다. 하위 조직의 인센티브 체계가 잘 정비되어

있다면 본질적인 문제에 더욱 집중할 수 있는, 이른바 '조준선'을 제공해 줄 것이다.

>> 핵심 프로세스 이네이블러

비즈니스 프로세스의 관점에서 볼 때 전사적 성과관리를 장기간 지속가능하게 만드는 몇 가지 중요한 요소가 있다.

1. 성과와 관련된 공통의 언어: 모든 핵심지표와 자산, 의사결정 지원정보의 요건 등에 확고하고도 일관된 정의를 사용한다. 이런 성과용어 '사전'은 고객이나 인원수, 수익률 등과 같은 간단명료한 측정치에 대한 끝없는 논쟁을 사전에 제거하거나 최소화하기 위해 일관되게 활용되어야 한다.

2. 표준화된 경영관리 프로세스: 전사적 성과관리는 근본적으로 지속가능한 가치를 촉진하는 방법으로 의사결정 능력을 향상시키기 위한 것이다. 그러므로 핵심적인 의사결정이 어떻게 이루어지는지를 설명해줄 프로세스와 그에 연관된 경영관리 프레임워크를 명확히 정의하는 것은 그 자체로 엄청난 가치를 지닌다고 할 수 있다(예를 들어 가치동인의 우선순위 결정, 자본투자의 승인, 전략적 방향의 변경 등).

3. 정보의 품질 및 무결성: 값비싼 정보기술 관련 프로젝트나 데이터 웨어하우스 구축을 시작하기에 앞서 비즈니스 의사결정에 필요한 정보의 품질에 대해 심사숙고해보는 것이 현명한 방법이다. 회계 규정을 만드는 측면에서는 목적적합한 정보와 신뢰할 수 있는 자료 사이에 전통적으로 일종의 긴장감이 있어왔다. 경영 의사결정을 위해서는 목적적합한 정보를 신속하게 입수하는 것이 완벽하게 정확한 정보를 뒤늦게 입수하는 것보다 훨씬 중요하다(급변하는 경영환경에 대응하기 위해서는 정보의 '신속성'이

완전성에 우선한다 —옮긴이).

의사결정의 질을 향상시키고자 하는 기업이라면 성과 추이를 이해하고 신호와 소음을 구분할 수 있어야 한다. 여기에서 핵심은 바로 그 정보를 활용하여 이루어질 의사결정이 무엇인가에 따라서 정보의 품질과 적시성에 대한 임계치를 기업이 설정해야 한다는 것이다. 이것은 전통적인 회계학적 사고와는 매우 다른 것이다.

〉〉 핵심기술 이네이블러

성과관리 솔루션에 대한 연구는 최근의 기술 발전으로 인해 엄청난 수혜를 보아왔다. 많은 이들이 데이터 웨어하우스나 경영진 대시보드, 예산수립 도구 등과 같은 기술적 솔루션을 구축하면 문제가 해결될 것이라고 믿는다. 그러나 기술이 모든 문제의 해결책일 수는 없다는 점을 인식하는 것이 중요하다. 기술은 앞서 언급한 전 요소를 포함한 강력한 전사적 성과관리 역량을 확보하는 데 필요한 핵심 이네이블러 중 하나이며 다음과 같은 요소들이 포함된다.

1. 전사적 데이터 모델: 이 모델은 데이터가 어떻게 포착되고 종합되어 보고되는지 그 방법을 명확하게 해준다. 이것은 데이터 모델이 다음과 같은 요소를 갖추어야 하기 때문에 매우 중요한 활동이다.

   - 다기능적이어야 한다(예를 들어 마케팅, 공급망 등).
   - 유형자산은 물론 무형자산까지 포함해야 한다.
   - 고객만족 조사, 판매시점 거래자료 등과 같은 비전통적 데이터에도 기업의 우선순위를 적용하는 문제를 고려해야 한다.

   현대적 기업의 전사적 데이터 모델은 단일 계정과목표(COA)와 유사하며 그 기업이 최근 중점을 두고 있는 부분에 대한 '단 하나의 진실(one version of the truth)'이라고 할 수 있다.

2. 통합적 기술 구조: 현재의 기술 공급자들은 자체적으로 도구를 개발하거나 타 제품을 구매하여 통합적 역량을 창출하고 있다. 이러한 점에서 볼 때 누가 주도적인 역할을 할 것인지는 불분명하지만 소프트웨어를 평가하고 선택할 때는 기술을 통합할 수 있는 역량을 반드시 고려해야만 한다. 통합된 기술 플랫폼의 잠재적 힘은 중복을 제거하고 의사결정과 가치창출을 강화할 수 있는 효과적 관리 도구를 제공한다는 측면에서 매우 중요하다.

3. 정보의 접근성과 전달: '단일 원천'을 사용하는 것은 셀프서비스 추세와 시장전망, 고객만족, 경쟁자, 공급자, 기타 데이터를 포함해 정보의 전달을 촉진할 수 있는 기술 이네이블러다. 기본적인 방식은 도구와 프로세스, 표준과 일정 같은 정보를 조직 전체에 전달하는 것이다.

4. 통제: 미국의 사베인스-옥슬리 법안이나 유럽의 바젤 II와 같은 최근의 관련 법령들은 기업의 비즈니스 프로세스가 내부통제를 충족한다는 것을 확증하는 것이 기업에게 점점 더 중요함을 보여준다. 이러한 통제기능이 재무적·법률적 보고에 우선적으로 초점을 맞추고 있으며 비재무적 성과 보고에 대해서는 그리 큰 영향을 미치지 못한다고 주장하는 사람도 있을 것이다. 그러나 미국의 사베인스-옥슬리 법안에서는 보고의 투명성과 주요 사건에 대해 좀 더 신속하게 보고(실시간 보고)할 것을 요구하고 있다. 따라서 성과보고와 관련한 기업 전체의 인프라 전반에 대해 적절한 통제를 확보하는 것이 매우 중요하다. 기업들이 이것을 새로운 의무규정 사항으로 간주하기를 권한다. 부담스러운 의무가 아니라 전사적 성과관리 프레임워크 전반에 걸친 통제와 정보 인프라에 대해 검토하고 개선하기

위한 촉매로 생각해주기를 권장한다는 이야기다.

가치를 촉진하고 전략실행을 가능하게 만드는 전사적 성과관리 역량

고도로 개발된 전사적 성과관리 역량으로 인해 얻을 수 있는 혜택을 레버리지할 수 있는 주목할 만한 가치제안이 있다. 오랜 기간 우수한 전사적 성과관리 역량은 조직의 효과성과 효율성에 중요한 영향을 미쳐왔다.

>> 효과성
• 핵심 가치동인에 초점을 맞추고 그것을 경영에 부합하도록 만든다.
• 가치중심의 의사결정이 이루어질 수 있도록 사실에 기초한 지침을 제공한다.
• 투자에 대한 상충되는 의사결정들(현재/미래)을 평가하기 위한 일관된 프로세스와 프레임워크를 갖추도록 한다.
• 예측 가능하고 역동적인 자원배분이 가능하도록 동인 기반 계획수립과 미래추정을 지원한다.
• 핵심 가치동인을 중심으로 전략 및 운영에 초점을 맞춘다.
• 인센티브 및 보상체계를 주주가치 창출과 긴밀하게 관련시킨다.

>> 효율성
• 일관된 핵심 가치동인을 사용하여 계획수립과 보고 프로세스를 간소화한다.
• 의사결정 과정을 간소화한다.

<그림 5.4> 미래를 향해 나아감: 고성과 달성을 위한 여정

과거 ———— 현재 ———— 미래

	전통적 방식	기반 구축	범위 확대와 개선	세계적 수준의 운영
연결성	전략과 실행은 개념적으로 연결됨	전사 차원에서 전략과 실행이 명확하게 연결되어 있음	전략과 실행이 비즈니스 단위의 기능계획 차원에서 연결되어 있으며 주석 분석, 동인, 실행 기능 수준으로 개선됨	전략과 실행은 비즈니스 단위의 기능 레벨에서 체화되어 있음
비즈니스 단위	비즈니스 단위는 상세한 손익계산서 데이터에 중점을 두고 있음	비즈니스 단위는 계획수립과 분석 과정에서 핵심성과지표를 포함하기 시작함	비즈니스 단위는 계획수립 단계에 인과동인을 포함하고 예측 시작하여 자본효율성을 측정하고 새로운 시도에 대해 우선순위를 결정하고 진행 과정을 추적함	비즈니스 단위는 주어진 지점 내에서 요구 수익을 달성하기 위한 전략과 실행에 좀 더 많은 자율성을 갖고 있음
본사	몇몇 중간 관리자들만이 비즈니스가 경제적 이윤을 창출하는 방법을 큰 그림에서 보고 있음	본사는 비즈니스 검토 과정에서 성과에 대한 논의 지점을 확대함	본사는 성장 목표와 수익을 기대처럼 달성하기 위해 서로 다른 다양한 시상에 근거하여 비즈니스 단위 포트폴리오에 대한 지침을 제시하기 시작함	본사는 자금을 조달하여 제공하고 성과에 대한 기대치를 정하며 전사적 성과관리 체계를 관리함
이네이블러	최소한의 자동화, 성과관리라는 노력이 많이 소요되는 수작업 프로세스로 이루어짐	토대를 구축하기 위한 기술과 도구들이 바깥팅 통합되고 보고서 작성이 다 자동화됨	더 강화된 기술들을 통해 경영관리 정보, 애플리케이션에 대한 분별력을 제공함 자동화를 통해 계획수립과 분석을 개선시키는 데 시간을 들여야할 수 있도록 함	기술을 여러 분야에서 상당히 레버리지하여 활용함 전략과 계획을 성공적으로 완수하기 위해 조직적 시고를 목표에 사용함

- 시간과 노력을 집중하고 중복업무를 제거하며 수작업에 의한 업무 중단이나 오류를 최소화한다.
- 프로세스와 통제를 통합해 데이터의 무결성과 산출물의 품질을 향상시킨다.
- 인프라 개선을 위해 강력한 가치 기준 토대를 제공한다.
- 역동적인 학습역량을 제공하며 좀 더 효율적으로 사용할 수 있도록 자원과 시간을 레버리지한다.

대부분의 기업들은 단계별 접근 방식을 통해 비전을 달성한다(〈그림 5.4〉 참조). 전사적 성과관리는 전략과 실행을 연결시키는 방향으로 진화한다. 고성과를 달성하기 위해 장기간에 걸쳐 강력하고도 지속가능한 수익률을 산출하면서 말이다.

해킷 그룹의 전사적 성과관리에 대한 분석

세계적 수준의 CFO들은 전사적 성과목표 설정에 능동적으로 참여한다. 이와 같은 활동은 전형적으로 연간 예산수립 프로세스(Annual Budgeting Process: ABP)를 통해 이루어진다. 일반적인 CFO와 고성과 CFO들 간의 차이점은 리더가 프로세스를 개발하고 구성원들은 조직 전체의 성과를 실질적으로 강화해간다는 점이다. 이것은 다양한 핵심기술과 기법들을 통해 달성될 수 있다.

전사적 성과목표를 달성하는 데 필요한 주요 기법 중 하나는 이미 설정된 전사적 목표와 우선순위들을 제대로 정렬하는 일이다. 균형성과표는 이와 같은 정렬을 평가하고 달성하는 데 도움을 주는 도구로 폭넓게 인식되고 있다. 균형성과표를 만들고 또 관리하는 일은 그리 간단하지 않다. 그럼에도 제대

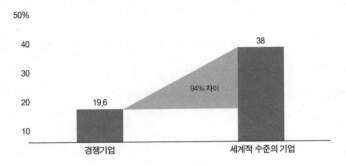

〈그림 5.5〉 운영 및 재무지표와 함께 균형성과표를 활용하고 있는 기업의 비율(2005)

로 체계가 잡혀 있기만 하다면 경영자가 재무성과와 오퍼레이션 동인들, 선후행지표들(leading and lagging indicators), 광범위한 활동을 추적할 수 있는 지표들을 살펴볼 수 있는 유용한 방법을 제공해준다. 해켓 그룹의 조사에 의하면 균형성과표를 사용하는 비율은 세계적 수준의 기업들이 일반 기업들에 비해 거의 2배 정도 높다. 그들은 또한 상황에 따라 필요한 수시 비즈니스 성과보고서와 회계원장(General Ledger: GL)을 근거로 한 정형화된 보고서를 신속하게 생성하여 경영진과 관리자들이 주요 정보에 빠르게 접근할 수 있도록 지원하고 있다.

최근 주요 기업들에서 CFO가 CEO의 위치에 오르는 일이 점점 증가하고 있는 현상은 조직 내부, 그것도 재무부문에서 리더를 찾고자 하는 노력이 다시 시작되었음을 보여주는 것이다. 최고의 재무인재들을 보유하고자 하는 기업은 그들을 재무에 한정된 리더가 아닌 미래의 비즈니스 리더로 개발하는 데 더 많은 노력을 기울일 필요가 있다. 프로세스와 전문 기술의 개발이 점점 더 중요해지고 있으며, 전사적 성과관리에 초점을 맞춘 비즈니스 경험이 재무책임자가 좀 더 광범위한 사업운영적 관점을 갖추는 데 매우 중요해지고 있다.

비즈니스가 성과를 바라보는 관점과 맥락은 과거에 비해 달라졌지만, 여전히 상당한 격차가 남아 있다. 전통적인 성과관리 시스템은 현재가치와 유형자산에 초점을 맞추는 경향이 있다. 최근의 개선들로 가치가 조금 올라가기는 했지만 다른 시스템들과 상충되는 파편화된 시스템(독립적이고 제각각으로 설치된 개별 시스템 —옮긴이)을 양산하는 경우가 많았다. 더 나아가 관리자를 위한 인센티브 체계는 현재의 재무성과를 측정하는 통상적인 방식에 근거하는 경우가 대부분이다. 전체 기업가치의 극히 일부분만을 반영하고 있을 뿐인 재무성과에 대한 평가 말이다.

미래의 전사적 성과관리는 모든 자산에 대한 현재가치와 미래가치를 선제적으로 관리하는데 초점을 맞춘 통합 솔루션을 필요로 하게 될 것이다.

전문가로부터 배우는 교훈

☑ 가치창출은 과장된 목표이며 전략적 방향, 전술적 경로 변경, 성과평가와 관련해서 정보를 제공해주는 외부 벤치마킹과 경쟁정보에 치우져 있다.

☑ 어떤 경쟁우위를 만들어나갈 것인가와 관련하여 기업이 보유하고 있는 현재와 미래의 중요한 가치동인을 깊이 이해하는 일에 초점을 맞춰야 한다.

☑ 전략적 방향 설정, 성공을 측정할 수 있는 목표와 일정의 설정, 목표를 달성하기 위한 계획수립 및 자원배분, 목표를 향한 진행 과정의 지속적인 모니터링 그리고 필요할 경우 선제적인 경로 수정 등, 이 모든 것을 가능하게 해주는 통합적 프레임워크를 개발한다.

☑ 최소 성과 기준과 목표를 설정하기 위한 시장 기반의 접근법과 최적의 가치창출 기회에 자본과 자원을 배분하는 역동적 평가 방법을 활용하여 자본시장의 원칙들이 기업 내부의 계획수립 프로세스에 내재화되도록 한다.

☑ 성과 모니터링과 통계적 분석의 속도와 효율 향상에 집중하여 고객과 가장 가까이 있는 의사결정권자가 경쟁사들보다 신속하게 결정을 내리고 행동할 수 있는 정보와 도구를 제공한다.

☑ 스킬과 역량, 인적자원을 위한 인센티브 체계 그리고 의사결정과 행동을 촉진하는 정보 활용 프로세스의 통합성 측면에서 성과와 가치경영 사고방식을 조직에 내재화하여 장기간에 걸쳐 고성과가 지속되도록 한다.

제6장

재무운영

Finance Operations

고성과 재무운영의 결과로 얻게 되는 전사적 효익

■■■ 콜린 샘슨(Colin Sampson), COO 겸 CFO | SAP 아시아태평양 지역

누구나 예상할 수 있듯이 SAP는 재무운영에서 선도적인 기업이다. SAP의 도움으로 재무운영의 탁월성을 갖춘 기업들도 많고, SAP 내부적으로도 훌륭한 재무성과를 달성한 바 있다. 콜린 샘슨이 설명하고 있듯이 셰어드서비스 센터에 힘입어 SAP는 고성과 재무운영과 성공을 통해 회사 전반에 엄청난 효익을 누릴 수 있었다.

SAP는 성공적인 글로벌 기업이며 아시아태평양 지역에서 이례적으로 급성장을 경험하고 있는 기업이기도 하다. 2005년도에 SAP 아시아태평양 지역은 셰어드서비스 센터의 우수성을 인정받아 셰어드서비스 체계의 자동화가 가장 우수한 조직에게 주는 국제품질개선생산성어워드(the International Quality Improvement Productivity Award)와 최고의 인프라 IT에 주는 경영정보시스템 IT 탁월성어워드(MIS

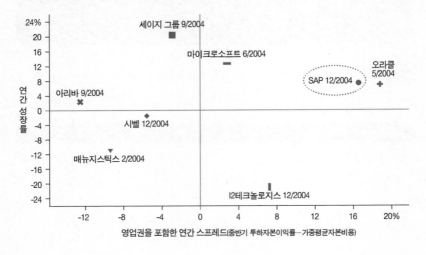

〈그림 6.1〉 SAP 성과와 경쟁사들 성과의 상대적 비교

IT Excellence Award) 등 2개 상을 수상한 바 있다. 중국을 비롯한 아시아태평양 지역에서의 사업운영은 흥미로운 도전과도 같다. SAP 아시아태평양 지역의 COO이자 CFO인 샘슨이 SAP의 고성과 재무운영 조직을 발전시켰던 자신의 경험을 공유하고, 그 과정에서 셰어드서비스가 담당했던 핵심 역할에 대해서도 설명해주고 있다.

샘슨은 이렇게 이야기를 시작한다. "우리 회사에는 근사한 조직문화가 있습니다. 그중 하나는 성공을 목표로 분명하게 달려가는 것이죠. 나는 SAP의 모든 직원들이 회사에 대한 열정과 회사에 어떻게 기여할 것인가에 대해 강한 의지를 가지고 있다고 생각합니다. SAP 아시아태평양 지역의 분위기는 활기가 넘칩니다. 아시아 지역 전반에서 경험할 수 있는 성장 현상이 그 이유일 것입니다. 실제로 아시아 지역 중 특정 지역에서 경험하고 있는 비즈니스의 성장은 SAP 전사 차원에서도 성장 동력이 되고 있으며 그런 사실이 많은 아시아태평양 지역 직원들의 사기 진작에 상당한 영향을 미치고 있다는 것이 나의 생각입니다. 성공을 보장받을 수 있는 곳이 바로 여기라고 말해도 좋습니다.

아시아태평양 지역에서 비즈니스를 영위하기 위해 갖추어야 할 독특한 요건들로 인해 기업들은 최대의 투명성과 관리 능력을 갖추어야 합니다. 우리가 셰어드서비스를 개발하고 실무에 배치하기로 결정했던 이유 중 하나도 그것입니다. 프로세스를 개선하고, 재무자원을 훨씬 효과적으로 배치하며, 지역 재무팀이 적절한 위상을 갖게 해서 현장의 고객지원업무에 더 효과적으로 참여하도록 하는 등, 셰어드서비스를 통해 성과관리 역량의 궁극적인 목표인 좀 더 나은 통제력을 확보할 수 있기 때문이죠.

아시아태평양 지역 전반에 걸쳐 일관된 프로세스가 적용되기 때문에 지금은 더 강화된 통제력을 확보하고 있고 그로 인해 리스크가 감소하게 되었습니다. 특히 셰어드서비스로 인해 CFO로서 업무에 대한 집중력이 생겼고 앞으로 재무조직을 어떻게 발전시켜나가야 할 것인가에 대해 다시 생각해보는 데 도움이 됩니다. 고성과는 수익과 비용이 과거에 어떻게 기록되었는가를 들여다보며 걱정하는 일이 아니라 미래를 내다보는 일이라고 생각합니다. 셰어드서비스 기능이 있다면 섬세하게 다듬어진 프로세스들을 갖춘 매우 효율적이면서도 효과적인 체계를 개발할 수 있을 것입니다. 그런 체계는 이곳 지역 본사는 물론 각 나라에 흩어져 있는 재무인력들이 의사결정에만 집중할 수 있도록 만들어줄 수 있습니다. 재무인력들은 총괄사장을 지원하는 일에 대부분의 시간을 할애하고 있으며 사업 부문의 관리자들, 컨설팅 관리자들, 특정 고객 담당자들, 교육 담당자들 같은 이들과의 협업을 통해 '어떻게 이 비즈니스를 성장시킬 것인가?'에 대해 궁리합니다. 그리고 '태국에 주재하고 있는 재무 담당자로서 당신의 의사결정에 도움이 될 수 있는 좀 더 나은 지원 방법은 무엇입니까?'라고 질문하는 일도 가능합니다.

총괄사장 관점에서 우리는 그들에게 이런 말은 합니다. '밤잠을 설치게 만드는 일은 어떤 것입니까? 현재 가장 걱정스러운 일은 무엇입니까? 지금 당신은 급여가 제때에 지급되는지 혹은 청구업무가 적시에 이루어졌는지 걱정하고 있습니까? 당

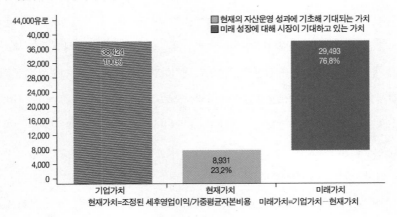

〈그림 6.2〉 SAP의 미래가치

현재가치=조정된 세후영업이익/가중평균자본비용 미래가치=기업가치－현재가치

신이 걱정해야 할 문제는 다음 번 매출은 어디에서 창출되는지, 고객이 만족하고 있
는지, 업무 수행이 성공적으로 이루어지고 있는지 그리고 협력업체들이 각자의 역
할을 다해주고 있는지에 대한 것이며, 바로 그런 것들이 진정으로 중요한 문제들입
니다. 총괄사장은 전사적 차원에서 성과를 거두기 위한 동인에 집중하여야 하며 그
나머지는 셰어드서비스 조직에게 맡길 필요가 있습니다.' 그렇게 함으로써 각국의
재무인력은 비즈니스 계약의 체결이나 성장 기회의 파악, 경영계획에 따른 실행과
리스크관리 같은 정말 중요한 일에 집중할 수 있는 것입니다.

아시아태평양 지역에서 지금과 같은 수준의 성과를 달성하기 시작한 것은 2003
년도부터입니다. 바로 셰어드서비스와 재무 및 관리업무의 집중화가 본격적으로 가
동되기 시작한 시점이죠. 현재 SAP의 자회사들은 더 나은 성과를 달성하고 있으며
지역의 빠른 성장에 대처하는 능력도 향상된 것을 확인할 수 있습니다."

샘슨은 셰어드서비스 운영에 포함되는 다양한 기능들에 대해 설명을 이어갔다.
"우리 지역의 셰어드서비스는 총계정원장에서부터 시작되는 모든 재무와 회계 및
관리업무를 담당하고 있으며, 모든 거래처리 업무와 결산 프로세스, 전체 소프트웨

어와 유지관리 관련 청구업무 및 계약관리, 내부거래 그리고 은행과 현금관리에 이르기까지 폭넓은 업무를 담당하고 있습니다. 또한 컨설팅과 교육 비즈니스에 관련된 관리기능들을 모두 전담하고 있기도 합니다. 컨설팅에 소요된 시간 기록과 청구, 전체 교육 및 교육과정 준비 그리고 고객에 대한 등록과 청구 등이 여기에 포함됩니다. 급여관리 및 기준정보 관리, 구매, 매입채무(AP), 출장관리 및 비용 등도 세어드서비스가 담당하고 있는 기능들입니다. 최근에는 비즈니스 협력사들을 지원하는 관리 프로세스와 같은 새로운 영역에 대해 서비스를 시작했습니다. 거래처리 서비스와 대조되는 협력사 관계관리 서비스를 시작한 것은 이번이 처음입니다."

SAP의 성공 스토리는 기본적인 거래처리 프로세스와 관리 지원의 단계를 넘어서는 서비스 품질과 확장된 개념의 재무역량이 핵심이지만 샘슨은 규모의 경제 측면에서 본 의미 있는 효익에 대해서도 언급한다. "세어드서비스를 시작한 이후 우리는 40퍼센트가 넘는 비용을 절감할 수 있었습니다. 그뿐만 아니라 비즈니스 운영에서는 고도의 가치창출 의사결정을 지원하는 데 더 중점을 두어왔습니다. 이런 것이 고성과 재무조직을 구성하는 주요 요소라고 생각합니다. 또한 기존 고객은 물론 잠재 고객들에게 실제 운영 중인 체계를 보여주고 같은 고민을 하고 있는 CFO들과 이에 대해 이야기를 나누는 과정에서 효과를 얻을 수 있습니다. 이런 효과는 SAP와 같은 조직으로서는 매우 강력한 메시지가 될 수 있습니다."

이 책의 주제는 고성과 재무조직이 보여주는 폭넓은 역량이다. 이런 측면에서 볼 때 SAP는 최고의 사례다. 그래서 우리는 샘슨에게 싱가포르에서 이루어지는 세어드서비스 운영에 참여하지 않는 재무 전문가들의 역할에 대해 질문했다. "재무 전문가들은 현재보다 고객중심적이고 좀 더 사업적 업무를 수행하며 신규 비즈니스 계약의 체결 등에 중점을 두고 있습니다. 수년 전만 해도 재무인력들이 전화회의를 통해 소프트웨어 판매를 위한 세부적인 업무계획이나 컨설팅 비즈니스, 예상 수익의 상당 부분을 차지하는 제휴 활동에 대해 논의한다고 하면 깜짝 놀랄 만한 일이었습니다. 재무인력들은 장부 마감이나 과거 데이터에 대해 되돌아보는 분석, 통제 관련 사항을 처리하는 일만으로도 너무나 바빴기 때문이죠.

이제는 그런 전화회의에 참여하는 재무 담당자들이나 비즈니스 담당자들이 상당히 공통점이 있는 의견에서 출발하여 동일한 질문을 합니다. 장래 계획에 대한 좀 더 균형 잡히고 확고한 관점과 계획의 성공적인 완수에 대한 충만한 자신감이 성과라고 볼 수 있습니다. 나를 포함한 우리 재무인력은 업무시간의 대부분을 비즈니스 계약의 체결이나 상업적 거래를 만들어내는 데 할애하고 있습니다. 실제 거래업무를 처리하는 재무인력은 그 과정이 어떻게 진행되는지 알고 있으며 미국 회계기준(US GAAP)이 어떻게 적용되는지에 대해서도 충분히 이해하고 있습니다. 그리고 재무인력은 그것이 고객은 물론 SAP에 어떤 영향을 미치는지 해당 고객을 전담하는 임원에게 설명해줄 수 있습니다. 결과적으로 고객과 SAP 양측에 이익이 되는 실행 계약이 될 수 있게 도움을 제공합니다.

현재 우리 재무인력들은 성장 가속화 계획을 추진하고 있습니다. 중국과 인도, 한국, 오스트레일리아를 위한 성장 가속화 계획은 이미 마련되어 있습니다. 공식화된 계획이기 때문에 동일한 템플릿과 계획수립 프로세스를 사용하고 있습니다. 미래 지향적인 관점에서 우리는 각기 다른 산업 분야를 모두 주시하고 있습니다. 현재의 위치 그리고 향후 가속화가 필요한 분야 등을 중점적으로 살펴본다는 이야기죠. 그런 다음 우리가 어떤 종류의 자원을 필요로 하는지 살펴봅니다. 계획의 성공적 완수를 위해 어떤 유형의 파트너와 협력해야 하는지도 확인하게 되죠. 이 과정에서 재무인력은 핵심적인 역할을 합니다. 과거에 재무인력이 이와 같은 프로세스에 참여하지 않았던 데는 두 가지 이유가 있습니다. 첫 번째는 과거의 재무인력들은 이런 업무를 수행할 수 있는 훈련된 인력이 아니었기 때문입니다. 그들의 업무 분야가 아니었던 것이죠. 두 번째는 과거에 그들이 수행했던 업무 활동들을 이제는 셰어드서비스 조직이 담당하고 있습니다. 다시 말해 중점을 두는 부분이 달라진 것이죠.

SAP 아시아태평양 지역의 재무팀은 셰어드서비스가 실행된 이후 기본적 역량을 지속적으로 강화시켜나가고 있습니다. 셰어드서비스의 업무 범위도 계속해서 확장해나가는 중입니다. 셰어드서비스를 통해 가장 많이 회복된 특징 중 하나는 재무인력을 포함하여 현장에서 실무를 수행하는 관리팀들이 중앙의 재무업무와 셰어드서비스 운영 역량을 끊임없이 보강해나가고 있다는 것입니다. 그것은 실무진에서 셰어드서비스를 완벽히 수용했고 거기에 일조하는 것이 가치 있는 일이라고 생각하고 있다는 것을 보여주는 핵심지표입니다."

SAP의 사례가 자세하게 보여주고 있는 것처럼 기본적인 재무운영에서 고성과를 내는 것은 좀 더 고차원적이고 가치창출이 가능한 의사결정 부분에 집중할 수 있도록 관리 범위를 넓혀 준다. 이것은 재무 전문가의 리더십 형태에 대한 근본적인 변화를 함축하고 있다. SAP의 고위 재무팀은 과거 반응적이고 수동적인 재무팀에서 능동적으로 영향력을 행사하는 재무팀으로 변화했다.

이에 대해 더 자세한 설명을 샘슨에게 부탁했다. "그 연구 결과에 나도 동의합니다. 하지만 그런 결과를 얻기 위한 몇 가지 전제 조건이 있다는 생각도 가지고 있습니다. 재무 전문가이자 CFO로서 '의사결정 과정에 참여할 수 있는 권한'이 반드시 필요하다고 봅니다. 만약 의사결정 과정에 참여하지 않고 권한이 없다면, 또 그렇게 되기 위해 노력하지 않는다면 누구도 그런 재무 전문가를 신뢰하지 않을 것이기 때문입니다. 경영진 또 우리 경우에서의 총괄사장과 나란히 앉아 비즈니스 책임자처럼 행동해야 합니다. 물론 재무책임자로서의 역할을 어느 시점에 수행해야 하는지 또 재무책임자로서의 색깔을 버려야 할 때는 언제인지 정확히 알아야 하겠죠. 재무책임자는 업무 추진의 촉진자이자 커뮤니케이터, 즉 일종의 중간 지점에 있는 핵심인물이기 때문에 그런 역할을 매우 신중하게 수행해야 한다는 것이 나의 생각입니다. 필요한 모든 정보는 이미 가지고 있는 셈입니다. 다른 부서에서 접근할 수 없는 정보는 없습니다. 그렇게 활용 가능한 정보들을 한곳으로 통합하여 변화 담당자의 역할로 한 단계 올라서야 할 것입니다.

모든 의사결정은 이사회에서 내리고 CEO가 중요한 역할을 수행할 수도 있습니다. 하지만 재무책임자는 과거 그 어느 때보다 경영에 실질적인 도움을 주는 동시에 강력한 커뮤니케이터가 될 수 있다고 생각합니다. 과거에는 재무책임자가 굳이 최고의 커뮤니케이터가 될 필요는 없었습니다. 지금은 그렇지 않다는 것이 나의 생각입니다. 그 자체로도 엄청난 변화인 셈이지요."

액센츄어의 연구 결과는 재무에 중점을 두는 것이 곧 서비스와 고객, 성장 추구, 수익성 극대화, 요구되는 투자수익률(ROI)의 실현 그리고 고성과 재무운영의 출현 이전에는 존재하지 않았을 역량의 개발에 관한 것임을 보여준다. 샘슨은 이렇게 말한다. "이와 같은 변화 덕분에 재무인력들이 과거와는 다른 업무 분야에 완전한 주체로 참여할 수 있게 되었습니다. 5, 6년 혹은 7년 전에 재무인력들이 수행했던 활동의 포트폴리오와 지금의 고성과 재무인력에 대한 기대치를 비교해본다면 놀라울 정도로 차이가 있습니다.

이런 것들을 현재 내가 수행하고 있는 역할과 일상적 활동의 차원에서 생각해본다면 나는 전사적 차원에서 전략이나 전술, 운영 차원의 실행 그리고 리스크관리 등과 관련된 의사결정에 훨씬 능동적으로 참여하고 있습니다. 몇 년 전만 해도 이런 분야는 지금처럼 능동적으로 참여해야 하는 분야가 아니었죠.

지금 나는 고객 관련 업무에 더 많이 관여하고 있습니다. 현장 방문 시에는 사고적 리더십*을 발휘하여 다른 CFO들과 일대일 회의를 통해 비즈니스 계약이 체결되도록 돕고, 핵심 의무의 수행을 감독하는 과정을 통해서 말입니다. 이러한 고객 관련 업무는 과거에 비해 그 참여 정도가 훨씬 더 높아졌다고 할 수 있죠. SAP에서

◆ 사고적 리더십: 사고를 통해 당면한 문제를 파악하고, 이를 해결하기 위한 관심과 노력을 모아 실질적 문제해결에 대한 여러 가지 방안을 제안하는 것.

고위 재무 전문가들의 역할은 상당히 고객중심적이라는 것을 확인할 수 있을 것입니다. 결국 비즈니스와 긴밀한 파트너십 관계를 형성하고 효율적이면서도 효과적으로 실행할 수 있다는 확신을 얻는 것이라고 할 수 있지요. 이와 같은 가치를 토대로 삼고 지금과 같은 방식을 유지해나간다면 미래에는 더 큰 성공을 거둘 수 있을 것이라고 확신합니다."

재무: 효율적 엔진의 구축

재무운영은 엔진룸에서 동력을 생산해내는 것과 같은 역할을 한다. 효과적인 재무운영 조직이 갖추어지지 않았다면 모든 CFO들이 얻고자 노력하는 다른 고급 역량들을 갖추기가 쉽지 않을 것이다. 고성과를 달성하기 위해서는 재무조직이 기본적인 회계 및 관리업무에 대한 우수한 역량부터 먼저 갖추고 있어야 한다. 그것이 다른 고급 역량을 개발하는 데 필요한 전제 조건이기 때문이다.

SAP를 비롯한 다른 업계의 고성과 기업들과 같은 수준(탁월한 성과, 표준화, 다양한 지역에서의 일관성이 반영된)으로 재무운영 능력을 끌어올리는 일은 앞서 제3장에서 소개한 다섯 가지의 재무역량을 기본적으로 개선하는 첫걸음이 되는 경우가 많다.

또한 경우에 따라서 리스크관리나 전사적 성과관리(EPM), 자본관리 등이 재무운영의 효율성과 효과성을 위한 작업보다 선행되어야 한다는 사실도 알게 되었다. 소수이기는 하지만 그런 방법으로 고성과를 달성한 기업들도 있다. 그러나 기본적인 통제체계가 확고히 정립되지 않은 상태에서 좀 더 고차원적인 역량을 확보하는 데 필요한 인프라를 구축하는 일이 결코 쉽지 않다는

〈그림 6.3〉 재무운영 서비스

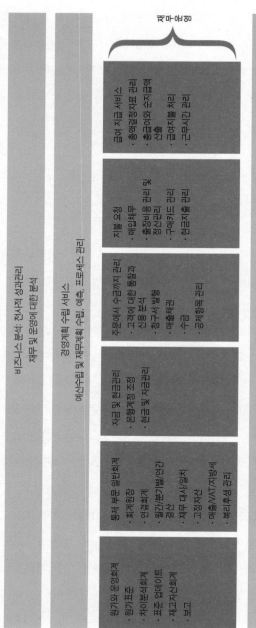

비즈니스 분석: 전사적 성과관리
재무 및 운영에 대한 분석

경영계획 수립 서비스
예산수립 및 재무계획 수립, 예측, 프로세스 관리

원장관리

원가와 운영회계	통계 부문 일반회계	자금 및 현금관리	주문에서 수금까지 관리	지불 요청	급여 지급 서비스
• 원가표준	• 회계원장	• 은행계정 조정	• 고객에 대한 통찰과	• 매입채무	• 총여결정자료 관리
• 차이분석회계	• 연결회계	• 현금 및 자금관리	신용 분석	• 출장비용 관리 및	• 총급여 순지급액
• 표준원데이트	• 월간/분기별/연간		• 청구서 발행	정산관리	산출
• 재고자산회계	결산		• 매출채권	• 구매카드 관리	• 급여지불 처리
• 보고	• 재무 대사/일치		• 수금	• 현금지출 관리	• 근무시간 관리
	• 고정자산		• 공제항목 관리		
	• 매출/VAT/지방세				
	• 복리후생 관리				

재무 시스템 애플리케이션 지원
관리 대상 시스템의 개선, 시스템 소프트웨어 지원, 시스템과 배쳐 일정 모니터링, 데이터베이스 관리

재무센터 관리 서비스
센터 관리, 인적자원관리 지원, 재무 자원 정보기술 지원

재무의 공통 언어
데이터와 측정 기준에 대한 공통의 정의, 기준정보 관리, 단일 계정과목

190 · CFO 인사이트

것을 연구 결과가 단정적으로 보여준다. 적어도 재무운영을 위한 '확고한 기반'은 다른 고차원적 재무서비스를 효과적으로 실행하기에 앞서 반드시 갖추어야 할 요소다. 간단히 말하자면 CFO가 의사결정 과정에 참여하기 위해서는 기본적인 업무체계부터 제대로 갖추어야 한다는 이야기다.

이러한 재무운영의 범위는 비즈니스 단위 및 지리적·지역적 규모에 근거하여 통합되고 실행되는 전형적 활동의 범위를 보여주는 〈그림 6.3〉에 자세히 묘사되어 있다.

전통적으로 재무운영은 재무 데이터의 기록과 보관에 중점을 두고 따로 분리된 프로세스를 사용해왔다. 다국적 기업의 경우 흔히 각 지역별 회계기준에 근거한 현지의 회계처리에 우선적으로 초점을 맞추었다. 정보를 손쉽게 활용할 수도 없었고 재무조직이 상향 프로세스에 직접적으로 접근할 수도 없었다. 오늘날 고성과 기업에서는 재무운영을 기업의 확장판이라고 해도 좋을 것이다. 재무조직은 기업 내부는 물론 더 광범위한 외부 네트워크의 가치사슬에 대해 이해하고 있기 때문에 경제적 상황을 재무적 관점에서 해석할 수 있는 능력을 갖추고 있다. 그들은 E2E(End-to-End) 연결성을 구축하고, 부서 전체에 걸쳐 불필요한 업무 단계를 제거하며, 추가적인 프로세스의 비효율성을 제거하는 데 고객과 공급업자들을 참여시킴으로써 프로세스의 최적화를 시작하고 있다. 이와 같이 고성과 조직은 결코 현실에 안주하지 않는다. 그들은 프로세스의 단순화와 표준화를 통해 불필요하거나 부가가치를 창출하지 못하는 절차를 제거할 수 있는 부분이 어디인지 끊임없이 살펴보고 있다.

예를 들어 데이터의 조기 포착, 일관성 있는 데이터 정의, 프로세스의 표준화를 통해 고성과 기업들은 결산주기를 단축하고 계정대사와 같은 비부가가치 업무를 없애왔다.

E2E 프로세스 연결성 확보

비즈니스 모델이 점차 복잡해지고 있는 상황에서 재무운영의 역할에도 진화와 확장이 필요하다. 성공적인 재무운영 조직에서는 단순히 재무적인 거래처리를 신속하고 저렴하게 수행하는 일보다 훨씬 더 많은 일을 하며 셰어드서비스를 해외에서 운영하고 있다. 그들 내부에는 어떤 업무를 좀 더 신속하고 낮은 비용으로 처리하는 것보다 불필요한 프로세스를 제거하는 것이 훨씬 효과적이라는 개념이 자리 잡고 있다. E2E 거래처리 프로세스에서 발생할 수 있는 '잡음'을 제거하는 일은 사이클 타임을 단축하여 속도를 높이는 데도 도움이 된다. 재무는 확장된 E2E 프로세스 연결성 확립을 통해 조직 전반에 걸쳐 가치를 추구하는 데 능동적인 역할을 수행하며, 그렇게 확보된 연결성을 활용하여 재무적·비재무적 데이터를 포착해낸다. 고부가가치 비즈니스 분석에 사용되는 실시간의 살아 있는 데이터 말이다.

이 문제에 대해 주류(酒類) 전문기업인 디아지오(Diageo)의 CFO 닉 로즈(Nick Rose)의 의견을 들어보았다. "우리는 분명 더 낮은 비용으로 훨씬 많은 것을 이루어내야 합니다. 하지만 몇몇 기본적인 업무에서는 좀 더 영리해질 필요도 있습니다. 기업 전반에 걸친 표준을 정립하는 데 기술은 매우 중요한 역할을 담당하고 있습니다. 그리고 시스템이 거래처리 관련 데이터를 신속하게 추출할 수 있도록 E2E 프로세스의 연결성을 확보해야 한다는 주장에 나도 동의합니다. 우리 회사에서 사용하고 있는 시스템은 SAP입니다. 그렇게 추출된 데이터는 비즈니스 분석 도구를 사용하는 데 활용할 수 있겠죠. 비즈니스의 현장에 있는 관리팀에게 영향력이 큰 의사결정 지원정보를 제공하게 될 것이니 말입니다.

확장된 기업이라는 개념은 우리도 적극 수용하고 있습니다. 앞으로는 모든 핵심 프로세스들이 막힘없이 연결되는 게 무엇보다 중요할 것입니다. 그것이 회사 내부 프로세스이건 거래관계를 맺고 있는 파트너들이 모여 이루는 생태계 상의 프로세스이건 상관없이 말이지요. 기술은 그러한 막힘없는 연결성 확보를 위한 토대를 제공해주고 있습니다. 우리는 아직 그 수준에 이르지 못했지만 우리가 나아가야 할 방향은 바로 정보 공급의 무한 자동화일 것입니다. 비즈니스가 어떻게 이루어지는가에 대한 통찰과 왜 그렇게 되는 것인가에 대한 이해가 그 어느 때보다 중요한 시기입니다."

〈그림 6.4〉는 E2E 프로세스 연결성이 무엇을 의미하는지 자세히 보여준다. 전통적으로 대부분의 기업들은 사무직 근로자의 생산성에 중점을 두어왔다. 제한적인 시각으로 프로세스 효율성에 집중하기 때문에 발생하는 문제점은 그것이 인위적인 경계를 형성한다는 것이며, 비용절감을 비즈니스에서 실현될 수 있는 가장 큰 효익으로 간주하게 된다는 것이다.

많은 기업들이 진행했던 가치를 창출하기 위한 원대한 포부들이 우리의 연구를 통해 소개되었다. 예를 들어 미국의 광산업체인 펠프스 닷지 코퍼레이션(Phelps Dodge Corporation)의 경우, 전 세계의 공급업체들에 관한 비용분석에 어려움을 겪고 있었고 그래서 공급업체들과의 협상을 위해 더 나은 데이터 플랫폼이 필요했었다. 펠프스 닷지는 매입채무 관리 프로세스 범위에 구매와 전략적 소싱을 포함시켜 확장했다. 이렇게 함으로써 펠프스 닷지는 데이터 처리 엔진을 활용하여 비즈니스 운영에 소비되는 상품과 서비스의 일일 사용량에 대한 거래처리 정보를 포착할 수 있었다. 현재 펠프스 닷지는 일상업무에 관한 깊이 있는 정보를 철저히 조사할 수 있는 역량을 갖추고 있으며 공급업체들이 계약 사항을 준수하고 있는지 여부도 모니터링할 수 있어 상당한 효과를 얻고 있다. 직원들이 회사가 무엇을, 언제 소비하는지 파악하고 있기 때문에 추가적 할인을 받을 수 있는지와 그 요건을 추적할 수 있는 것은 그런 효과의 한 사례다. 결과적으로 공급업체들과 더 나은 조건으로 협상할 수 있고 기

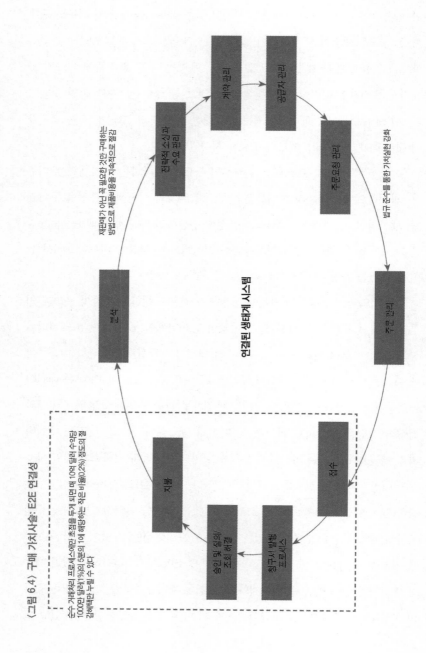

〈그림 6.4〉 구매 가치사슬: E2E 연결성

연결된 생태계 시스템

계약 관리

공급자 관리

전략적 소싱과 수요 관리

법규 준수를 통한 거버넌스 강화

주문요청 관리

분석

주문 관리

재판매가 아닌 꼭 필요한 것만 구매하는 방법으로 제품비용을 지속적으로 절감

접수

지불

청구서 발행 프로세스

승인 및 문의 조회·해결

순수 거래처리 프로세스에만 초점을 두게 되면 매 10억 달러 수익당 1000만 달러(1%)의 5분의 1에 해당하는 작은 비율(0.2%) 정도의 절감 혜택만 누릴 수 있다

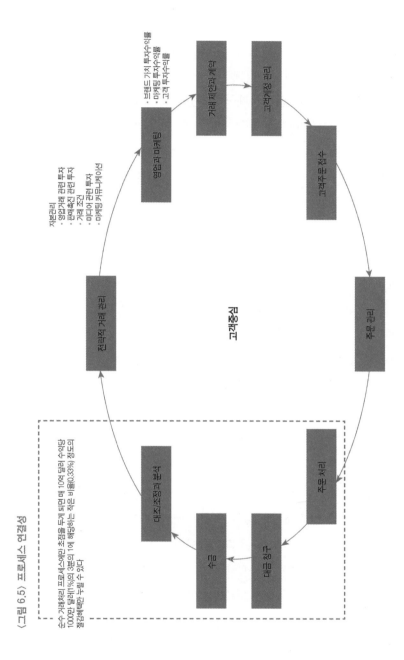

〈그림 6.5〉 프로세스 연결성

순수 거래처리 프로세스에만 초점을 두게 되면 매 10억 달러 수익당 1000만 달러(1%)의 3분의 1에 해당하는 작은 비율(0.33%) 정도의 절감혜택만 누릴 수 있다

고객중심

• 브랜드 가치 투자수익률
• 마케팅 투자수익률
• 고객 투자수익률

거래 체인과 계약

고객계정 관리

고객주문접수

영업과 마케팅

주문 관리

자본관리
• 영업거래 관련 투자
• 판매촉진 관련 투자
• 거래 조건
• 미디어 관련 투자
• 마케팅 커뮤니케이션

전략적 거래 관리

주문 처리

대조조정과 분석

수금

대금 청구

존의 할인 조건을 유리하게 활용할 수 있게 되어 한 해에 220만 달러의 투자수익을 달성할 수 있었다.

NCR의 사업부 중 하나인 테라데이터의 CFO 밥 영은 E2E 프로세스 개선을 통해 가치를 창출할 수 있었던 테라데이터의 접근 방식을 이렇게 설명한다. "운영 시스템에서 온라인 데이터를 추출한 후, 다시 말해 회사의 데이터 웨어하우스에서 거래처리 데이터를 추출한 다음 문제를 확인하고 해결하기 위해 프로젝트 혹은 프로그램을 실행하기 위해 그것을 활용할 때, 경영진이 비즈니스 의사결정을 더 신속히 내릴 수 있게 해주는 행동 지향적 데이터를 제공합니다. 테라데이터의 구매 솔루션은 아주 좋은 사례입니다. 모든 매입채무 데이터가 데이터 웨어하우스에 들어 있고 구매주문 데이터도 전부 포함하고 있습니다. 전 세계에서 우리에게 물품을 제공하는 공급업체가 누구인지 우리가 무엇을 구매했는지 훤히 알고 있는 셈이죠. 언제 구매했고 얼마를 지불했는지 알고 있으며, 그 데이터들을 구매 부서에 전달하여 공급업체를 통합하고 비용을 절감하기 위해 목표를 설정하게 합니다. 그리고 결과를 측정하는 것이죠. 기술적으로 이 일은 그리 어렵지 않지만 실무 차원에서 자연스럽게 이루어져야 할 일을 수행할 수 있도록 권한을 부여한다는 측면에서 매우 중요하다고 생각됩니다. 그런 다음 관리 프로세스 관점에서 결과를 측정해 개선이 이루어졌는지 판단하는 것입니다."

수익창출 주기에 미치는 영향력 연구 결과에 따르면 고성과 재무운영으로 인해 전사적 차원의 고성과 달성이 이루어지는 게 특히 중요하다. 수백 가지의 셰어드서비스를 살펴보았는데 그 대부분이 불필요한 경계를 만들고 있다는 점을 발견했다. 단순한 매출채권 처리 혹은 '주문에서 결제(Order-to-Cash: OTC)'* 사이클로 정의되는 불필요한 경계 말이다. 반면 그러한 불필요한 경계들이 '확장된 전사적 E2E 프로세스 연결'이라는 방식으로 대체된 경우도 있었다. 이런 경우에는 영업 관련 투자나 판매촉진 관리 같은 이윤창출 프로세스들이 재무의 백오피스(Back-office: B/O) 기능에 해당하는 일반적인 주문결제 프로세스와 직접적으로 연결되어 있었다.

이와 같은 확장된 E2E 프로세스 연결성을 확보함으로써 기업은 사업운영 실무의 현장에 있는 마케팅과 영업 담당자들에게 강력한 비즈니스 분석자료를 제공하여 고객의 구매 패턴과 공급 및 수요의 이동에 대해 깊이 있는 통찰은 물론, 자사가 제공하는 제품과 서비스에 대한 상대적 경쟁력에 대해 깊은 이해를 갖추도록 하고 있다.

그 결과 마케팅 및 영업부서는 브랜드 투자수익률, 마케팅 투자수익률 그리고 고객 투자수익률에 대한 최신 정보로 무장할 수 있게 되었다. 〈그림 6.4〉는 확장된 전사적 E2E 프로세스 연결성을 보여준다.

쓰리엠(3M)은 이것을 보여주는 좋은 사례다. 쓰리엠은 다양한 비즈니스 단위 사이에 판매정보가 공유되지 않아 애를 먹고 있었다. 그런 문제점은 40개의 비즈니스 단위와 60개의 독립적인 해외 자회사들에 흩어져 있던 매우 단편적인 정보들만 보아도 분명하게 드러나는 문제였다. 이것은 쓰리엠의 영업력을 배치하는 데 비효율성을 야기하는 원인이 되었고 글로벌 관점에서 상품에 대한 가시성이 낮고 그 결과 재고율이 높아지면서 사태를 악화시켰다. 무엇보다 심각한 문제는 부정확한 고객정보로 인해 배송비용이 엄청나게 소요되는 것이었다.

현재 쓰리엠은 재고관리단위(Stock Keeping Unit: SKU) 차원에서 이루어지는 단일의 대(對)고객 가시성(실제 눈으로 보는 것과 같은)을 확보하여 완전히 다른 입장에 서 있다. 수요 창출과 고객관리 운영 전반에 걸친 5년간의 E2E

◆ OTC: 판매주문 접수부터 제품 배송, 판매대금 회수까지의 총괄 프로세스.

프로세스 연결성 확보를 위한 노력의 결과로서 실현된 효과는 1억 달러를 넘어선다. 강화된 적시성과 '현장 실무진 차원'에서 이루어지는 의사결정의 정확성으로 얻은 이 같은 결과는 교차판매의 증가와 자산관리의 향상으로 이어졌다. 판매 인력의 생산성은 10퍼센트 상승했고 1개월 분에 해당하는 재고 감축을 통해 4억 3700만 달러의 추가적인 현금 유동성을 확보할 수 있었다.

쓰리엠과 같은 기업들은 E2E 프로세스 연결성에 관한 대표적인 선진 사례다. 그들은 더 나은 청구서 발행 프로세스를 통해 단순히 사무직 근로자의 생산성을 향상한다는 재무운영의 논리를 뛰어넘었다. 이제 그들은 더 야심찬 계획을 세우고 있다. 흔히 말하는 '고객중심'에 맹렬히 집중하면서 고성과 재무운영을 활용하여 성장과 수익성, 자본효율성을 촉진한다는 계획이 그것이다.

프로세스 디지털화

셰어드서비스 혁명은 15년이 넘게 진행되어왔고 지금까지 상당한 발전을 이룩했다. 이제 우리는 진화의 다음 단계를 지켜보게 될 것이다. 이 단계에서는 프로세스 디지털화를 통해 기업 간 거래처리 플랫폼의 효율성과 효과성이 향상될 것이다. 지금까지는 셰어드서비스를 통해 달성할 수 있는 기본적인 거래처리 자동화 정도에 한계가 있었던 것이 사실이다. 〈그림 6.6〉은 거래처리 사이클 내에서 수작업이 여전히 광범위하게 사용되고 있음을 보여준다.

구매자의 입장에서 본다면 이것은 구매에서 지불까지 연결되는 일련의 과정과 같다. 그러나 공급자의 입장에서는 이러한 동일 프로세스가 주문에서 결제까지의 문제다. 이 두 관점 사이에 존재하는 경계로 인해 상당한 어려움과 비효율성이 발생하고 있다.

이 문제에 대한 잠재적 솔루션으로 떠오르고 있는 것이 전자거래정산소다. 몇몇 선구적인 기업들의 초기 성과가 긍정적인 결과를 보여준다. 전 세계 70

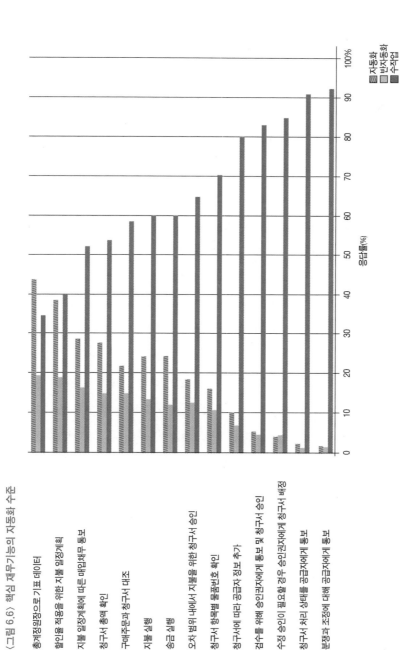

〈그림 6.6〉 핵심 재무기능의 자동화 수준

응답률(%)

총계정원장으로 기표 데이터

할인율 적용을 위한 지불 일정계획

지불 일정계획에 따른 매입채무 통보

청구서 총액 확인

구매주문과 청구서 대조

지불 실행

송금 실행

오차 범위 내에서 지불을 위한 청구서 승인

청구서 항목별 물품번호 확인

청구서에 따라 공급자 정보 추가

접수를 위해 승인권자에게 통보 및 청구서 승인

수정 승인이 필요할 경우 승인권자에게 청구서 배정

청구서 처리 상태를 공급자에게 통보

분쟁과 조정에 대해 공급자에게 통보

자동화
반자동화
수작업

여 개국에서 수백 개의 기업과 개인 고객을 확보하고 있는 세계적 통신회사인 스프린트(Sprint)의 사례를 살펴보도록 하자.

스프린트는 매입채무의 운영비용을 절감하기 위한 프로그램 실행에 착수했다. 인쇄물 형태의 청구서 접수와 지불 프로세스를 전자적 프로세스로 대체하여 프로세스에 소요되는 비용을 절감하고 선지불에 따르는 할인 혜택을 통해 목표한 절감 기회를 얻고자 했다. 새로운 프로그램 '자인(Xign)'의 성과는 결과가 말해준다. 스프린트에서 접수하는 청구서의 90퍼센트 이상이 전자청구서 형태로 접수되고 있으며, 더 나아가 전자청구의 90퍼센트에 대해 할인수익률을 확보할 수 있었다. 2004년부터 2005년 사이 스프린트의 할인수익률은 400퍼센트 이상 증가했다. 여기에 더하여 '자인'의 소프트웨어를 통한 서비스 접근법은 스프린트의 총소유비용(Total Cost of Ownership: TCO)을 40퍼센트 낮춰주었다. 스프린트 본사의 재무책임자는 이렇게 설명한 바 있다. "전자지불은 구매에서부터 지불에 이르는 프로세스를 전자적으로 처리할 수 있도록 해주는 공급망 전략의 핵심 구성요소입니다. 자인과 같은 전자청구서 접수 및 지불 플랫폼은 압도적인 가치제안을 가능하게 합니다. 종이 서류를 없애고 전자지불 목표를 달성하는 데 도움을 줍니다. 그리고 완벽한 지불 경험을 가능하게 만드는 시스템을 구축하고자 한 전사적 목표를 달성하는 데 한 발 더 다가설 수 있도록 해줍니다."

전자청구서와 지불 네트워크를 통해 제공되는 효율성으로 앞서 이야기한 결제와 정산 프로세스에 필요한 E2E 원천을 디지털화하는 것이 완성된다. 이러한 기능성은 〈그림 6.7〉에서 자세히 소개하고 있다. 확실한 현금흐름 대신 의도하는 수준의 효율성을 달성하기 위해 공급망 내의 다른 구성원들을 상대로 가격할인이라는 인센티브를 기꺼이 제공하는 공급자들의 사례를 찾아볼 수 있었다. 자인의 고객들은 1퍼센트에서 5퍼센트 범위 내의 공급자 할인을

〈그림 6.7〉 프로세스 디지털화

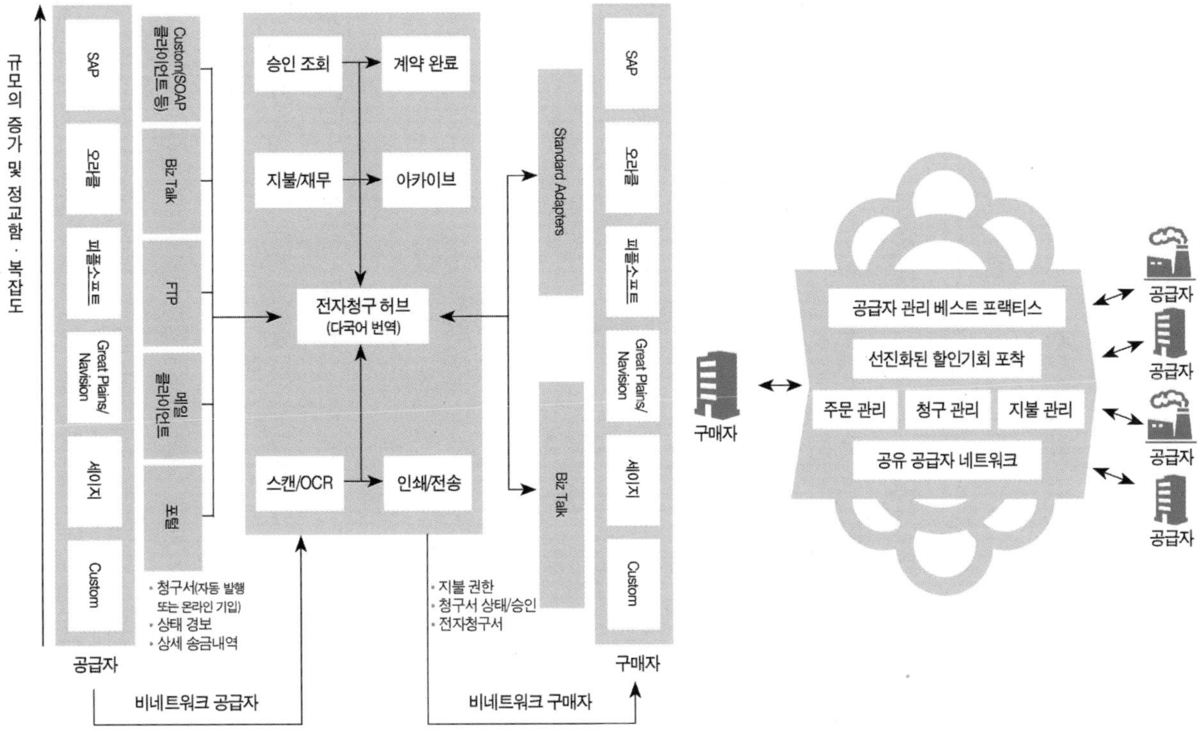

공급자 관리 베스트 프랙티스
선진화된 할인/회피 포착
지불 관리
주문 관리 청구 관리
공유 공급자 네트워크

공급자 공급자 공급자 공급자 공급자

구매자

SAP	오라클	피플소프트	Great Plains/Navision	세이지	Custom

Standard Adapters | Biz Talk

구매자

비네트워크 구매자

- 지불 권한
- 청구서 상태/승인
- 전자청구서

계약 완료	아카이브		인쇄/전송
승인 조회	지불재무	전자청구 허브 (다국어 번역)	스캔/OCR

비네트워크 공급자

- 청구서/대금 발행 또는 운영인 기입
- 상태 정보
- 상세 송금내역

Custom(SOAP 클라이언트 등)	Biz Talk	FTP	메일 클라이언트	포털

SAP	오라클	피플소프트	Great Plains/Navision	세이지	Custom

공급자

송장의 전자적 발행 및 수취·처리

포착해내고 있다. 이와 같은 할인율을 연간 투자수익률로 환산해보면 아주 쉽게 두 자리 수를 넘길 것이다. 예를 들어 선지급에 따르는 1퍼센트 할인은 18퍼센트의 연간 수익률에 해당한다. 그리고 2퍼센트의 할인은 36퍼센트의 연간 수익률과 같은 것이다. ≪포천≫ 선정 500대 기업을 대상으로 한 자인의 조사에 의하면 총지출의 20퍼센트 이하에 대해 할인을 받을 경우 10억 달러의 지출마다 연간 수백만 달러의 자금을 절감할 수 있다. 더 나아가 자인의 공동 공급자 네트워크는 고객들이 전자지불은 물론 할인 강화 프로그램으로 변화하는 과정을 가속화할 수 있다. 커뮤니케이션 산업의 ≪포천≫ 선정 500대 기업이자 자인의 고객인 한 기업에서는 총지출의 55퍼센트 이상이 이미 자인 네트워크에 등록되어 있는 공급자들과의 거래에 해당한다는 사실을 알게 되었다. 이런 공급자들은 네트워크에 참여하기 위해 특별히 모집될 필요가 없었기 때문에 자인의 고객이 되어 즉각적인 혜택을 얻을 수 있다는 강력한 인센티브가 입증된 셈이다.

점점 더 많은 기업들이 진화의 다음 단계, 즉 프로세스 디지털화로 이동하면서 이 분야가 급속히 성장할 것이라는 점을 연구 결과를 통해 알 수 있다.

거버넌스와 내부통제

회계와 통제기능은 현대의 거버넌스와 리스크관리의 근간을 이루는 재무정보 관리와 내부통제에 대한 사실상의 관리자다. 무엇보다 중요한 것은 고성과 조직의 경우 회계와 통제기능이 내외부 재무보고를 위한 '유일한 원천'이라는 점이다. 다시 말해, 기업 전반에 걸쳐 '단 하나의 진실'만이 보고의 대상이 되는 기반은 단일 원천에서 데이터가 수집되는 것이다. 이와 같은 환경에서는 각기 다른 견해와 해석이 반영된다고 알려져 있는 개인이 작성한 스프레드시트나 상황에 따라 특별히 만들어진 일회용 보고서는 존재하지 않는다.

모든 구성원들이 동일한 데이터와 보고서를 사용하며 일관성 있고 단일화된 해석에 근거하여 의사결정을 수행한다.

해킷 그룹은 재무비용이 2005년의 18퍼센트[1]에서 매년 상승할 것이란 보고를 한 바 있다. 또한 법률과 규정준수 요구의 변화에 따르는 기본적인 통제와 거버넌스에 대한 요구 강도가 높아질 것이기 때문에 그러한 재무비용의 상승이 지속될 것이라고 예측한다. 좀 더 강화된 통제에 대한 인식이 필요한 새로운 환경에서 재무기능이 감당해야 할 역할은 파수꾼으로서 임무를 수행하고, 모든 거래가 회계정책에 부합하다는 확신을 주며, 감사증거를 유지 관리하고, 문서를 확인하며, 전체 비즈니스 프로세스에 대해 엄격한 내부통제를 적용하는 것 등이 포함되는 방향으로 확장되고 있다.

1990년대에 발생한, 너무나 잘 알려진 기업의 거버넌스 실패 사례에 따르면 많은 기업들이 비용절감에 대한 압박이 엄격한 통제력의 확보보다 중요하다고 믿었다. 상당수 기업에서 이 기간 중에 정비되거나 개선된 프로세스들이 단 하나의 목표, 즉 비용효율성을 지향하고 있었다. 지금은 기업들이 내부통제 관점에서 그와 같은 프로세스들을 재검토하며 추가적인 절차가 더해지고 있다. 그러한 추가 절차는 처음 고안된 통합 프로세스에는 포함되어 있지 않았기 때문에 자연스럽게 추가적인 프로세스와 비용으로 자리 잡는다. 지금같은 환경에서 전반적인 염려의 증가와 통제에 대한 가시성 문제는 많은 기업들로 하여금 프로세스 도처에 통제를 추가하게 만들었다. 그로 인해 야기될 수 있는 리스크에 대한 이해도 없이 말이다. 통제기능이 사후적으로 추가되고 리스크에 대한 고려도 없이 구축되었기 때문에 재무비용이 증가한 것은 다분히 예측 가능한 것이다.

푸르덴셜(Prudential)의 아시아태평양 지역 재무책임자인 그레이엄 스키츠(Graham Skeates)는 이렇게 말한다. "이것은 일시적 현상일 수 있습니다. 왜냐하면 두 가지 사항이 진행될 것이기 때문이죠. 첫 번째는 추가적인 통제 프로세스들이 모두 자리를 잡은 후 비용이 안정화될 것입니다. 두 번째는 입법기관들이 '잠깐만 기다리세요. 이런 상황을 의도했던 것이 아닙니다. 기업들이 비즈니스의 운영 자체보다 여기에 더 많은 비용을 소모하고 있습니다'라고 이야기하고 있다는 것입니다. 입법기관에서 컴플라이언스 비용은 물론 비즈니스와 그들이 보호하고자 하는 사람들이 입을 피해에 대해 주시하기 시작했습니다. 재무관점에서 본다면 비즈니스 운영을 위해 재무정보와 해석을 더 많이 요구할 것이기 때문에 비용은 상승할 것입니다. 지금까지 한동안 진행되어온 것이 그것이며 앞으로도 지속될 것이라고 생각합니다."

엑셀(Exel)의 아시아태평양 지역 CFO인 스티븐 페라비(Stephen Ferraby)는 이렇게 말한다. "기업의 책임과 환경보고서(corporate responsibility and environmental Reporting)와 관련된 요구 조건들을 살펴보면 재무팀이 실행해야 할 거버넌스 업무가 상당히 많습니다. 불과 2년 전만 해도 존재하지 않았던 것들이죠. 엑셀의 환경보고서에조차 전 세계 이산화탄소 방출량에 우리가 어느 정도 일조하고 있는지에 대한 추정치가 포함되어 있습니다. 재무분야에서는 적합한 데이터를 포착하고 일관성 있고 신뢰할 수 있는 보고서를 작성할 수 있게끔 기본적인 훈련이 되어 있다고 봅니다. 그래서 이런 문제들이 재무부문의 업무로 간주되는 경향이 있는 것 같습니다. 이 문제의 해결을 위해 예산이 20퍼센트 정도 상향 조정되었으면 하는 게 나의 바람입니다. 어떻게든 해결방법을 찾아야 하고 결국 시스템 솔루션으로 귀결됩니다. 쉽지 않은 일이죠. 단순히 '반드시 해야만 하는' 거버넌스 요건의 실행이 아니라 비즈니스를 위한 프로세스로부터 최대의 가치를 추출해내야만 하는 문제입니다. 이 모든 것이 재무부문으로 귀결되는 경향의 또 다른 이유라고 할 수 있습니다."

기업의 내부통제 권한을 누가 소유하는가에 대한 논쟁이 적지 않다. CFO

를 비롯한 재무부문이 그런 통제기능 수행의 적임자로 인식되고 있지만 고성과 기업에서는 내부통제를 전사 차원의 책임으로 인식하고 비즈니스 프로세스의 중심축에 내재화하고 있다. 캐터필러나 유나이티드헬스 그룹 같은 기업들은 조사하여 나쁜 것을 골라내기보다는 좋은 것을 새롭게 고안하는 방법을 사용하고 있다. 식스시그마와 같은 확고한 기법을 활용하면서 말이다. 재무 책임자와의 인터뷰를 통해 알아낸 한 가지는 식스시그마 실행을 통해 고성과 재무를 달성할 수 있었다는 점이다. 예를 들어 구매주문이 필요하든 그렇지 않든 상관없이 우수한 단일의 구매요청 프로세스가 공급자의 청구서를 승인받기 위해 다양한 부서에 발송하는 것보다 효과적이고 효율적인 통제를 제공한다는 것은 상식이다. 후자의 경우 더 많은 시간과 비용이 소요되면서도 내부통제 리스크는 훨씬 높아진다.

통제는 자동화 대 수작업, 강제적 이행(필수 항목) 대 자유재량에 의한 이행(선택적 항목) 그리고 사전예방 대 사후발견으로 구분할 수 있다. 자동화할 것인가 아니면 수작업으로 처리할 것인가에 대한 의사결정은 통제 효율성을 확보하기 위한 인적기능에 대한 것이다. 모든 기업에서 핵심 통제기능을 적절하게 정립하는 것은 매우 중요한 일이다. 그것이 절대 간과할 수 없는 필수 불가결한 통제기능이 될 것이기 때문이다. 사후발견 통제가 실수하거나 누락된 부분이 있는지 판단하기 위한 사후적 활동을 대변한다면 사전예방 통제는 발생할 수 있는 문제를 사전에 제거하고자 설계된 것이다. 자동화와 같은 신기술은 사전예방 통제를 포함하고 있으며 대개 비용효율성도 더 높다.

재무운영 조직은 통제의 중요성에 대해 조직 전체가 민감하게 인식하도록 만들고 또 그에 대해 교육할 필요가 있다. 그다음 다른 기능들과의 협업을 통해 사전예방 통제를 수행할 수 있는 가장 적절한 방법을 결정해야 할 것이다. 그렇게 하려면 재무조직은 선행 프로세스에 대해 깊이 있게 파악하고 있어야 한다. 데이터가 어디에서 수집되었는지, 수집된 데이터의 품질과 출처는 어떠한지, 감사증거는 충분한지 등과 같은 프로세스 말이다. 재무조직이 이를 이해한 후에는 적절한 통제를 선행 프로세스에 구체화·문서화할 수 있다.

이런 선행 프로세스에서 데이터를 포착하게 되면 재무조직의 업무량을 감소시킬 뿐만 아니라 이차적인 사후발견 통제업무를 줄이는 효과도 있다. 이는 기업 전반에 걸쳐 프로세스의 표준화와 더불어 컴플라이언스 부담을 상당히 절감해준다. 이런 맞춤형 품질관리에 대한 인식은 재무운영 비용의 상승을 막아줄 수도 있다. 글로벌 음료회사의 CFO는 이렇게 말한다. "그것은 감사증거를 제출하지 못하면서 내부통제 프로세스나 온갖 시시한 것들을 문서화하는 것과 거의 흡사합니다. 기업들은 항상 해오던 일이었지만 컴퓨터의 등장으로 모든 것이 조그만 네모 상자 속으로 감추어지고 불명확해지기 시작한 것입니다. 반드시 필요한 것임에도 불구하고 이런 문제를 생각하는 것조차 그만둔 건지도 모릅니다. 어떤 면에서 사베인스-옥슬리 법안(SOX)이 제시하고 있는 것은 우리 모두가 기본으로 돌아가야 한다는 메시지라고 봅니다."

SAP의 재무와 보고 프로세스는 재무운영에 대한 선제적 접근법을 대변해준다. SAP 독일 지사의 CFO인 피터 데이비드(Peter David)는 "미국 회계기준을 준수하기 때문에 비즈니스에 대한 정확한 수익인식이 가능합니다. SAP 환경에서 모든 수익의 원천이 정의되어 있지만 이것은 매우 복잡한 문제입니다. 재무상태표와 손익계산서에 정확한 숫자를 반영하는 것과 마찬가지로 우리는 단일 모델 내에서 모든 수익창출 동인들을 정확하게 예측할 수 있는 통합 재무 프로세스를 개발하고 또 구축 및 실행하고 있습니다"라고 말한다.

사베인스-옥슬리 법안에 대해서는 SAP가 적극적인 접근 방법을 적용했다. 데이비드는 "SAP의 프로세스는 이미 인지도를 확보하고 있습니다. 우리는 이것을 재무조직에 법적 요구사항을 구축하는 동시에 기업 내부의 프로세스를 개선시킬 수 있는 좋은 기회로 간주하고 있습니다"라고 말한다.

핵심은 데이터를 통찰력으로 변환하는 것

'단 하나의 진실'이라는 결코 쉽지 않은 목표 달성에 대한 아이디어는 앞서 언급된 바 있다. 지금까지 살펴보았듯이 재무조직이 직면한 문제는 재무보고와 비즈니스 분석에 필요한 데이터의 대부분이 전통적인 재무부서 외부에서 시작된다는 것이다. 전통적으로 재무조직은 선행 프로세스에서 생성된 문서들로부터 그 나름의 재무 데이터를 만들어낸다. 완벽한 비즈니스 유전자를 포착하기 위해서는 재무조직이 선행 프로세스와 시스템 설계 단계에 참여하는 것이 최적의 방법일 것이다. 기업 내 여러 부문에서 고객정보나 주문정보, 재고 가용성, 생산과 구매 요구사항 등의 데이터를 필요로 한다. 고성과 기업들은 그런 데이터 요소를 공유할 수 있는 협업 프로세스를 갖추고 있다.

그러나 신중해야 할 필요성도 있다. 기업 전반에 걸쳐 보편적이고 일관성 있는 데이터가 필요하다고 간주하기에 앞서 진정으로 유용한 데이터인지 그리고 실제로 활용되는지 여부를 먼저 이해할 필요가 있다는 이야기다. 예를 들어 많은 기업들이 공통의 공급자나 고객 마스터 파일을 만들고자 노력해왔다. 이와 같은 정보 공유가 유익한 것은 사실이지만 다수의 비즈니스 단위에서 동일한 공급자나 고객을 상대로 구매 혹은 판매 활동을 하지 않는다면 그러한 인프라를 구축하는 데 수반되는 비용과 노력이 무의미해질 것이다. 소매업 분야의 한 글로벌 기업에서는 극소수의 공급자들만이 실제로 글로벌 관점에서 관리되고 있다*는 결론을 내렸다. 또한 글로벌 차원에서 통합하고자

◆ 이런 이유로 글로벌 선진기업은 공급자와 고객 유형을 구분하고, 10~20여 개 글로벌 공급자와 고객(global account or global customer/vendor)을 관리하는 데 노력을 집중하고 있다.

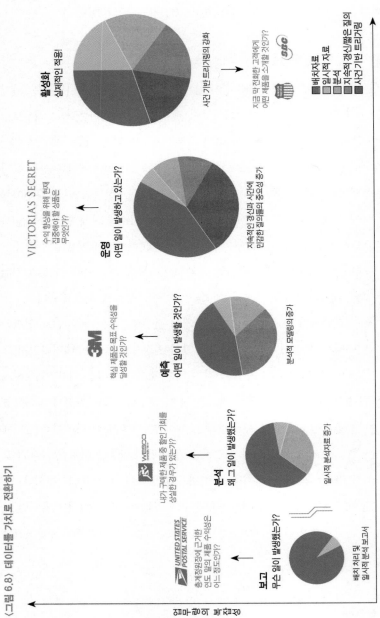

〈그림 6.8〉 데이터를 가치로 전환하기

보고
무슨 일이 발생했는가?

배치 처리 및
일시적 분석 보고서

분석
왜 그 일이 발생했는가?

일시적 분석자료 증가

예측
어떤 일이 발생할 것인가?

분석적 모델링의 증가

운영
어떤 일이 발생하고 있는가?

지속적인 갱신과 시간에
민감한 질의들의 중요성 증가

활성화
실제적인 작용!

사건 기반 트리거링의 강화

수익 창출을 위해 현재
집중해야 할 상품은
무엇인가?

VICTORIA'S SECRET

핵심 제품으로 목표 수익성을
달성할 것인가?

3M

내가 구매한 제품 중 할인 기회를
상실한 경우가 있는가?

WEBPO

통계정원장에 근거한
연도 일의 제품 수익성은
어느 정도인가?

UNITED STATES
POSTAL SERVICE

지금 막 전화한 고객에게
어떤 제품을 소개할 것인가?

SBC

배치자료
일시적 자료
분석
지속적 갱신/짧은 질의
사건 기반 트리거링

데이터의 정밀성

비즈니스 가치의 경쟁성

하는 공급자 수도 매우 한정적인 것으로 결론지었다. 종합해보면 이 그룹에 포함되는 공급자 수는 50개를 넘지 않았다. 그 결과 이 기업은 공통의 공급자 마스터 파일이 필요하지 않다고 결론 내렸다. 그러한 능력을 장기간 유지할 경우 발생하는 비용이 얻을 수 있는 효익에 비해 높다는 말이다. 그 대신 이 기업에서는 공통의 데이터 정의 구조를 만들어냈고 글로벌 차원에서 관리하기를 원하는 50여 개의 공급자 데이터를 수집할 수 있는 기본적인 프로세스를 갖추었다.

〈그림 6.8〉은 앞서 제5장에서 논의한 바 있는 새롭게 정비된 정보시스템이 전사적 차원의 '실제 거래 데이터'를 포착하여 가동되는 방법을 보여준다. 강력한 비즈니스 분석과 의사결정 지원을 통해 수동적이고 과거 지향적인 관리자들을 좀 더 미래 지향적이고 예측능력을 갖춘 관리자로 바꿔놓았다. 이는 고객과의 실시간 상호작용으로 이어질 수도 있을 것이다.

웨스코(WESCO)의 경우 이러한 미래 지향적 사고와 예측 가능한 재무운영은 좀 더 나은 제품할인과 이익분석을 의미하며, 빅토리아 시크릿(Victoria's Secret)에서는 마진의 포착과 판매 분석에 근거하여 분기 카탈로그 내 위치를 결정하는 것을 의미한다. HSBC에서는 실시간 판매와 콜센터의 생산성 향상으로 이어진다는 의미다.

재무운영: 단순한 효율성이 아닌 서비스 역량

셰어드서비스를 다룬 글들은 많다. 지금까지 논의한 사례들이 보여주는 광범위한 운영 역량의 전신이라고 할 수 있을 것이다. 그럼에도 셰어드서비스의 구성 요소에 대한 오해는 여전히 남아 있는 것 같다. 많은 기업들이 셰어드서비스 기능을 갖추고 있다고 주장하지만, 그것은 단순히 이질적인 백오피스 기능을 집중화해 놓은 데 지나지 않는다. 제대로 된 셰어드서비스 역량을 진정으로 확보하고 싶다면 기업은 다음 두 가지에 대해 균형을 유지할 필요가 있다.

- 규모의 경제와 이질적 프로세스의 통합으로 얻어지는 시너지 그리고 지역에 관계없이 사용할 수 있는 시스템
- 높은 수준의 품질과 효과를 실현하는 서비스 문화

재무업무를 수행하는 셰어드서비스 센터는 서비스하고 있는 비즈니스와 지속적으로 관계를 가져야만 한다. 서비스 제공이 셰어드서비스 센터의 핵심 기능이며 이러한 목표가 각인되었을 때 비로소 센터는 지속가능한 고품질과 저비용을 실현할 수 있는 것이다. 고성과 셰어드서비스 센터는 항상 최적화된 비용과 프로세스를 제공하기 위해 끊임없이 향상된 팀을 만들어왔다. 그들은 센터에서 이루어지는 업무의 한계를 뛰어넘는 통찰력을 가지고 있으며 총체적 관점에서 현재의 프로세스를 분석한다. 이러한 장점은 점점 진화하는 비즈니스의 필요조건들을 프로세스 설계에 반영할 수 있는 기회를 제공한다. 재무운영은 다수의 핵심 비즈니스 프로세스들의 끝 부분에 있으며, 따라서 이러한 프로세스에 대해 총체적 관점이 없다면 셰어드서비스 센터에서 제공하는 서비스의 전반적인 영향은 부분최적화에 그치고 말 것이다.

고성과 기업들은 고객의 소리에 귀를 기울이고 정기적으로 성과목표를 상향 조정하면서 서비스 센터 내에서 고객중심의 문화를 창출해낼 수 있었다. 이와 같은 조직문화는 비즈니스 니즈와 도전과제가 긴밀히 관련되어 있음을 확실하게 해준다는 점에서 지속적인 성공을 위해 필수 불가결한 요소다.

강화된 내부통제 프로세스는 셰어드서비스를 적용하고 있는 많은 기업들이 얻고 있는 부가적 효익이다. 푸르덴셜의 그레이엄 스키츠는 자사가 셰어드서비스를 적용한 이유에 대해 이렇게 설명한다. "재무업무를 집중화하는 것은 비용효율을 위한 것이 아닙니다. 생명보험사의 재무업무는 상대적으로 규모가 작기 때문에 비용을 중심으로 이루어지는 것이 아니라 데이터의 무결성과 신뢰성에 의해 움직인다고 보아야 합니다. 그것은 사베인스-옥슬리 법안과 같은 새로운 통제나 그 외 다른 외부적 요소들과 더불어 국제적 기준의 변화에 영향을 받는 것이죠. 믿을 수 있는 통제기능과 프로세스를 갖춰두어야 하고, 그래야 밤잠을 편히 잘 수 있기 때문입니다. 재무부분의 비용절감 그 자체는 그리 큰 문제라고 생각하지 않습니다."

재무조직이 분산화 모델에서 셰어드서비스 환경으로 진화하는 지난 10여 년간 상당한 비용절감 성과를 거두었다. 이것이 고성과 달성의 여정에서 전환 단계라는 점을 연구 결과가 결론적으로 보여준다.

〈그림 6.9〉에서 나타나듯이 재무조직의 운영모델에는 다양한 요소들이 있으며 그들 사이의 일관성이 무엇보다 중요한 요소다. 운영모델이 제시하는 재무조직 운영의 요소들은 기업이 재무운영을 위한 비전을 수립하는 데 길잡이 역할을 하기 위한 것이다. 〈그림 6.9〉에서 각 요소의 왼쪽이나 오른쪽 중 어느 한쪽으로 지나치게 치우친 기업은 없다. 각 요소의 한쪽 끝이 다른 한쪽 끝보다 더 낫다는 의미도 아니다. 이것은 단순히 재무운영이 담당하는 관리의 역할을 명시한 것에 지나지 않는다.

흔히 '비즈니스 파트너'나 '서비스 문화'라는 말을 사용하는데 이런 용어들에 대한 명확한 정의가 필요하다. 재무운영 책임자로서의 훌륭한 출발점은 이에 대해 이해당사자들과 함께 논의하는 것이다. 〈그림 6.9〉에서 나타난 각각의 요소에 대해 어느 지점에 위치하는 것이 좋을지, 다시 말해 자사의 재무

〈그림 6.9〉 재무조직의 역할에 대한 핵심 범위와 수단

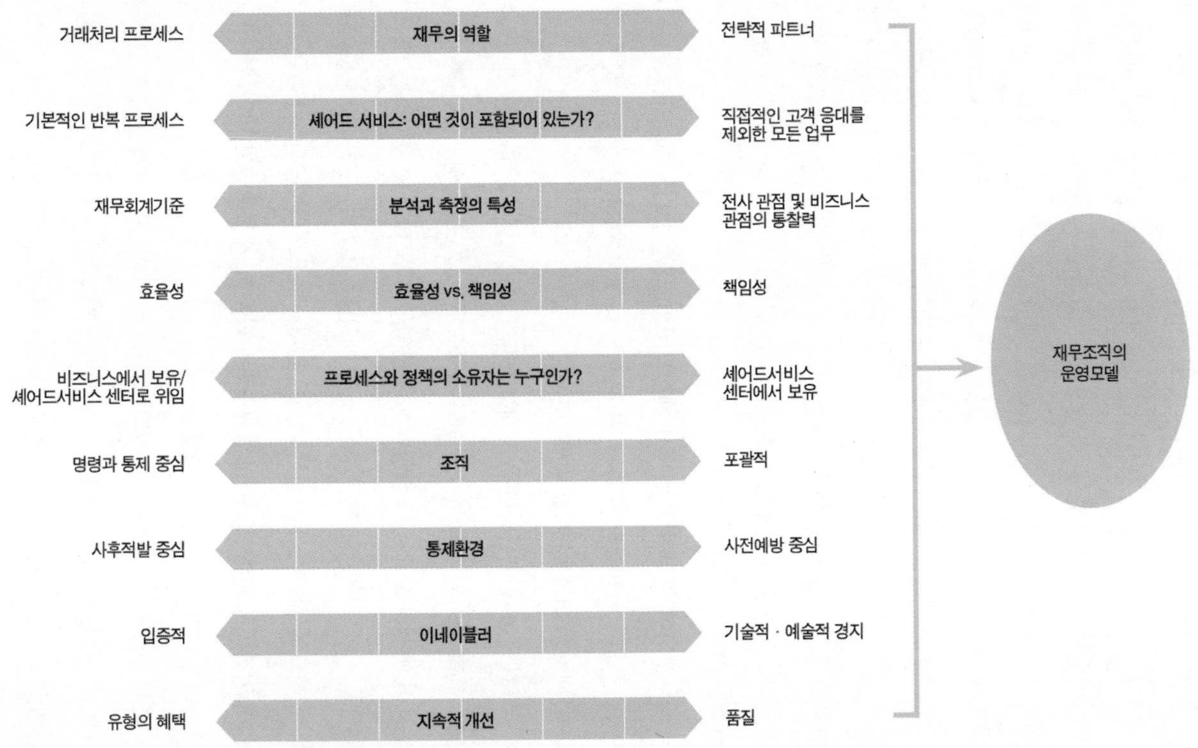

재무의 역할		전략적 파트너
거래처리 프로세스		
셰어드 서비스 - 어떤 것이 포함되어 있는가?		일상적인 고정 업무를 제외한 모든 업무
기본적인 반복 프로세스		
분석과 측정의 특성		전사 관점 및 비즈니스 관점의 통찰력
재무회계기준		
효율성 vs. 책임성		책임성
효율성		
프로세스와 정책의 소유자는 누구인가?		셰어드서비스 센터에서 보유
비즈니스에서 보유/ 셰어드서비스 센터로 위임		
조직		포괄적
명령과 통제 중심		
통제환경		사전예방 중심
사후대방 중심		
이네이블러		기술적 · 예술적 정지
임종적		
지속적 개선		품질
유형의 혜택		

재무조직의 운영모델

운영이 각 항목에서 어느 정도의 역할을 담당하기를 원하는지 함께 논의해야 한다. 그렇게 재무운영에 주어진(담당해야 할) 역할에 따라 비용효과성은 다양한 의미로 해석될 수 있다. 고성과 기업에서는 이해당사자들에게 제공하는 서비스의 효율성과 비용효과성이 단순히 가장 저렴한 비용이라는 개념보다 훨씬 중요할 것이다. 효과적인 비용으로 고품질의 서비스 수준을 달성한 기업이라면 신뢰할 수 있는 비즈니스 파트너가 될 수 있으며 추가적 부가가치를 창출하는 서비스도 제공할 수 있을 것이다.

서비스의 범위: 확장된 기능

초기에 셰어드서비스를 수용한 많은 기업들은 이제 자신들이 사용하는 셰어드서비스 프로그램의 2세대 혹은 3세대를 거치고 있다. 오늘날에는 셰어드서비스의 기능적 범위가 확장되어 가격결정을 지원하거나 제휴업체들을 관리하고 고객관계관리를 수행하는 일까지 포함하고 있다고 SAP의 콜린 샘슨은 언급한 바 있다. 초기 실행단계에서 간과되었거나 혹은 유예되었을 가능성이 더 높은 프로세스들도 있다. 신용결정이나 채권회수 같은 프로세스가 그 대표적 예다. 그런 프로세스들을 셰어드서비스 센터로 이관한다면 기업은 운전자본관리와 고객관리에 집중하고 전문성을 발휘할 수 있을 것이다. 다른 운영모델을 적용하여 이와 동일한 성과를 얻는 일은 불가능에 가깝다.

사례 연구 ■ ■ ■ 아웃소싱 공급자를 통한 글로벌화

글로벌 제약회사의 유럽 사업부는 다양하고 광범위한 고객 기반을 가지고 있었다. 이 회사의 기업전략 중 하나는 운영모델의 글로벌화였다. 이 프로세스의 핵심은 체코슬로바키아의 프라하에 아웃소싱 형태의 지역회계센터(regional of accounting center)를 구축하는 것이었다. 유럽 사업부 재무책임자의 이야기는 이렇다.

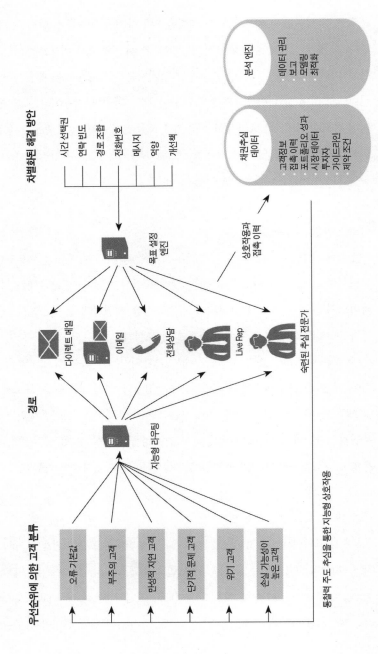

"현재 직면하고 있는 이슈 중 하나는 인구통계적 관점에서 볼 때 고객 기반이 매우 다양하다는 점입니다. 예를 들어 이탈리아에서는 우리 제품이 1만 8000개 이상의 소매점에서 판매되고 있는데 만일 이런 상황을 완벽히 파악하고 있지 않다면 매출채권이 100일 이상 회수되지 못한 채 남아 있는 일이 일반적으로 발생합니다.

우리는 매출채권회전일(Days Sales Outstanding: DSO)을 적정 수준으로 낮추는 데 어느 정도 성과가 있었지만 더 나은 상태로 개선하기를 원했고 장기적으로 낮은 수준을 유지하려고 노력했습니다. 프라하 센터에서 매출채권 담당자들이 연체 상태의 고객계정을 관리하는 대신 아웃소싱 공급자와 협력해서 비즈니스 분석 도구를 적용하고 연체가 발생하는 주요 원인을 선제적으로 파악할 수 있도록 만들었습니다 (프라하 센터에서는 여러 국가의 지사들을 상대로 다수의 언어로 된 서비스를 제공하고 있습니다). 그 과정에서 우리는 기존 고객들에 대해 상당한 지식을 보유하게 되었고 운전자본관리 목표도 달성할 수 있었습니다."

이와 같은 통찰력은 고객과의 상호작용이 일어나는 지점에서 수집되었다. 그렇게 수집된 통찰력과 정보를 분석하여 상황에 맞는 적절한 형태의 채권회수 업무를 갖출 수 있는 개별적 실행계획을 세웠다. 결과는 채권회수 극대화로 나타났고, 그에 더해 영업과 마케팅 그리고 공급망 운영에 필요한 실시간 데이터의 공급을 통해 자동으로 조정되는 의사결정 지원 시스템에 활력소가 될 새로운 데이터도 확보할 수 있었다. 이를 통해 회사는 새로운 전략을 수립할 수 있었고 제품 공급의 속도도 향상할 수 있었다. <그림 6.10>은 그 작동 원리를 자세히 보여준다.

콜린 샘슨이 설명했던 것과 같은 방식으로 고객관계관리 부분까지 업무 범위를 확장하고 있는 서로 다른 재무조직의 사례들을 관찰했다. 고객관계관리 프로세스와 현금 수금 프로세스를 디지털 방식으로 상호 연결하면 수집 분석한 운영 데이터를 통해 고객을 깊이 있고 통찰력 있게 이해할 수 있는 정보를 제공할 수 있다. 그런 다음 매스 커스터마이제이션(mass customization, 대량 맞춤)의 원칙에 기초하여 실행계획을 이행에 옮길 수 있는 것이다. 이때 현재 진행 중인 거래 데이터와 과거 기록, 제품, 인구통계적 특성 등을 활용한 맞춤형 고객정보가 생성된 후 모든 데이터들이 한곳으로 통합된다.

매출채권관리의 경우에는 가장 효과적인 추심 성과를 낼 수 있도록 개별 고객군의 정보를 분류하고 코드화한다. 예를 들어 '오류성 채무 불이행' 분류는 과거 결제기록이 매우 양호하거나 광범위한 업무관계를 형성하고 있는 고객이 업무 태만으로 인해 최초로 지불 불이행을 하게 된 경우에 적용된다. '부주의' 고객군은 또 다른 예다. 정기적으로 유예 기간을 초과하고 체납 이유를 파악하거나 그로 인해 발생할 수 있는 불이익을 설명해줄 목적으로 연락하게 되는 고객 집단이 '부주의' 고객군이다. 현금흐름의 최적화는 재무운영에서 가장 간과하기 쉬운 기회지만 그 효과는 실제적이고 신속할 때가 많다.

셰어드서비스와 아웃소싱

아웃소싱은 기업에게 추가적인 성과창출 기회를 제공한다. 일부 기업에서는 먼저 내부에서 셰어드서비스 센터를 시작하고 다음 단계로 아웃소싱을 시도하지만 대부분의 기업들은 동종업체나 경쟁사를 뛰어넘고자 곧바로 아웃소싱을 선택하고 있다. 이런 기업들은 아웃소싱을 '생산할 것인가 아니면 외부에서 구매할 것인가'에 대한 의사결정과 같은 역량으로 간주한다. 아웃소싱은 그들이 원하는 최종 결과를 신속하게 획득할 수 있는 방법이다. 재무와 회계운영이 기업의 핵심역량인 파트너와의 협력은 규모와 자원에 대한 즉각적인 접근은 물론 리스크 경감 효과도 제공한다.

효과적인 재무운영을 위해서는 혁신적인 솔루션에 투자할 수 있도록 전사적 차원의 강력한 지원이 필요하다. 하지만 그것을 유지하기란 그리 쉬운 일만은 아니다. 과거 액센츄어에서 수행한 연구[2]를 통해 회사 자체적인 셰어드 서비스를 적용하는 것보다 아웃소싱을 선택하는 의사결정에 힘을 실어주는 여섯 가지 요인이 있음을 알게 되었다.

1. 효율성: 독립적인 지원 조직과 시스템을 갖춘 다수의 비즈니스 단위 간의 긴밀한 협조로 비용효과성에 대해 면밀히 검토할 수 있다.
2. 성장: 기업인수나 합작을 통해 성장을 추구하려는 의도에 따라 효율적인 기업인수에 관심을 보인다.
3. 규모: 대량의 거래처리 업무나 평균 이상의 프로세스 비용은 대기업들에게 부담으로 작용하여 운영성과를 향상시킬 수 있는 방법을 찾도록 만들며, 반면 중소 규모의 기업들은 규모의 경제를 실현하고자 한다.
4. 위치: 기업은 기술력을 유지하면서 비용도 절감할 수 있는 새로운 지리적 기회를 찾고 있다.
5. 역량: 새로운 역량 개발과 구축에 대한 과거의 실패 경험 때문에 시대에 뒤떨어진 프로세스나 시스템에 대한 변화 필요성이 약화된다.
6. 평판: 통제기능과 투명성 향상을 위한 노력이 진행되는 동안 재무기능의 서비스와 가치 향상에 대한 내외부적 압박이 높아진다.

사례 연구 ■ ■ ■
자체적인 셰어드서비스 센터에서 아웃소싱 모델로의 전환

엑셀의 유럽 지역 재무책임자인 스튜어트 영(Stuart Young)은 처음에는 자체적으로 운영하던 매력적인 셰어드서비스를 아웃소싱 형태로 전환한 경험에 대해 이렇게 설명한다. "1996년도에 시행되었던 혁신적 변화 프로그램의 일환으로 영국의 계약물류 사업을 지원하는 재무기능을 외부에 위탁한 것이 첫 번째 시도였습니다.

그 과정에서 엑셀은 13개 관리센터와 각기 다른 여섯 가지의 회계 시스템을 통합했죠. 그렇게 한 이유는 당시 회사가 직면한 문제가 조각조각 나뉘어 있던 지원업무 문제를 해결하는 일이었기 때문입니다. 표준화되지 않은 시스템과 비효율적인 프로세스, 높은 비용, 고객중심이나 고객가치 부족, 공식적인 개선 프로그램의 부재 등이 그때 지원업무의 특징이라 할 수 있습니다. 1996년부터 1997년 사이 베드포드에 있는 물류센터를 아웃소싱 협력사에게 이전했고 표준화된 오라클 기반의 전사적 자원관리(ERP) 플랫폼을 적용하여 영국의 계약물류 사업 그리고 구매주문처럼 좀 더 강화된 비즈니스 프로세스를 지원했습니다. 이로 인해 회사는 회계비용을 40퍼센트 절감할 수 있었고 유연하면서도 측정 가능한 서비스를 제공하게 되었으며 자체적으로 또 인수를 통해 성장할 수 있는 강력한 기반을 마련하게 되었습니다.

아웃소싱 계약 기간에 내부의 재무 프로세스와 시스템도 지속적으로 향상되었습니다. 1997년 이후 지금까지 우리는 아웃소싱 파트너들과의 협력관계를 유지하고 있으며 다수의 주요 인수기업을 효율적으로 통합할 수 있었습니다. 과거처럼 우리 회사 단독으로 해야 했다면 훨씬 어렵고 힘들었을 일입니다. 결과는 비즈니스 성과가 향상되고 정보흐름이 간소화된 것이었습니다. 간결해진 정보흐름 덕분에 고객수익성과 신용 문제를 더 쉽게 추적할 수 있게 되었죠. 그리고 비용구조에 대해 좀 더 잘 이해하게 되었다는 점도 우리가 얻은 결과 중 하나입니다. 이와 같은 새로운 역량으로 현장 관리자들은 충분한 정보 아래 의사결정을 내릴 수 있게 되었고, 그것은 엑셀은 물론 고객에게도 혜택으로 돌아가게 되었습니다. 효율적이고 비용효과가 높은 공급망을 통해서 말입니다."

거기서 끝이 아니다. 현재까지도 영국 계약물류 사업부에는 글로벌 역량의 강화를 통해 또 다른 단계로의 변화가 진행 중이다. 스튜어트 영은 이렇게 지적한 바 있다. "물론 원가절감은 환영할 만한 일이기는 했지만 처음부터 비용 삭감이 주요 목표는 아니었습니다. 개별 국가보다는 고객이 훨씬 더 중요합니다. 엑셀의 아웃소싱 시도 덕분에 회사는 국가중심 기업에서 고객중심 기업으로 변화할 수 있었습니다."

많은 재무책임자들이 외부 기반의 서비스 운영을 통해 가능한 기회를 실현해가고 있다. 비즈니스 프로세스 아웃소싱(BPO)의 서비스 제공자들은 훨씬 경쟁력 있는 비용으로 필요한 것들을 구매하고, 또 이를 통해 절감한 것을 고객이 누릴 수 있도록 하는 효율적 운영 규모를 보유하고 있다. 서비스 제공자들은 대규모의 다국적 기업이 아니라면 자체적으로 개발하기 어려운 글로벌 역량을 고객들이 누릴 수 있게 해준다. 그런 이유로 사내 셰어드서비스는 제한적인 경우가 많다. 전문 서비스 제공자들은 규모의 경제, 전문성과 재활용성을 강화해 강력한 가치제안을 제공할 수 있게 해준다. 더 나아가 그들은 뿌리 깊이 박혀 있는 기존 프로세스들과 변화에 대한 저항, 곧 가장 열정적인 내부의 노력조차도 무너뜨릴 수 있는 요소들을 우회하거나 극복하게 해줄 수도 있다.

이에 더해, 내부 프로그램에 비해 아웃소싱에 더 큰 책임성을 기대할 수 있다. 성과 개선에 따른 인센티브와 성과 미달에 따른 불이익 등 서비스수준계약(SLA)에 의해 목표한 성과를 보장받을 수 있기 때문이다. 아웃소싱은 또한 지속적인 향상을 가능하게 해주는 이점도 있다. 아웃소싱은 서비스 계약 기간이 정해져 있다. 그리고 아웃소싱 공급자들은 아웃소싱이 성숙해감에 따라 상대방이 요구하는 서비스 이상을 제공해줄 수 있는지에 의해 아웃소싱 계약의 지속 여부가 결정된다는 것을 알고 있다. 지속적으로 혁신하기 위해서는 꾸준한 투자가 필요하다. 혁신의 생명력을 유지하기 위해 혁신성과지표가 아웃소싱 계약의 핵심성과지표(KPI)에 포함되는 경우가 많다.

많은 기업들은 아웃소싱을 할 것인가 말 것인가의 여부가 아니라 언제 할 것인가를 고심하고 있다. 고성과 재무조직이 되고자 하는 야심 찬 조직은 뛰어난 성과를 향해 첫발을 내디딜 필요가 있다. 원하는 전략적 목표 달성에 전념하기 위해서는 재무와 회계기능의 아웃소싱을 수용하고 부차적인 세부업무에서 조직을 자유롭게 하는 것이 그 첫걸음일 것이다. 아웃소싱을 통해 재무조직은 관리업무에 대한 부담과 소요 시간을 줄여왔고, 가치를 창출하기 위해 비즈니스 조직과 함께 일하며 전략적 파트너 역할을 수행하고 더 나은 의사결정이 이루어질 수 있도록 돕는 일에 집중할 수 있다.

서비스 문화의 창출

인소싱(in-sourced, 자체적 프로그램)이든 아웃소싱이든 상관없이 중앙집중식 운영과 셰어드서비스 사이의 핵심적 차이는 중앙집중식의 경우 비용과 인원수에 근거해 운영되는 반면, 셰어드서비스는 서비스 역량과 비즈니스 목적과의 적합성에 중점을 둔다는 것이다. 셰어드서비스 센터는 중앙집중식 프로그램에서는 사용할 수 없는 '계약적 접근 방법'을 필요로 한다. 서비스수준계약(Service Level Agreements: SLA)과 운영수준계약(Operating Level Agreements: OLA)을 통해 기업 간 관계에서 투명성을 확보할 수 있다. 이와 같은 투명성은 채권-채무 타당성에 대한 설명과 관련된 승인 절차를 명확하고 간소하게 만든다. 계약 기반의 경우 이러한 간소한 프로세스들이 성과 문제나 가격결정, 납품 시기 등의 협상을 지원해준다. 결과적으로 고객(비즈니스 서비스 수요자)과 공급자(서비스 센터)의 관계가 되는 것이다.

〈그림 6.11〉에서 나타나는 것처럼 셰어드서비스 센터는 서비스수준계약과 운영수준계약을 통해 중앙집중 방식에서는 요구하거나 따르지 않은 방식으로 기업이 서비스를 관리하게 만든다. 서비스는 셰어드서비스 센터에서 '판매'하고 기업 전체가 '구매'하는 상품이 되는 것이다.

서비스는 하나의 프로세스일 수도 있고 프로세스들이 결합된 형태일 수도

이 모델은 책임 사항을 규명하고 양측이 L2L 프로세스의 향상에 지속적으로 초점을 맞추도록 하기 위해
서비스 제공자와 내부의 핵심 고객 사이에 공식적으로 체결된 계약에 근거한다

서비스수준계약: 산출물
섀어드서비스 제공자가 고객 회사 또는 비즈니스 단위에게 제공해야 하는 각각의 개별
서비스(산출물)와 그에 연관된 서비스의 수준(품질과 시간)을 규명한 계약

운영수준계약: 입력정보
서비스수준계약의 명시된 수준의 서비스를 제공하기 위해 서비스 제공 대상이 되는 고
객 회사 또는 비즈니스 단위로부터 섀어드서비스 제공자가 제공받을 필요가 있는 각각
의 단일 입력정보를 규명한 계약

서비스 관리 지속적인 향상

운영 프로세스 관리

있다. 서비스에 대한 적절한 가격을 결정하기 위해 센터는 '서비스표(Bill of Ser-vices: BOS)'◆, 즉 그 서비스가 어떤 요소들로 이루어져 있는지를 정의한 명세가 필요하다. 흔히 다음과 같은 요소들이 포함된다.

- 서비스 프로세스에 할당된 인적자원(정규 근무시간 기준 인원수)
- 서비스 프로세스별 핵심성과지표
- 서비스 프로세스의 적시성
- 프로세스의 흐름과 요구되는 성과에 긴밀하게 관련되어 있는 응용 시스템의 기능
- 필요한 공간이나 개인용 컴퓨터와 같이 서비스 프로세스 수행에 필요한 인프라

이러한 요소들을 서비스표에 반영하는 것은 〈그림 6.12〉에서 볼 수 있듯이 완벽하게 측정 가능하고 실행 가능한 서비스수준계약이 되게 한다.

계약 접근법은 기업이 양적 목표와 성과 KPI, 프로세스 개선 KPI, 효율성 목표 그리고 측정 가능한 효익 등을 설정하도록 요구하고 있다는 점에서 고성과를 지원하고 있다. 그에 못지않게 중요한 것은 서비스 지향 조직은 전문성을 갖춘 인재개발 엔진의 역할을 할 수 있다는 점이다. 서비스 센터에서 업무를 수행할 수 있도록 교육을 받은 직원은 재무분야뿐만 아니라 기업 내 어떤 부서로든 이동할 수 있고, 이로써 검증된 기술과 비즈니스 운영 지식도 함께 이전되는 것이다. 다시 한 번 중앙집중 방식과 비교하자면 셰어드서비스 센

◆ 서비스표: 제조기업의 '자재표(Bill of Material: BOM)'와 같이 서비스에 필요한 요소를 구체적으로 정의한 것.

〈그림 6.12〉 서비스수준계약/운영수준계약: 대표적 사례

재무거래를 처리하는 셰어드서비스 센터를 위한 서비스수준계약과 운영수준계약간의 상호작용 사례
- 측정 가능하며 협상 가능함
- 지속적 향상을 지향함

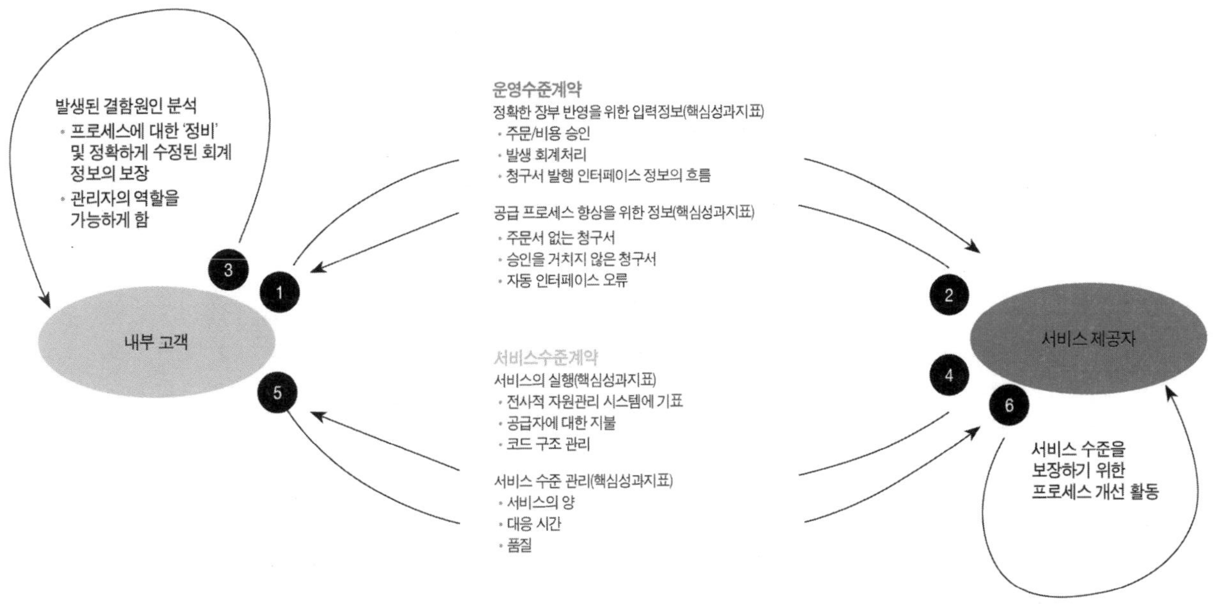

서비스 제공자

서비스 수준을 보장하기 위한 프로세스 개선 활동

운영수준계약
정확한 정부 반영을 위한 입력정보(핵심성과지표)
- 주문/비용 승인
- 발생 회계처리
- 청구서 발행 인터페이스 정보의 흐름

공급 프로세스 향상을 위한 정보(핵심성과지표)
- 주문서 없는 청구서
- 승인을 가치지 않은 청구서
- 자동 인터페이스 오류

서비스수준계약
서비스의 실행(핵심성과지표)
- 전사적 자원관리 시스템에 기표
- 공급자에 대한 지불
- 코드 구조 관리

서비스 수준 관리(핵심성과지표)
- 서비스의 양
- 대응 시간
- 품질

발생된 결함인인 분석
- 프로세스에 대한 '정비' 및 정확하게 수정된 회계 정보의 보장
- 관리자의 역할을 가능하게 함

내부 고객

제6장 재무운영 · 223

터 모델은 기술을 갖춘 전문가 양성에 필요한 교육과 동기 부여를 분명하게 제공해줄 수 있다.

고성과 기업은 베스트 프랙티스를 선택적으로 적용한다

일반 기업들과 고성과 기업의 재무비용 수준에는 상당한 격차가 있다. 고성과 기업은 재무운영에 매우 낮은 비용을 지출하고 있다. 그럼에도 어떻게 이 정도로 탁월한 재무운영 수준을 달성하고 유지할 수 있는가? 해켓 그룹의 벤치마킹 연구에 의하면 세계적 수준의 기업들은 조직 전체 차원에서 효율성(비용과 생산성)과 효과성(가치와 품질)이라는 형태로 비즈니스 가치에 기여하는 데 탁월하다. 그들은 또한 예리하게 집중한다.

기업 차원의 무수한 시도와 노력들은 모든 것을 한꺼번에 세계적 수준으로 만들고자 했던 무모한 노력에 눌려 빛을 발하지 못했다. 해켓 그룹의 데이터는 세계적 수준의 재무조직이 될 수 있는 지름길은 존재하지 않는다는 것을 보여준다. 그러나 변화의 속도에 보조를 맞추면서 동시에 효율과 효과 사이에 적절한 균형이 이루어질 수 있도록 개선 노력을 관리하는 것은 매우 중요한 일이다. 단계별 접근 방식이 성공을 거두는 경우가 많다. 그것은 재무부문에 비즈니스가 미치는 영향력에 근거하여 우선순위를 설정하고 성과 향상을 지원할 수 있는 베스트 프랙티스를 발굴하는 것을 포함한다. 예를 들어 비용 절감이라는 한 가지 목표와 사이클 타임 개선이라는 또 다른 목표가 있을 때 베스트 프랙티스는 원하는 결과와 조직문화의 상황에 맞도록 선택적으로 적용될 필요가 있다.

고성과 기업의 핵심적인 특성 중 하나는 조직 전체에 베스트 프랙티스 실행 사례를 불어넣고자 하는 경영진의 목소리와 확고한 의지가 있다는 것이다. 최대 효과를 기대할 수 있는 그와 같은 사례는 최고의 비즈니스적 효과를 가져올 수 있는 분야에서 확인할 수 있고 또 그런 분야에 적용된다.

최고의 영향력과 가치를 확보하기 위해 대부분의 고성과 기업들은 가치에 기여하는 두 가지 주요 요소, 즉 비용-효율성과 효과성 사이에서 의도적으로 균형을 유지한다. 이 균형은 운영전략에 근거하여 조정된다. 소매업 분야를 예로 들어보도록 하자. 할인 소매기업인 월마트의 비즈니스 전략은 원가를 낮게 유지하는 것이다. 따라서 지원기능은 전형적으로 저원가 유지 목표에 부합되어야 한다. 반면 노드스톰(Nordstorm)과 같은 고급 백화점의 경우 '고객에 대한 지식'을 통해 경쟁우위를 얻으며 고품격 서비스를 지향한다. 이와 같은 유형의 기업들은 더 높은 고객서비스 가치를 추가하는 데 개선 활동의 목표를 두어야 한다.

연구 결과에 의하면 효과성 지향 기업에서는 우선적으로 품질과 가치에 근거하여 투자의사결정을 내리며, 이 의사결정이 비용과 생산성에 어떻게 영향을 미치는지 그다음에 고려한다는 것을 알 수 있다. 효율성 지향 기업은 전형적으로 비용절감이라는 결과를 얼마나 빨리, 그리고 언제 얻을 수 있는가에 근거하여 의사결정을 내린다. 현실적으로 극히 소수의 기업만이 효율성 '또는' 효과성에 대한 집중력을 유지하고 있다. 거의 대부분의 경영진들은 자사의 비즈니스 목표가 양쪽 모두의 개선을 필요로 한다는 것을 알게 될 것이다. 그들에게 주어진 주요 과제는 두 가지 사이의 적절한 균형을 찾는 일이다.

실제 사례를 들어본다면, 주요 호텔기업이 백오피스 프로세스를 크게 세 가지 범주로 구분하고 각각 다음과 같은 업무의 핵심 부서로 지정한 것을 들 수 있다.

- 경쟁우위
- 전략 지원
- 비즈니스 운영에 필요한 활동

호텔에서 고객들이 체험하는 서비스 품질에 영향을 미치는 활동은 경쟁우위를 획득하고자 하는 노력이 될 수도 있고 동시에 걸림돌이 될 수도 있다. 이 범주에 포함되는 프로세스는 효과 측면에서 세계적 수준이어야만 한다. 고객을 직접 응대하는 직원들에 대한 교육과 고객 기반을 좀 더 잘 이해하기 위한 시장조사 결과의 해석은 전략 지원의 범주에 포함된다. 이 같은 프로세스가 세계적 수준이 되어야 할 필요는 없지만 반드시 경쟁사를 능가하는 수준이어야 한다. 마지막으로 급여 지급 프로세스와 같이 수용 가능한 서비스를 제공하는 데 따르는 비용을 치열하게 절감하는 것이 목표인 활동은 비즈니스 운영에 필요한 활동 범주에 속한다. 여기에서는 전반적으로 세계적 수준의 성과를 달성하는 것이라기보다는 비용절감 능력에 근거하여 베스트 프랙티스를 선택하게 된다. 이러한 접근 방법을 적용한 이후 기업의 각 부분별로 전사적 비즈니스 전략에 부합하는 그 나름의 전략을 만들어낼 수 있었고 직원들도 고객만족과 수익성 있는 성장이라는 목표에 지속적으로 초점을 맞출 수 있게 되었다고 한다.

현대의 경영진들이 갖추어야 할 리더십 역량은 그 어느 때보다 강력한 도전에 직면해 있다.

합병과 기업인수, 구조조정, 경영의 투명성에 대한 정부나 주주들의 요구, 성장의 수단이 되어줄 글로벌화에 대한 관심, 이 모든 것들이 전문적인 기술과 정보에 대한 좀 더 나은 접근성을 필요로 하고 있다. 어떤 상황에서든 지속가능한 최소의 수준으로 비용을 절감하기만 하면 된다는 효율성에 집착하지

〈그림 6.13〉 수익 대비 재무비용 비율(2005)

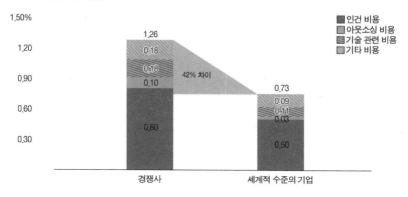

수익과 비교한 총재무비용률(2005)

- 인건 비용
- 아웃소싱 비용
- 기술 관련 비용
- 기타 비용

(경쟁사: 1.26 — 0.18 / 0.18 / 0.10 / 0.80, 42% 차이)
(세계적 수준의 기업: 0.73 — 0.09 / 0.11 / 0.03 / 0.50)

않는 것이 매우 중요하다. 고성과 기업의 기능적 혹은 프로세스 비용을 전형적인 보통 기업들과 비교할 때 세계적 수준의 기업들이 예산을 투자하는 방식에는 상당한 차이가 있다는 사실을 고려해야 할 것이다.

세계적 수준의 재무조직은 재무운영의 네 가지 주요 범주(인적자원, 아웃소싱, 기술, 기타) 전반에 걸쳐 비용을 동일하게 절감하고 있지는 않다. 예를 들어 〈그림 6.13〉에서 볼 수 있듯이, 고성과 기업은 일반 기업에 비해 전반적으로 42퍼센트 정도의 비용을 절감하고 있지만 기술 부분에서는 38.8퍼센트 정도 더 적은 비용을 지출하고 있다. 비즈니스에 적합한 효율성과 효과성 수준에 도달할 수 있도록 베스트 프랙티스 사례들 간에 성공적으로 균형을 잡는 것은 '현재대로의 활동'에서 벗어나 세계 최고 기업의 성공 사례를 실현해갈 수 있도록 조직을 움직이는 촉진제가 될 수 있다.

해킷 그룹의 연구는 베스트 프랙티스에 대한 핵심 질문이 어디에 집중해야 하는가 그리고 언제 시작해야 하는가의 문제라고 지적하고 있다. 세계적인 재무조직은 베스트 프랙티스를 무작정 적용하지도 않고 변화를 위한 변화를 시도하거나 경쟁 상태를 유지하기 위한 변화를 시도하지도 않는다. 변화는 원하는 비즈니스 결과와 밀접하게 연관되어 있어야만 한다.

예를 들어 다국적 제조회사는 잠재적 고객의 신용가치와 수금 상황을 추적할 목적으로 최신의 신용거래와 추심 프로세스를 구축하는 데 엄청난 투자를 했다. 이와 같은 실행 사례는 대부분의 기업들에게 가치 있는 베스트 프랙티스가 될 수 있겠지만 이 회사에게는 그렇지 못했다. 프로젝트는 어떠한 효과도 주지 못했다. 더 심각한 문제는 내부적으로는 물론, 기존 고객들조차 추가적인 서류업무로 인해 불만이 쌓이고 있다는 것이다. 실제로 이 회사는 불량채권 문제가 있던 것도 아니었다. 그들은 이미 그 부분에서는 세계적 수준이었다. 이 회사에서 판매하는 전문 제품은 고객의 성공에 매우 중요하고, 고객들도 모두 우량 고객이며 대금도 적시에 지불한다. 고성과 기업은 그들의 리스크 포트폴리오를 관리하는 일에 종종 주목하게 될 것이다. 이러한 개념은 재무운영에서는 매우 중요하다. 만약 기업이 리스크가 높은 산업에 속한다면 그 산업에서는 누구도 시도하지 않았던 베스트 프랙티스를 재무운영에 적용하여 회사 전체의 리스크를 증가시키는 일이 이상적인 것만은 아닐 것이다. 그 이유는 최고경영진이 감당해야 할 경영 활동과 역량의 범위 때문이다.

베스트 프랙티스를 개척하는 것은 좀 더 뛰어난 비용절감이나 품질개선을 만들어낼 수 있다. 그러한 사례를 적용하는 것은 기업이 경쟁자를 단숨에 능가할 수 있도록 해줄 것이다. 그러나 그것은 말 그대로 새로운 것이며 가능성으로서 검증되지 않은 것이다. 또한 개척자적인 변화는 그 특성 상 조직 전반에 걸쳐 혼란을 야기할 수도 있다. ERP 시스템을 새롭게 도입할 때와 유사하게 말이다. 새로운 시도에 따르는 변화의 여파가 상당하고 기존의 플랫폼으로 비즈니스 요구를 충족할 수 있다면 세계 최초가 되어서 얻은 이익은 도대체 무엇이란 말인가?

〈표 6.1〉 재무운영: 전문가 척도

기초 단계	발전 단계	선도적 단계
• 수익 대비 총재무비율: 1.20% 이상 • 수익 대비 총거래처리비율: 0.40% 이상 (회계업무, 외부 보고, 수익 사이클, 현금지출 포함) • 공통 기능을 활용한 공통 ERP 시스템을 드물게 사용함 • Back-office적인 사고방식: 거래처리 프로세스에 집중하는 개별 독립적 부서 운영 • 재무회계 운영은 시내에서 기능별로 조직됨 • 예측 가능한 결과를 유지하기 위해 운영비용을 측정함 • 재무기능 수준의 성과관리 프로그램 사용	• 수익 대비 총재무비율: 0.80% 이상, 1.20% 이하 • 수익 대비 총거래처리비율: 0.25% 이상, 0.40%이하 • 핵심 기능을 활용한 공통 ERP 시스템. 수익율 비율이 낮음 • 프로세스의 단순화, 표준화, 커뮤니케이션 향상에 초점을 두고 있음 • 재무회계 운영은 지역 내에서 기능별로 조직됨 • 성과 자료를 줄이기 위해 운영비용 기준을 벤치마크함 • 팀 단위의 성과관리 프로그램 사용	• 수익 대비 총재무비율: 0.80% 이하 • 수익 대비 총거래처리비율: 0.25% 이하 • 내부 및 외부 고객과 공급자들에 대한 좀 더 나은 서비스 제공을 위해 최신 ERP 기능을 활용함(예를 들어 고객과 공급자들은 온라인 상에서 자신의 계정에 접근할 수 있음, 주문 작성과 판매, 청구 서 발행 등이 더 나은 방식으로 통합됨) • 고객 응대, 영업, 마케팅과 같은 프론트 오피스적인 사고방식: 지속적 향상과 차별화된 고품질 서비스 제공에 초점을 두고 있음 • 재무회계 운영은 단드 프로세스 및 글로벌 프로세스에 의해 조직됨 • 새로운 가치창출 수단에 초점을 두고 있음: 운전자본 최적화, 유효 세율 관리 등 • 개인화된 성과관리 프로그램을 갖추고 있음
• 회계정부 마감에 초점을 둠. 마감 및 보고까지 15일 이상 소요됨 • 분산된 프로세스와 파편화되고, 인터페이스에 의존하는 시스템 • 업무량이 최고에 이르는 결산기 요구를 지원할 수 있도록 조직된 재무회계 운영 • 공통의 표준화된 단일 계정과목표가 없음 • 대부분의 프로세스는 수작업으로 이루어짐(대사, 조정, 수정 등)	• 좀 더 나은 정보에 초점을 두고 있음. 마감 및 보고까지 10-12일 소요됨 • 집중화된 프로세스. 공통의 단일 계정과목표: 셰어드서비스로 이동 • 회계기간 내내 업무량이 계획되고 균형을 유지함 • 표준화된 단일 계정과목표 활용	• 신속한 의사결정 지원에 초점을 두고 있음 및 마감 및 보고까지 4-6일 소요됨 • 셰어드서비스와 아웃소싱의 혜택을 완전히 레버리지함 • 워크플로와 셀프 서비스 역량을 통해 업무 부담 해소 • 단일화된 계정과목표를 사용하고, 데이터 웨어하우스를 일반적으로 사용함
• 내부통제 기능은 기본적인 기대에는 부응하지만 광범위하지도 않고 제대로 문서화되어 있지도 않음. 내부통제 기능 등이 조직의 리스크가 될 수 있음	• 기대 이상의 내부통제 기능을 갖추고 있으며 체계적으로 문서화되어 있음. 다소간의 리스크는 여전히 있음	• 효율적으로 통합된 실시간 프로세스를 갖춘 고도로 최적화된 내부통제 기능. 조직 전체에 리스크가 없음

고성과 재무조직이 베스트 프랙티스를 남보다 일찍 도입하는 것은 사실이지만 반드시 세계 최초는 아니다. 그들은 가치를 추가하고 비용효율성을 높일 수 있는 새로운 방법을 찾아내기 위해 끊임없이 주변환경을 살핀다. 그리고 비즈니스 성과를 달성하는 저변의 동인을 더 잘 이해하고자 노력한다. 그들은 치열하게 개선을 추구해간다. 〈표 6.1〉에 나타나는 것처럼 이런 기업들이 완벽한 전문가가 되기 위해 사용하는 수단은 무수히 많다. 그중 하나가 지속적인 개선 노력이 일상 활동에 뿌리내리도록 하는 일이다.

재무조직이 진취적이고 혁신적인 역량을 갖추면서 전통적인 회계장부 관리와 컨트롤러 역할을 벗어나 탈바꿈하면서 그들이 속한 기업들은 수많은 효익을 얻게 될 것이다. 재무운영의 전문성을 보유한 조직은 기업 전체를 지원하는 병기창(arsenal)으로서 누구보다 뛰어난 역량을 보유하고 있는 셈이다. 결과적으로 재무조직의 가치 또한 상승하게 되는 것이다.

전문가로부터 배우는 교훈

☑ 대부분의 고성과 재무조직은 데이터를 포착하고 처리하는 데 효율적인 엔진을 만드는 것으로부터 여정을 시작한다. 이러한 효율성은 뛰어난 비용성과를 실현해주고 CFO가 전사적 차원에 직면한 문제를 해결하는 데 필요한 조직 차원의 신뢰성을 제공한다.

☑ 전사적 차원의 E2E 프로세스 연결성을 확보하고 기능 사이의 사일로(silo) 현상으로 인해 야기되는 인위적 장벽들을 제거하여 표준화하는 데 목표를 두어야 한다. 전사적 차원의 프로세스와 필요로 하는 정보에 대한 이해에서 시작하도록 한다. 의사결정과 정보흐름이 투명하고 일관성이 있으며 공유되어야 한다. 리더들은 프로세스의 제거가 신속하고 저렴하게 일하는 것보다 더 효과적이라는 생각을 내부에 정착시켜야 한다. E2E 거래 프로세스에서 발생하는 *잡음*을 제거하는 것은 사이클 타임을 가속화하는 데 도움을 준다.

☑ 정보와 통찰력은 기업 성공에 매우 중요한 요소다. 정보 기반의 분석이 주는 비즈니스 효익과 프로세스 연결성의 결과로 얻어진 통찰력은 생산성 향상보다 더 큰 이득을 제공한다. 고성과 기업은 이러한 통찰력을 경쟁우위로 사용한다.

☑ 재무는 포착하기 어려운 '단 하나의 진실'을 확보하기 위해 데이터를 표준화하고 관리할 수 있는 체계를 확립하는 데 핵심 역할을 수행해야 한다. 데이터를 통찰력으로 효과적으로 변환시키기 위해서는 데이터가 시기적절해야 하고, 행동 지향적이어야 하며, 의사결정권자들이 쉽게 이해할 수 있는 형태여야 한다.

☑ 고성과 기업에서는 내부통제를 전사 차원의 책임으로 간주하고 통제기능을 주요 비즈니스 프로세스에 내재화하고 있다. 적절한 통제기능을 선행 프로세스에 내재화하고 데이터를 직접 포착하는 것은 재무조직의 업무 부담을 감소시킬 뿐 아니라 추가적인 사후발견 통제의 필요성도 줄여준다.

이것은 전사 차원의 프로세스 표준화와 함께 법규 준수에 수반되는 부담을 상당히 감소시킨다.

☑ 내부 가치사슬이 최적화된 후에 공급자와 고객으로 이루어진 생태계 전반의 프로세스 효율성을 해결하도록 한다. 이것은 좀 더 높은 생산성으로 이어질 것이다. 프로세스 디지털화를 위한 기술적 발전은 기업 간 경계와 거래처리 업무의 복잡성을 효과적으로 제거하고 있다. 이와 같은 혁신적 기술이 비용절감과 정보의 투명성을 향상시키는 면도 있지만 발 빠르게 적응하지 못하는 일부 기업에게는 리스크로 작용할 수 있다. 차세대 생태계의 일원이 되기 위해서는 그에 필요한 역량을 반드시 갖추어야 한다. 그렇지 못하면 도태되고 말 것이다.

☑ 셰어드서비스 개념은 지난 수년간 존재해왔고 고성과 재무조직에서는 변화의 2세대 혹은 3세대를 거치고 있는 중이다. 기본적인 거래처리 프로세스에 더하여 그들은 고객에게 더 잘 서비스하고 지속적으로 적절한 관계를 갖기 위해 필요한 다른 역량을 추가하고 있다. 재무 리더들은 자신들의 업무를 서비스 비즈니스로 간주하고 있으며 비용과 품질에 대해 끊임없이 피드백을 요청하고 있다. 고성과 기업들은 이러한 역량을 셰어드서비스 기능 내에서 새로운 시장 혹은 인수 기업을 신속하게 흡수하는 도구로 사용하고 있다.

☑ 아웃소싱은 기업에게 추가적인 성과 개선의 수단을 제공한다. 일부 기업들이 내부의 셰어드서비스 센터에서 시작해 다음 단계인 아웃소싱 형태로 옮겨가고 있기도 하지만 대부분의 기업들은 곧바로 아웃소싱을 적용하여 동종 업계와 경쟁사들을 앞서는 방법을 선택하고 있다. 이러한 기업들은 아웃소싱을 생산할 것인가 아니면 구매할 것인가에 대한 의사결정과 같은 역량으로 보고 있다. 이는 원하는 결과를 신속하게 획득할 수 있도록 해준다. 또한 재무 혹은 회계운영이 핵심 경쟁력인 기업과 협력관계를 맺음으로써 리스크를 완화하고 제거할 기회도 제공해준다. 전문성을 갖춘 협력사를 통해 규모와 자원에 대한 즉각적인 접근성을 확보할 수 있는 것이다.

제7장

자본관리

Capital Stewardship

미래의 새로운 시도를 가치로 환산하는 일

■■■ 대런 잭슨(Darren Jackson), CFO 겸 수석부사장(재무 및 자금 담당) │

베스트바이(Best Buy)

베스트바이는 세계 최고의 가전제품 소매기업이며 업계에서는 가치창출자로 알려져 있다. ≪포천≫ 선정 100대 기업에 속하는 베스트바이는 미국과 캐나다에 900개가 넘는 매장을 운영하고 있으며 효과적인 자본관리와 주주가치 극대화에 혹독할 정도로 집중하고 있다. 대런 잭슨이 설명하고 있는 바와 같이, 재무조직은 전사적 차원에서 적합한 전략과 프로그램, 투자에 집중할 수 있도록 만드는 데 핵심 원동력이 되어왔다. 탁월한 자본관리 능력으로 말이다.

베스트바이는 집요한 고객중심, 운영 탁월성, 혁신과 상업화, 제휴와 협업 역량, 차별화된 인재관리 등을 보여주면서 업계 선두주자이자 고성과 기업으로 부상했다.

베스트바이가 성장을 구가하는 동안 해당 업계는 ① 다양한 경로와 형태, 고품격 서비스에 대한 기대, 글로벌화 등으로 훨씬 복잡해졌고, ② 극도의 가격경쟁과 강화된 고객충성 프로그램, 홍보 활동의 증가 등으로 경쟁이 더 치열해졌으며, ③ 첨단 분석과 기술의 도입, 강화된 고객 통찰력 등으로 한층 세련된 시장이 되었다.

베스트바이의 활기 넘치고, 재무를 기반으로 한 성공 스토리의 개괄적 내용을 잭슨에게 물어보는 것으로 인터뷰를 시작했다. "성공의 원동력이 되었던 것은 ① 강력한 성장을 유지하기 위한 확고한 원칙, ② 비즈니스 모델 개발에 대한 지속적 혁신의 필요성입니다. 우리는 성장을 위한 새로운 자원과 장소를 찾아내기 위해 끊임없이 노력하고 있습니다."

이와 같은 유형의 성장은 베스트바이의 재무 이슈를 해결하는 데 절대적으로 필요한 것이다. 이 도전과제에 대해 어떤 견해를 가지고 있는지 잭슨에게 질문했다. "나는 이 이슈를 세 가지 차원으로 나눌 수 있다고 생각합니다. 당면하고 있는 가장 큰 이슈는 '향후 기대되는 회사의 미래가치를 충족시킬 수 있는 매장과 제품, 서비스를 포함한 성장 아이디어의 파이프라인을 보유하고 있는가?'입니다. 우리 재무조직 내에는 신사업개발 그룹과 자금 및 재무부서가 있습니다. 그들은 거의 대부분의 업무시간을 미래 성장을 위한 어젠다 발굴에 할애하고 있죠. 두 번째 과제는 조직 내에 있는 의사결정 지원팀입니다. 계획수립과 향후 예측이라는 힘겨운 활동을 제거하고, 통찰력을 성과로 전환하며 비즈니스 상황에 적합하도록 운영해가는 일차적 목표에 집중할 수 있도록 그 방법을 찾아내야 합니다. 세 번째 과제는 성장을 위해 재무조직을 관리하는 것입니다. '어떻게 그 비즈니스를 최적화할 것인가가 아니라 그 비즈니스가 미래에 성장해가는 데서 걸림돌은 무엇인가?'를 고민하는 것이죠. 회사의 성장 어젠다를 추진하고 파이프라인 측면에서 우리가 어떤 미래를 선택해야 하는지 이해하고 있는가에 대해 생각하고 있습니다."

베스트바이의 현재 재무운영 모델이 미래가치 설정 목표를 지원하는 것에 대해

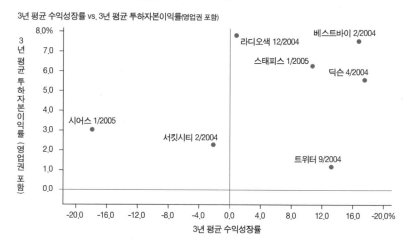

〈그림 7.1〉 베스트바이의 수익성장률과 투하자본이익률

3년 평균 수익성장률 vs. 3년 평균 투하자본이익률(영업권 포함)

질문했을 때 대화는 자연스럽게 자본관리에 관한 내용으로 옮겨갔다. 잭슨은 이렇게 말한다. "가장 큰 변화는 미래가치를 위한 새로운 시도를 실제 운영 상의 시도로 변환하는 데 적용할 자원에서 일어날 것입니다. 현재 우리가 진행하고 있는 대부분의 새로운 시도들이 충분한 자원을 할당해주지 못하기 때문에 무산되어버리는 경우가 많습니다. 미래에는 그런 분야에 지금보다 많은 자원을 할당하게 될 것입니다."

브랜드 또한 베스트바이의 성장 동력에서 주요 부분을 차지한다. 우리는 브랜드를 고려한 자본관리 방법에 대해 설명해줄 것을 요청했다. 잭슨의 대답은 두 가지 요소에 중점을 두고 있었다. '지금 여기' 그리고 '미래가치'가 그것이다. "나는 무형자산을 미래의 성장을 위한 기업역량과 초과수익 달성 능력이라는 두 가지 측면에서 생각하고 있습니다. 그러한 무형자산의 핵심건전성지표(Key Health Indicators: KHI)는 브랜드의 생명력으로부터 성장 잠재력까지 모든 것을 포함하고 있습니다. 예를 들어 델의 경우 비즈니스 모델의 견고함을 확보할 수 있는 그 나름의 사고방식을 가지고 있습니다. 그것이 미래의 성공에 영향을 미치기 때문이죠. 어느 정도는 브랜드의 힘이라고 생각합니다. 여기에는 투하자본이익률(ROIC), 지속가능한 생산성, 품질관리, 가치, 고객군, 운영모델의 효율성 등이 포함됩니다."

잭슨의 대답은 회사의 시장 잠재력과 각기 다른 측면에서의 자본이익률을 베스트바이가 어떻게 바라보고 있는지 함축적으로 보여주는 것이다. 그는 계속해서 이렇게 말했다. "그렇습니다. 그 차이 속에 숨겨진 가치를 포착해낼 수 있고, 그것은 무형자산에 내재되어 있습니다. 브랜드와 관리 부서, 고객군에 있다는 얘기죠."

효과적인 자본관리를 검토하면서 잭슨은 일련의 질문을 던지고 있다. "자산을 레버리지하여 가치 공백을 채울 수 있는 전략은 무엇입니까? 그 부분에서 미래에 기초한 회사의 주가를 살펴보면 90일 전보다 지금의 가치가 더 높다고 생각됩니다. 현재 무슨 일이 일어나고 있다고 생각하겠습니까? 시장은 무수한 성장 잠재력을 보고 있습니다. 시장은 베스트바이가 보유하고 있는 고객군의 가치를 높이 사고 있으며, 서비스 차원에서 이러한 고객 접근성을 확보해야 합니다. 그렇게 되면 성장 잠재력은 상승하고, 중국 시장으로의 진출 능력과 성공 가능성도 올라갈 것입니다. 비록 방법은 다르겠지만 말이죠. 수익 잠재력에 초점을 맞추어 질문해야 합니다. 돈을 벌 수 있는가? 비즈니스 모델을 통한 자신의 현금흐름 가치가 상승하고 있는가? 운영모델의 효율성은 어느 정도인가? 투하자본이익률은 얼마나 되는가? 그런 것들이 미래에도 개선될 수 있는가?

나는 이런 모든 측면을 살펴보고 스스로에게 이렇게 묻습니다. '우리 운영모델의 효율성은 어느 정도인가? 고객군 그리고 지금 이행 중인 전략은 충분한 가치를 보유하고 있는가? 소매 브랜드는 얼마나 오래 생존할 수 있는가? 거기에는 분명 초기·중기·말기 단계가 있을 것이다. 그 곡선은 어떤 모양일까?' 만약 10명에게 이런 질문을 하면 스무 가지 대답을 듣게 될 것입니다. 자산 생산성에 대해 실질적으로 아는 사람이 없기 때문이죠."

잭슨의 견해는 투자와 자산의 배분에서 시기와 진입 전략이 매우 중요하다는 점을 지적해준다. 예를 들어 델은 프린터 사업에 진입할 시기를 결정하는 데 매우 신중한 입장을 취했다. 잭슨은 델의 성공에 대해 이렇게 이야기했다. "델의 특정한 사례를 놓고 현재가치와 미래가치를 비교 산출해보면 델이 보유한 가치 중 85퍼센트가 미래가치를 반영한 것이고 15퍼센트만이 현재가치에 근거한다는 것을 알 수 있습니다. 왜냐고요? 시장이 델의 비즈니스 모델이 보유하고 있는 성장 가능성과 수익 잠재력을 인정하고 있기 때문입니다. 그렇다면 그 비즈니스 모델이 가지고 있는 한계에 대해서도 알고 있습니까? 그것은 이미 알려진 고객의 니즈와 단순히 경쟁자를 능가하는 투자모델에 기초하고 있다는 것입니다. 이는 채워지지 않은 고객의 니즈와 관련된 혁신에 의존하는 것이 아닙니다." 향후 방향에 관한 질문에 잭슨은 자본관리에 이어 조직 전반에 걸친 가치중심의 문화 구축을 언급했다. 그는 향후 3년 내에 그 중요성이 훨씬 높아질 것이라고 예상한다. 그는 이렇게 설명한다. "그 중요성은 높아질 것입니다. 왜냐하면 중국의 성장에 따른 자금조달 방법이 강구될 것이기 때문이죠." 잭슨은 자신의 재무조직이 성장을 위한 준비 태세를 갖추고 있다고 말했다. "가장 최근에 있었던 이사회에서 재무 위원회를 '재무 위원회의 전략적 성장'으로 변화시키자는 내 제안을 이사회가 받아들였습니다. 우리는 아이디어 파이프라인과 미래가치의 공백을 채우는 일에 더 많은 시간을 할애할 필요가 있습니다. 미래가치 창출을 위한 새로운 시도와 전략을 포착해내는 데 필요한 자원은 물론 좀 더 많은 에너지와 집중력, 역량을 투입해야 합니다. 진정한 성장 플랫폼이 될 수 있도록 말입니다.

미래가치가 어디에서 창출될 것인가를 생각해보면, 지금부터 3년에서 5년 내에 제품 시장이나 지리적 시장이 아닌 고객 시장에 대해 자세히 논의하게 될 것입니다. 지리적 시장이나 제품 시장은 성장 잠재력을 추구하는 과정에서 고객 시장의 들러리 역할을 하게 될 것입니다. 그리고 가치제안이나 확장된 개념의 고객 니즈, 그러한 니즈를 충족시키기 위해 필요한 역량에 대해 의견을 나누게 될 것입니다. 우리는 전통적인 공급자 네트워크에 반대되는 개념으로 조달 역량에 직접적으로 접근하여 고객의 니즈를 통찰력으로 변환하는 플랫폼에 근거하여 미래를 평가할 것입니다. 우리가 시간을 할애해서 집중해야 할 부분도 바로 그것입니다. 파이프라인을 살펴보고 그것을 이해하며 파이프라인 아이디어를 변환하는 데 자원을 집중하는 것 말입니다. 그와 같은 파이프라인 아이디어는 원칙적으로 고객 시장에 의해 가동될 것입니다. 베스트바이는 가치 공백을 메우기 위한 파이프라인 프로세스를 통해 포착된 고객 시장의 기회를 현실화할 수 있는 역량을 구축할 것입니다. 그것이 바로 내가 생각하고 있는 미래입니다."

....

베스트바이는 고성장 기업이다. 그래서 특히 미래가치를 창출하고 자산을 필요로 하는 파이프라인 아이디어를 찾는 데 자본관리는 베스트바이에게 꼭 필요한 요소다. 성장 잠재력과 미래가치 창출에 대한 이와 같은 강력한 집중력은 고성과 기업을 정의하는 특징이라고 할 수 있다.

위험조정자본비용(Risk-Adjusted Cost of Capital: RACC)보다 높은 수익을 창출하는 것은 고성과 기업의 기본적인 판단 기준이다. 연구 결과는 고성과 기업과 자본관리를 포함한 새로운 재무역량의 전문성이 갖고 있는 밀접한 상호관계를 보여준다. 액센츄어의 재무 전문성 기준을 활용한 재무 전문가 연구에서 3분의 2 이상이 자본관리 분야에서 선구자라는 평가를 받았다. 그에 비해 고성과 기업이 아닌 회사들 중에서는 4분의 1 미만에서만 차별화된 자본관리 역량을 볼 수 있었다. 고성과 기업은 언제 어디에 투자해야 하는지에 대한 어려운 의사결정을 해낼 수 있는 역량을 갖추고 있어야 한다. 그러므로 고성과 기업은 가치중심의 문화를 만들어내기 위해 자본관리 역량을 성과관리 방법 속에 내재화하고 있다.

자본관리는 고성과 창출을 위한 핵심기술이다

자본관리는 경영진이 총주주수익률(TRS) 향상을 위해 이미 할당된 자본과 새로운 투자를 위해 할당될 자본을 관리하는 프로세스다. 자본관리 프로세스는 어디에 자본을 투자할 것인지 결정하고 경쟁적 비즈니스 분야와 투자 형태, 수익실현 시기 등을 선택하는 일에 참여함으로써 창출되는 투자수익률(ROI)을 극대화하도록 고안되었다. 대부분의 기업에서 이러한 프로세스는 다분히 정치적인 선택일 경우가 많다. 관련된 모든 이해당사자를 만족시킬 수 있는 유일한 대안은 없다는 말이다.

고성과를 창출하고 또 그것을 유지하는 일은 자본을 소비하는 데 세심한 주의를 기울여야 하고, 투자된 자본에 대해서는 수용 가능한 수준의 위험조정 수익률을 지속적으로 창출할 수 있어야 한다는 것을 의미한다. 선구적인 기업들은 자본관리에 포함되는 일련의 활동들에 대한 전문성을 확보하고 있다. 기본적으로 자본의 조성 시기와 방법에 관한 장기적 안목에서 출발하며 대체로 경쟁자들의 활동과는 반대되는 사이클로 활동하는 경우가 많다. 이러한 기업들은 전반적인 자본투자 프로젝트를 손익계산서 상의 수익과 연결하는 데 상당히 엄격한 기준을 적용한다. 그들은 과거의 실수로부터 교훈을 얻어 새로운 프로젝트의 성공률을 높이는 데 훈련이 잘 되어 있다. 또한 그들은 운전자본의 필요를 최소화하고 가치사슬 내에서 다른 기업으로 인해 발생하는 불필요한 리스크를 제거하기 위해 핵심 운영모델을 새롭게 설계하는 방법에 대해서도 충분히 이해하고 있다.

자본관리 분야의 선도적 역량을 개발하는 데 관심이 있는 재무책임자라면 효과적으로 경쟁하기 위해서 어느 정도의 자본이 필요한지 산출하는 일에 집중하는 것으로부터 시작해야 한다. 공통의 운영모델을 구성하고 있는 가설들에서 일어나는 작은 변화들의 조합을 통해, 재무는 주어진 가치사슬 내에서 누가 자본을 투자해야 하는지 그리고 특정 기업 내에서는 어느 정도 자본이 소비되어야 하는지를 빈번하게 재정의할 수 있다. 재무 이야기는 자본관리 프로그램을 소개하고 비즈니스 운영에 필요한 자본의 규모를 절감해온 기업들의 스토리로 꾸며진 문학과 같다. 산업경제학과 현재의 전략에 연관된 가치동인 그리고 가치사슬 전반에 걸친 부가가치 창출 지점 등에 대해 명확하게 이해하면 필요자본을 상당히 감소시킬 수 있다.

집중해야 할 두 번째 영역은 적절한 자본구조와 활용 가능한 원천으로부터 조달된 자본 배합이다. 자본구조와 자본비용 관련 질문에 대한 대답은 산업에 따라 다를 뿐만 아니라 기업의 라이프사이클을 놓고 볼 때 그 발전 단계에 따라서도 상당한 차이가 있다. 결론적으로 이와 같은 유형의 질문에 대답하기 위해서는 광범위한 의사결정 요소가 필요할 것이란 의미다. 그리고 그것은 이 장에서 지금 논하고 있는 범위를 벗어난다.

자본관리 분야에서 선도적인 역량을 개발하기 위해 중점을 두어야 할 세 번째는 각 비즈니스 영역에서 자본투자와 관련된 리스크를 이해하는 일이다. 개별 리스크 프로파일과 경험곡선을 문서화하고 그것을 이해한 후에는 리스크조정 자본투자계획(risk-adjusted capital investment plan)을 수립하고자 각각의 자본투자에 서로 다른 수익률을 할당할 수 있다. 이러한 접근 방법은 각각의 독립적인 기회에 대한 투자의사결정에 단일 최소기대치를 일률적으로 지정하고 비즈니스에 대한 잠재적 수익을 부분최적화하는 일반적 오류를 방지할 수 있게 해준다.

몇몇 프로젝트에 대한 투자를 가속화하고 다른 분야에 대한 투자를 중단하는 자본투자 포트폴리오 관리는 재무경영진이 갖추어야 할 역량 중에서도 가장 습득하기 어려운 것이다. 사후 투자감사*를 수행하고 이전의 실수를 통해 능동적으로 학습하는 데 필요한 엄격한 규율은 고성과 기업 연구에 포함된 많은 재무조직에서 뚜렷하게 드러나지 않았다. 연구에 참여한 응답자들은 이러한 역량의 차이를 극복하는 일이 자신들의 우선순위에서 높은 순위를 차지하고 있다고 대답했다. 그러한 역량은 미래 자본투자의 성공률을 높이고 이미 실행된 투자의 수익률을 높일 수 있는 여지를 제공하기 때문이다.

성공적인 자본관리는 수많은 선택 옵션 사이에서 끊임없이 균형을 이루고 어려운 결정을 내리도록 요구한다. 이러한 도전과제는 세계적 기업의 재무책임자가 이미 인식하고 있는 것이다. 예를 들어 유나이티드헬스 그룹의 경우 1998년 이후로 주가가 10배나 상승하면서 엄청나게 성장했다. 유나이티드헬스 그룹의 CFO 팻 얼랜슨('제2장 고성과 리더십' 참조)은 가치창출과 자본관리를 서로 연결하고 있다. "우리는 부족한 자원을 배치하는 최선의 방법을 찾아내는 데 도움을 줄 수 있는 자본관리 프로세스를 갖추고 있습니다. 이 업계에서 자본관리는 매우 중요한 분야입니다. 다섯 가지 사업에 걸쳐 효율적이면서도 효과적으로 투자하는 것은 각 사업에서 뛰어난 수익을 달성하는 데 상당히 중요한 역할을 합니다. 1989년도 4억 달러 수익에서 1998년도 170억 달러 그리고 현재 450억 달러 수익을 올리기까지 강력하면서도 지속적인 성장을 경험할 수 있도록 만든 결정적 요인이 바로 자본관리 역량입니다. 이제 우리는 좀 더 숙련된 자본관리자가 되었다고 할 수 있습니다. 그것은 곧 총주주수익률에 반영되는 가치창출의 원동력이 된다는 게 내 생각입니다. 자본관리는 내가 업무시간의 대부분을 할애하는 분야이기도 합니다."

자금조달에 소요되는 비용을 최소화하고, 자본구조를 최적화하며, 효과적

◆ 기업의 투자관리 프로세스는 '사전 투자계획-투자승인-사후 투자감사'로 구분할 수 있으며, 글로벌 선도기업은 사후 투자감사를 통해 투자성과를 평가하고, 학습하여 투자의사결정을 지속적으로 최적화해가고 있다.

인 자본배분과 관리 기법을 만들어내는 기본적인 단계는 비즈니스에 투입된 자본에 대해서 수용 가능한 수준의 자본수익률을 창출할 수 있도록 확실한 기반을 제공한다. 그러나 불행하게도 이러한 단계만으로는 어떻게 자본투자가 비즈니스의 미래가치를 창출하는 동인이 되는지와 같은 광범위한 문제를 해결하는 데 도움이 되지 않는다.

자본투자가 미래가치 창출에 기여하는 방법

자본투자에 대한 기본적 분석은 재무상태표에 드러나는 자본의 이동과 그 자본이 손익계산서로 넘어가면서 나타나는 자본투자와 관련된 비용 내지 수익에 초점을 맞추고 있다. 재무 분석가들과 투자자들은 기업 내에서 브랜드 구축이나 고객관계 확립, 제조설비 증가 혹은 분배의 유연성, 지적재산권 (Intellectual Property: IP) 혹은 또 다른 무형자산 등에 자본이 투자되었을 때 예상되는 잠재적 수익을 이해하는 데 어려움을 겪는 경우가 많다. 연구 결과는 이 문제가 기업가치를 구성하는 '현재가치'와 '미래가치'에 대한 분석을 통해 해결될 수 있다는 것을 확인해준다. '현재가치'는 기존 기업의 해당 연도 총수익 잠재력의 현재가치이며 미래에도 계속 이어질 것이라고 본다. '미래가치'는 현재가치를 넘어서는 기업의 증가된 가치창출 잠재력으로서, 보통 이익과 물량 혹은 새로운 수익창출의 근원이 증가된 결과로 증가한다. 고성과 관리 조직의 일반적 특징은 자본투자가 현재가치와 미래가치에 미치는 영향에 대해 외부 이해관계자들과 명확하게 의사소통을 한다는 것이다.

일반적으로 인정된 회계기준은 손익계산서와 재무상태표의 보고 요건을 명시하고 있지만, 그렇다고 해서 효과적으로 경쟁하고 비즈니스가 성장하는 데

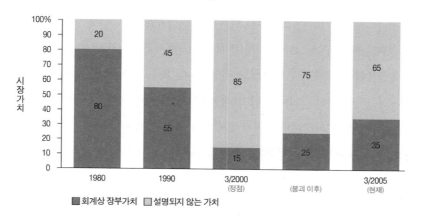

필요한 수많은 투자 활동을 통해 개발된 자산의 잠재적 가치창출 역량을 외부 이해관계자들이 투명하게 이해하도록 하는 데 도움을 주지는 못한다. 〈그림 7.2〉에서 나타나듯이 시장가치의 구성 요소는 시간이 지나면서 변화해왔다.

〈그림 7.2〉를 보면 전통적인 재무보고서에 기록된 자산은 2005년 3월 기준으로 기업가치의 35퍼센트만을 반영하고 있다. 시장가치의 나머지 65퍼센트는 유형자산에서 산출된 것이 아니다. 외부 이해관계자들이 오늘날 대부분의 비즈니스에서 가치의 원동력이 되는 자본조달 원천의 진정한 특성을 이해하려면 재무상태표 그 이상을 살펴보아야 한다. 외부 이해관계자들이 이러한 격차를 이해하도록 돕는 일은 자본관리 프로세스의 중요한 단계다. 기업가치는 재무상태표에 기록된 자산만으로 설명되는 것이 아니기 때문이다. 재무책임자들은 기업의 무형자산과 그것이 어떻게 비즈니스의 미래 수익을 창출할 것인가에 대해 설명할 수 있는 준비가 되어 있어야 한다.

현재가치와 미래가치

회계 상 장부가치와 시장가치 간의 격차는 시간이 지날수록 점점 더 커지고 있다. 이와 같은 격차가 점차 벌어지면서 이해관계자들은 무형자산의 특성을 분석함으로써 설명되지 않는 시장가치에 초점을 맞추기 시작한다. 그와 동시에 기존 비즈니스로부터의 미래 현금흐름에 대한 현재가치를 산출하는 방식으로 설명 가능한 기업가치('현재가치') 비율이 점차 떨어지고 있다는 것 또한 인지하고 있다. 재무책임자들은 그 차이('미래가치')를 설명하는 데 핵심 역할을 수행해야 한다.

〈그림 7.3〉은 광범위한 기업의 주식을 대상으로 한 러셀 3000 지수(Frank Russell 3000 Index)*를 분석한 결과다. 여기에서 볼 수 있듯이 러셀 3000 기업들의 총시장가치 중 약 49퍼센트는 전통적인 방식으로 정의되는 현재가치를 반영한다. 기업이 동일한 이익을 영원히 달성한다는 가정에 근거하여 연

〈그림 7.3〉 시장가치 비율로 표현한 현재가치와 미래가치

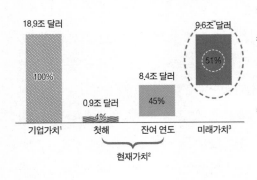

[1] 기업가치는 잉여현금을 제외한 부채와 자본의 시장가치와 같다.

[2] 현재가치는 '조정된 세후영업이익/가중평균자본비용'으로 정의되고 현재의 운영 상태가 영원히 지속된다는 가정 아래 산출한 첫해와 잔여 연도에 대한 현재가치를 의미한다.

[3] 미래가치는 기업가치에서 현재 운영에 대한 현재가치를 차감한 것으로 정의되며, 현재의 운영 상태에서 창출되는 가치 이상으로 기업이 창출하리라고 시장이 기대하는 미래의 증분가치다.

◆ 러셀 3000 지수: 미국 기업 중 시가총액이 큰 3000개 기업을 대상으로 작성하는 지수다. 러셀 1000 지수와 러셀 2000 지수 등이 있다. 러셀 1000 지수는 러셀 3000 지수에 해당하는 기업 중 시가총액이 큰 1000개 기업을 대상으로 하는 지수고, 러셀 2000 지수는 시가총액이 작은 기업 2000개를 대상으로 하는 지수다.

도별 이익을 가중평균자본비용(WACC)으로 할인해 자본화한 가치를 의미한다. 러셀 3000 지수의 나머지 51퍼센트 가치는 현재의 이익이 영원히 지속되리라는 것으로는 설명이 불가능하다. 이러한 설명할 수 없는 부분은 미래의 성장에 대한 투자자의 기대치에 근거한 것이며, 지적자본이나 시장 분위기, 기업이 직접적인 통제력을 행사하지 못하는 기타 부수적인 요소들 같은 무형자산을 포함하고 있다.

총기업가치의 극히 작은 부분만을 당해 연도의 이익으로 설명할 수 있다.

〈표 7.1〉 러셀 3000 산업별 미래가치(2004.12)

산업 분야	현재가치(백만 달러)	미래가치(백만 달러)	시장가치 대비 미래가치 비율(%)	시장가치
자동차 및 부품산업	251,689	207,923	45.2%	459,612
은행	1,002,637	475,518	32.2%	1,478,155
자본상품	644,999	821,963	56.0%	1,466,962
상업적 서비스업 및 공급	118,047	133,477	53.1%	251,524
내구 소비재 & 의류	211,781	121,365	36.4%	333,146
소비자 서비스	182,314	269,858	59.7%	452,172
다양한 금융산업	682,333	539,474	44.2%	1,221,807
에너지	1,222,588	483,998	28.4%	1,706,586
식품 및 필수품 소매	259,981	250,600	49.1%	510,581
식음료 및 담배	500,015	268,387	34.9%	768,401
보건의료 장비 및 서비스	344,966	487,660	58.6%	832,626
가정용품 및 개인용품	169,565	185,407	52.2%	354,972
보험	641,367	262,328	29.0%	903,695
자재	534,739	334,336	38.5%	869,076
미디어	242,902	623,995	72.0%	866,897
제약 및 생명공학	468,395	637,680	57.7%	1,106,074
부동산	90,119	209,364	69.9%	299,483
소매	366,876	456,430	55.4%	823,306
반도체 및 장비	47,412	347,997	88.0%	395,409
소프트웨어 및 서비스	163,846	565,597	77.5%	729,443
기술집약 하드웨어 및 장비	156,976	772,210	83.1%	929,187
통신 서비스	297,956	440,766	59.7%	738,721
운송	172,487	304,103	63.8%	476,589
공공사업	572,563	416,359	42.1%	988,922
합계	9,346,552	9,616,794	50.7%	18,963,346

〈그림 7.3〉은 당해 연도의 연간 이익이 총기업가치의 4퍼센트(현재가치, 첫해의 이익)만 반영하고 있음을 보여준다. 기업가치의 나머지 96퍼센트는 차년도 이후의 각 연도별 이익을 자본화한 영구연금의 현재가치(45%)와 설명하기 어려운 시장가치(51%)를 의미한다. 러셀 3000 지수에 포함된 기업들의 자본가치 총액이 18조 9000억 달러인 상황에서 첫해의 손익계산서 항목이 차지하는 부분이 9000억 달러에 그친 것은 당황스러운 결과다.

현재가치와 미래가치에 대한 분석은 이들 기업이 개선이나 감소 없이 현재의 이익을 영원히 지속할 수 있다는 가정에 근거한다는 측면에서 보수적인 분석이라고 할 수 있다. 그것이 가능하다는 전제 아래 러셀 3000 지수는 9조 6000억 달러라는 엄청난 성장 프리미엄이 시장에 반영되는 것이다. 이런 미래가치 프리미엄은 경제 전반에 걸쳐 균등하지 않게 분배되었다. 〈표 7.1〉에 나타난 것처럼 미래 성장 프리미엄은 무형자산을 개발하는 데 막대한 자금을 투자하는 산업과 기업에서 만들어지고 또 그런 산업과 기업에 집중되어 있다.

앞서 언급한 것처럼 재무책임자들은 무형자산에 대한 투자가 언제 어떻게 미래가치로 전환될 것인지 설명할 수 있도록 준비하고 있어야 한다는 것이 우리의 생각이다. 이와 같은 유형의 투자에 수반되는 리스크와 긍정적인 순이익 결과로 변환될 수 있는 가능성은 내부 혹은 외부의 재무보고서나 경영진 논의에서 언급되지 않는 경우가 많다.

제9장에서 디아지오의 CFO 닉 로즈는 글로벌 주류산업에서 브랜드 구축에 필요한 투자를 관리해야 하는 재무의 역할에 대해 말한다.

"경제적이익과 투하자본이익률은 비즈니스 분야 별 수익성 분석과 함께 우리가 특별히 주의를 기울이는 부분입니다. …… 우리의 전략적 계획은 총주주수익률 목표를 설정하는 것에서 시작됩니다. 우리가 원하는 미래의 주가로부터 분석적으로 산출된 목표지요. 그런 다음 그 목표를 지리적 기준이나 브랜드 또는 기타 세분화된 기준 등을 포함해 다차원으로 여러 비즈니스에 나눠 확산합니다. …… 우리는 계획을 성공적으로 실행하기 위해 얼마나 투자해야 하는지 엄격하게 평가합니다. 사실 우리는 브랜드에 의해 주도되는 기업이기 때문에 투자 활동은 대부분 브랜드 포트폴리오와 무형자산을 중심으로 이루 어집니다. …… 변화에 대한 제안이나 잠재적 투자 기회 혹은 홍보 활동에 따 른 예상비용 등을 검토할 때는 경제적이익의 흐름과 리스크조정수익률 그리 고 기대하고 있는 현금흐름 등에 대해 상세한 평가가 반드시 이루어집니다. 이것은 전사적 차원에서 모든 단계에 걸쳐 수행되고 있으며 회사의 보상체계 에서는 성과 기반의 보너스 지급과 적절하게 연결되어 있습니다."

리스크조정수익률과 현금흐름의 관점에서 투자를 평가하는 디아지오의 사 례는 전통적 재무기술이 유형자산과 무형자산의 투자 모두에 가치를 더할 수 있음을 보여준다. 브랜드 가치는 재무제표에 나타나지 않는 자산의 예가 되 고 있지만, 잉여현금흐름(Free Cash Flow: FCF)*을 창출하고 수익성을 향상하 여 미래의 성공을 결정하는 핵심 요소가 될 수 있는 또 다른 가치들도 있다.

미래의 수익성 창출에 필요한 자산의 프레임워크

전략 자문을 제공하는 에셋이코노믹스(AssetEconomics)와 함께 공통 특징 을 갖는 여러 유형으로 기업 내 자산을 분류했다. 〈표 7.2〉의 사분면 좌측 상 단에서 볼 수 있듯이 표준재무제표에서는 비즈니스 모델의 실행에 필요한 유 형의 화폐자산과 실물자산에 대한 정보만 제시하고 있다. 이 표에 명시된 관

◆ 잉여현금흐름: 영업활동현금흐름에서 기계장치 투자나 공장 시설 등의 투자금을 뺀 것이다. 기 업이 차입금을 제외한 보유현금으로 회계에서는 영업활동현금흐름과 투자활동현금흐름을 합한 것과 같다. 잉여현금흐름은 배당금 또는 기업의 저축, M&A, 자사주 매입 용도로 사용할 수 있다. 그 러나 잉여현금흐름이 적자로 전환하면 해당 기업은 외부에서 자금을 조달해야 한다.
→ 잉여현금흐름＝당기순이익＋감가상각비－고정자산증가분－순운전자본증가본

〈표 7.2〉 유무형자산의 정의

자산 유형

	전통적인 회계업무		지적자산		
자산의 인식	화폐자산	실물자산	관계적 자산	조직적 자산	인적 자산

유형자산	· 현금
	· 투자자산
	· 매출채권/채무자
	· 매입채무/채권자
		· 재산
		· 공장 시설
		· 설비
		· 재고자산
		  - 제품
		  - 재공품
		  - 반제품/원재료
			· 고객 계약
			· 공식적인 제휴, 합작투자, 공급계약
				· 시스템
				· 공식화된 프로세스
				· 체계적으로 축적된 지식
				· 특허
				· 브랜드
				· 판권
					· 경영관리 계약
					· 문서화된 접근 가능한 기술/역량 목록

무형자산	· 신용등급
	· 드러나지 않은 시설
	· 차입 역량
	  (기업 형태, 특징과 관련됨)
	· 차입 계약 약유한도
	· 매출채권 회수의 확실성
	· 발생비용의 전환성
		· 공장 시설의 유연성, 현대성
		· 공장 시설 관련 인프라
		· 자산의 정치 여부
		· 자산의 판매 가능성
		· 접근 권리
		· 재무상태표의 강점
		· 재고 상태(정상, 사용 기능, 폐기, 잉여)
			· 고객충성도
			  - 행동
			  - 태도
			· 공급 계약의 품질
			· 임직원가 관리, 경영 관리
			· 설계 관리
			· 이해당사자 지원의 강도
			  (오피니언 리더 포함)
			· 네트워크
			· 법적 부과금
				· 구조적 적합성
				· 비공식적 프로세스
				· 기업의 평판
				· 브랜드 의미(강점, 수준)
				· 연구개발 프로세스 생산성
				· 기업 거버넌스의 품질
				· 전문 지식과 전시 역량
				· 암묵적 지식
					· 최고경영진의 자질, 경험
					· 전략 실행력
					· 리더십 역량
					· 문제해결 능력
					· 직원 충성도
					  - 행동
					  - 태도
					· 임직원 평판
					· 임직원 적응력
					· 직원 몰입도

계적 자산, 조직적 자산, 인적자산 등의 조합과 광범위한 무형자산들은 미래가치의 핵심 원동력이 되는 경우가 많다.

재무책임자들은 경영진이 미래가치 창출에 중요한 역할을 담당하는 자산에 투자할 때 최선의 의사결정을 내릴 수 있도록 지원하는 일에 중점을 두어야 한다. 투하자본이익률과 경제적부가가치(EVA™) 같은 측정지표와 이에 미치는 상충된 단기 회계적 영향 사이에서 균형을 유지해야 하는 경우에도 말이다. 무형자산을 위한 자본관리 프로세스를 구축하는 데 가장 큰 어려움 중 하나는 기업 내에서 그런 자산을 어떻게 측정하는가의 문제다. 측정할 수 없는 무엇을 관리해야 한다는 것은 거의 불가능에 가까운 작업이기 때문이다.

유형자산과 무형자산 중 어디에 투자해야 하는가에 대해 올바른 의사결정을 하고 그 결과를 시간이 지남에 따라 모니터링하기 위해 필요한 것은 종종 재무조직이 전통적인 재무측정지표를 넘어서서 성과관리 시스템(PMS)을 구축하는 일에 반드시 참여해야 함을 의미한다. 예를 들어 소매기업의 재무책임자들은 고객충성도가 강력한 자산이 될 수 있고, 경쟁자들의 시장 진입을 막는 중요 장벽이 된다는 사실을 인지할 수 있다. 그것은 가격결정의 핵심적인 수단이요 미래가치 창출을 위한 일관성 있는 예측 도구로 인식될 수 있다. 소매기업의 재무책임자들은 고객충성도를 측정할 수 있는 프로그램(예를 들어 과거의 고객에 대한 인터뷰를 포함해 엄격하고 의미심장한 고객 피드백 프로세스와 고객이탈 분석 등을 통해 고객충성도를 측정하는 것)에 대한 투자는 경영진 보고 시스템의 일부로서 가치 있는 일이라고 판단할 수 있을 것이다.

사례 연구 ■ ■ ■

강력한 자본관리를 통해 경쟁자보다 뛰어난 성과를 달성

콘스텔레이션 에너지 그룹의 수석부사장이자 CFO 겸 최고행정관리책임자인 E.

폴린 스미스는 지속적인 혁신과 적절한 우선순위에 집중하면서 혁신을 통해 성과를 향상하는 능력이 콘스텔레이션 에너지 그룹 성공의 핵심 요소 중 하나라고 믿고 있다. "우리는 적절한 인재들이 함께 일하도록 하는 데 집중하고 있습니다. 모든 분야에서 각각 최고의 인재를 선발하는 것이 회사에게는 매우 중요한 일입니다. 그런 인재들을 함께 일하게 하면 주위를 산만하게 하는 것들을 제거하고, 사소한 일들은 보류하며, 우선순위를 설정하고, 그 우선순위에 따라 최고의 자원을 투입할 수 있게 됩니다."

자본관리는 콘스텔레이션 에너지 그룹이 제대로 수행하고 있는 재무관리와 성과관리 분야 중 하나다. 스미스는 이렇게 말한다. "자본관리는 우리 업계에서 경쟁자들보다 뛰어난 성과를 달성하기 위한 재무관리와 성과관리 역량 중 가장 중요한 것입니다. 우리의 비즈니스가 고도로 자본집약적인 분야이기 때문에 누구보다 여기에 대한 관심이 높습니다. 적절한 수익창출 기회를 포착했을 때 활용할 수 있는 자본을 항상 확보하고 있어야 합니다. 콘스텔레이션 에너지 그룹은 자본투자의 개척자라고 할 수 있습니다. 우리는 원자재 필수품목 거래를 위한 매우 엄격한 검토 및 승인 프로세스를 갖추고 있습니다. 여기에는 위원회의 검토와 비즈니스 단위 차원에서의 이의 제기 그리고 CFO와 CEO의 검토까지 포함됩니다. 이러한 검토 과정은 리스크조정최소수익률 산출을 위해 필요한 투자에 대한 핵심 가치동인과 민감성, 고유의 리스크 등을 분석하는 데 중점을 두고 있습니다. 이와 같은 철저한 재무적 검토에 더하여 리스크 전담 부서에서 자본평가와 후속 프로세스들이 엄격하게 적용되었는지를 확인합니다. 그리고 최대예상손실액(Value at Risk: VaR)을 지속적으로 모니터링하고 현재 진행 중인 모든 주요 거래에 수반되는 각기 다른 리스크들을 평가합니다. 모니터링하고 있는 성과지표에는 서로 다른 비즈니스 분야의 투하자본이익률과 내부수익률(IRR) 그리고 리스크조정수익률 등이 포함됩니다."

자본 프로젝트의 리스크관리와 과거의 경험으로부터 배우는 것은 가장 습득하기 어려운 전문성 중 하나다. 스미스는 이에 대해 말한다. "우리가 명확하게 제도화한 것이 한 가지 있습니다. 대규모 자본투자에 대해서는 반드시 소급하여 분석을 수행합니다. 우리 회사에는 대규모 프로젝트를 추적하는 프로세스가 있습니다. 재무담당 부사장인 앤드류 굿(Andrew Good)은 6개월마다 경영 위원회에 참석합니다. 그 자리에서 그는 결정되어 진행 중이거나 결정 중인 다수의 대규모 자본투자 프로젝트를 살펴보며 초기에 설정했던 투자수익률과 현재 상태를 비교하는 질문을 합니다. 만약 승인했던 초기 설정목표에서 크게 벗어나 있다면 그 이유가 무엇인지, 그로부터 얻을 수 있는 교훈은 어떤 것인지, 무엇이 어떻게 잘못되었는지, 개선할 부분은 무엇인지에 대해 자문하는 것이죠. 자본배분 방법의 기초에 대한 재평가도 수행하고 있으며, 자본평가를 위한 프로세스에서 변화가 필요한 것은 무엇인지도 살펴봅니다. 우리는 자본 프로젝트의 리스크관리를 엄격히 수행하고 있고, 그중 일부는 조직 전반에 걸쳐 제도화해 같은 실수를 반복하지 않도록 하고 있습니다."

자본을 어디에 투입해야 할지 결정하는 일은 논쟁의 여지가 많은 프로세스다. 콘스텔레이션 에너지 그룹에서는 어디에서 가치를 창출할 수 있는가라는 폭넓은 시각에서 출발하여 당해 연도의 이익과 미래가치 창출 사이에 균형을 유지하면서 투자하고 있다. "콘스텔레이션 에너지 그룹에서 자본을 할당하는 방법에는 몇 가지 방식이 있습니다. 경영계획수립 프로세스가 진행되는 기간에 비즈니스 단위는 수익창출에 필요한 자본, 법규 준수에 소요되는 자본, 환경과 관련된 분야에 소요되는 자본, 인프라에 투자되는 자본 등의 윤곽을 보여주는 향후 5년간의 자본계획을 제출합니다. 콘스텔레이션 에너지 그룹은 기대수익과 그에 따른 리스크를 기초로 수익을 창출하는 데 사용될 수 있도록 자본을 신중하게 배분합니다. 자본투자를 검토할 때는 총기대가치와 당해 연도 및 미래 연도의 가치 간 배분을 검토합니다. 전사적으로 공유하고 있는 측정지표 중 하나가 단순히 현재의 매출총이익창출액이 아니라 해당 연도의 매출총이익창출액이기 때문입니다. 흥미로운 도전과제는 예비자본을 비즈니스 단위에 배분하는 일입니다. 우리는 리스크조정자본이익률을 사용해 명확하게 이 문제를 해결하고 있습니다. 하지만 우리가 사용하고 있는 방법을 어떻게 더 명확히 할 것인가를 지속적으로 분석하고 있으며, 자본배분을 어떻게 좀 더 효율적으로 할 것인지를 지속적으로 결정하고 있습니다."

균형 잡힌 투자의사결정은 매우 중요한 우선순위를 갖는다. "비즈니스 운영에 필요한 우리의 기술적 자질은 일반적으로 꽤 훌륭하다고 생각합니다. 그리고 모든 의사결정은 무형적인 측면에 무게를 두고 있습니다. 순수한 재무적 관점의 의사결정이 아닌 것이지요. 자본투자에 관해서는 재무적 측면에서 시작합니다. 숫자들이 무엇을 말해주고 있는지 먼저 살펴본다는 이야기죠. 그런 다음에 무형적인 측면에 대해 논의합니다. 재무적 관점만으로 본다면 합리화되기 어려운 의사결정을 내리는 경우도 종종 있습니다."

콘스텔레이션 에너지 그룹은 자사의 가장 중요한 무형자산은 해당 산업에 대한 지식과 에너지 가치사슬을 구성하는 다양한 요소에 대한 이해력이라고 생각한다. 에너지를 사고파는 비즈니스, 특히 완전히 통합된 에너지 기업에서는 인구 중심의 이동으로부터 장기계약과 전력의 일시적인 특성이 결합된(에너지 효율성 유형의 추세 분류 같은) 복잡한 상호작용 요소들이 다른 산업들에 비해 재무성과를 이해하기 어렵게 한다. 문제를 복잡하게 하는 것은 해당 산업이 상대적으로 새로운 영역이며, 이로 인해 통계적으로 신뢰할 만한 데이터의 확보가 어렵다는 것이다. 지식 기반의 거래처리가 기업에 가져오는 여파를 고려할 때 경영진은 콘스텔레이션 에너지 그룹의 미래가치가 모두 제도화된 지식에 달려 있다고 본다.

콘스텔레이션 에너지 그룹은 고학력의 높은 전문성을 갖춘 팀들을 미래 수익성을 실현해줄 수 있는 특허 관련 지식자산관리와 개발에 활용했다. 주로 활동의 성과를 측정하고 모델링을 하면서 말이다. "그 자원 덕분에 우리가 제공하는 서비스 분야의 입찰 참여가 단순한 직감에 의한 것이 아니라는 점을 확실히 함으로써 지식자산을 더 나은 방법으로 관리할 수 있게 되었습니다." 영업 기술을 결정하는 데 데이터 기반 접근 방식을 사용하는 것은 자본집약적인 에너지 산업에서는 보기 드문 일이었다. 활동들에 대한 성과측정이나 모델링 업무는 흔히 영업 혹은 거래 담당자들의 몫이었기 때문이다. 콘스텔레이션 에너지 그룹의 차별적 사고방식은 1990년대 골드먼삭스(Goldman Sachs)와 맺었던 거래운영 협력관계가 발단이다. 협력관계가 지속되는 과정에서 콘스텔레이션 에너지 그룹은 무형자산관리를 지향하는 투자은행의 문화적 특징을 습득할 수 있었다.

투자수익률을 산출하는 일이 언제나 가능한 것은 아니다. 스미스는 이렇게 말한다. "이미 모니터링하고 있는 브랜드는 인지도를 촉진하지 못합니다. 이런 유형의 자산에 대한 투자를 모니터링하는 것은 그 방법이 어떤 것이든 가시적인 투자수익률을 기대할 수 없을 것입니다. 다만 수익이 발생할 것인지에 대한 훌륭한 사업적 판단을 해야 할 뿐입니다. 정량화하기가 너무나 힘들기 때문이죠."

콘스텔레이션 에너지 그룹은 자본관리 역량을 지속적으로 향상시켜나갈 것이다. 스미스는 이렇게 설명한다. "향후 2년간 콘스텔레이션 에너지 그룹이 자본관리 부분에서 집중해야 할 핵심 영역은 운전자본과 재무상태표의 효율성 그리고 세무관리입니다. 운전자본과 재무상태표 관점에 따라 우리는 전사적 차원에서 요구되는 순운전자본 수준에 대한 측정지표를 설정하고 실행하는 것을 고려하고 있습니다. 회사가 현금을 더 효율적으로 사용하도록 만드는 것이 목표입니다. 이에 더해 자본비용의 절감으로 이어질 수 있는 각기 다른 거래구조를 생각하고 있습니다. 현재 우리의 비즈니스 모델은 상당한 양의 에너지 거래를 하는 것입니다. 그 과정에서 우리는 상당히 높은 수준의 투자신용등급을 보유하고 있어야만 합니다. 그래서 신용평가 기관이나 은행들에게 현재 회사의 자본구조와 전략을 소개하는 자리를 자주 갖습니다. 세무 효율성과 효과성 측면에서 목표는 유효세율(Effective Tax Rate: ETR)을 낮출 수 있는 충실한 세무계획에 의해 법인의 수와 세금환급 절차에 소요되는 시간을 줄이는 것입니다. 세무 효과는 이익에 직접적으로 영향을 미칠 것입니다.”

엄격한 자본배분 프로세스의 개발

고성과 기업은 엄격한 자본배분 프로세스를 필요로 한다. 강력한 자본관리 프로그램을 통해 자본을 배분·관리하는 데 있어 공통의 태도와 접근법을 전사적으로 공유한다. 가장 성공적인 기업들은 개별 투자에 따르는 리스크에 중점을 두면서도 광범위한 맥락 아래 자본관리에 대한 그들의 평가를 진행한다.

- 현재가치와 미래가치 양쪽 동인에 대한 이해에서부터 시작해야 한다. 이 것은 경쟁적 상황과 업계 동향, 새로운 위협과 신규 비즈니스 모델, 유형 자산과 무형자산의 요건에 대한 완벽한 분석을 필요로 한다. 비즈니스에 이미 투입된 자본의 총액을 파악하고 기대수익 창출을 어떻게 이루어낼 것인지 이해해야 한다.

- 현재가치와 미래가치를 실현하는 데 필요한 핵심역량을 파악하고, 비즈니스 전반에 걸쳐 투자가 필요한 부분이 어디인지 우선순위를 결정하기 위해 기존 역량과 함께 부족한 부분을 평가하도록 한다. 각각의 리스크 프로파일에 근거해 특정 역량을 확보하는 데 필요한 적절한 자본비용이 어느 정도인지 이해하도록 한다. 시장의 움직임에 앞서 필요한 역량을 개발하기 위한 시간을 투자하되 지나치게 앞서가는 투자 리스크를 경계해야 한다.

- 필요한 투자를 최소화하고 수익을 창출하지 못하는 자산을 줄이거나 기대하는 성과를 창출하지 못하는 투자를 중단하는 데 요구되는 자본조달과 자본회수라는 어렵고 힘든 의사결정을 해야 한다. 자본조달 의사결정에서는 의도한 기간 내에서 비용과 수익성 간의 최적 균형을 이루는 데 필요한 역량 포트폴리오를 구축하는 일에 초점을 맞추어야 한다. 비생산적인 자본을 활용하기 위해 자본회수에 대한 의사결정은 미래가치 실현을 기대할 수 없는 기존 비즈니스에 초점을 두어야 한다.

- 현재가치와 미래가치의 실현 사이에서 균형을 유지하기 위해서는 측정 가능하고 개별적이며 우선순위에 입각한 높은 수준의 목표를 설정해야 한다. 기업전략을 명확하게 표현하고 투자의사결정에 미치는 영향에 대해 의사소통한다. 자본과 운영예산을 통합하고, 운영예산 상의 변동과 승인된 개별 자본투자 건들 사이의 관계를 강조한다. 이것은 자본예산이 단기 측정지표에 영향을 미치지 않는다고 생각하여 많은 경우에 운영예산과 자본예산을 별개의 것으로 간주하고 있다는 점에서 매우 중요하다. 자본예산과 운영예산의 통합은 관리자들이 프로젝트 평가에 사용되는 운영가설에 대해 생각하도록 만들고 가치실현에 집중하도록 만든다. 또한 관리자들이 자본의 배치를 총체적 관점에서 바라보도록 촉진한다. 예를 들어 운전자본의 효율적인 배치를 통해 기존의 자본펀드로부터 신규 프로젝트 비용이 조달될 수 있다면 그 비용이 반드시 신규 자본펀드에서 지원되어야 하는 것은 아니다. 개별 비즈니스 목표를 설정하고 그것을 자본배분계획에 준하여 정비한 다음 그 결과를 투명하게 측정한다.

- 각각의 투자를 위한 비즈니스 기회의 일관성과 품질 향상을 통해 자본배

분 의사결정 프로세스에서 흔히 찾아볼 수 있는 투기적 성향을 제거해야 한다. 경영관리팀에서 투자의사결정을 최종적으로 내리고, 전사 전략에서 설정한 범위와 상위 수준의 자본배분 프로세스 내에서 운영성과를 관리하여 해당 비즈니스의 미래 리더가 갖추어야 할 자질들을 개발하도록한다. 투자가 특정 리스크나 재무적 요구 조건에 위배될 경우에 한해 개별 자본관리 검토 과정에 본사가 개입하도록 한다. 시장성장률이나 수요형태, 가격 수준, 개발에 필요한 일정계획 등과 같은 핵심 요소에 대한 일반적인 가정을 포함하여 잘 정비된 재무모델을 만들어낼 수 있도록 전사적 차원에서 기술을 개발하고, 또 새로운 역량을 개발할 수 있는 다양한 시나리오를 제공하도록 한다. '제조할 것인가 아니면 구매할 것인가?', '아무것도 하지 않을 것인가?', '좀 더 많은 정보를 얻기까지 기다릴 것인가?' 등을 포함해 활용 가능한 다수의 선택 옵션을 고려해야 한다.

- 중요한 투자를 위해서는 특정한 기대 결과물을 얻을 수 있는 다수의 점검 단계(gate or check point)를 설정하고, 각각의 단계가 마무리되는 시점에 이후 진행될 투자에 대한 승인 절차가 이루어지도록 일정에 반영한다. 이와 같은 점검 단계는 프로젝트가 일차적 승인을 거친 시점에 공식적으로 인식·정의되어야 하고, 이후의 투자 승인은 최초 승인만큼이나 엄격하게 다루어져야 한다.

- 공통의 프레임워크와 측정 방법에 리스크와 민감도 분석을 포함시키도록 한다. 프로젝트 평가 프로세스를 고안해서 실행과 예측 리스크를 포함한 모든 관련 리스크들을 평가하고, 리스크를 줄이기 위한 계획과 해결 방안을 마련하도록 한다. 자본배분 프레임워크에 리스크 분석을 공식적으로

포함시키는 것은 할인율 혹은 최소요구수익률을 높임으로써 자의적 방법으로 리스크를 다루는 것을 배제할 수 있다. 리스크와 민감도 분석은 반드시 역동적으로 다루어져야 한다. 시간이 경과하면서 활용 가능한 정보의 품질이 향상되기 때문에 이 프로세스에는 정기적인 업데이트 절차가 포함되어야 한다. 리스크 감소계획에는 또한 보건과 안전 문제 같은 비재무적 리스크도 포함되어야 한다. 리스크 감소 계획의 효과는 실행 이후의 검토 과정에서 판단될 수 있으며, 향후 리스크를 줄이기 위한 프로세스 개선에 피드백을 제공할 수 있다.

• 자본배분을 위한 노력을 재무조직에 한정하는 대신 팀에 의한 다기능 의사결정 접근법을 적용하도록 한다. 자본배분이 본질적으로 다기능 프로세스이기는 하지만 많은 기업들에서 기본적 재무평가나 그 외 핵심적 자본배분 요구들이 재무조직만으로 처리되도록 하는 경향이 있다. 개별 자본투자를 실행하는 과정에서 프로젝트에 직접적인 책임을 갖고 있는 담당 경영진을 포함시키는 방법으로 기본적 재무평가의 정확성을 향상시킬 수 있다. 자본배분을 위해 다기능 의사결정 접근법을 적용하는 것은 비즈니스 전반으로부터 정보를 획득하는 것 또한 개선해준다.

• 비즈니스 단위와 개별 성과계약을 연결하고, 보상체계를 운영 상 측정지표에 나타난 업무 성과와 연결하도록 한다. 자본투자 프로그램에서 정의된 것처럼 단기적 수익성과 장기적 역량 개발 모두에 대해 보상이 이루어져야 한다. 복수 기간에 걸쳐 성과를 측정할 수 있는 일관성 있는 측정 기준을 사용하여 성과관리 시스템의 투기적 경향을 제거한다. 경영진의 의사결정에 대한 신뢰도를 확보하기 위해 복수 기간 측정지표를 활용한다.

책임 소재를 명확하게 해서 의사결정자들이 자신이 수행한 자본배분 의사결정에 대해 책임을 회피할 수 없도록 한다.

- 투자를 실행한 이후의 검토에 필요한 일관성 있는 방식을 만들어야 한다. 미래 투자의 예측과 비즈니스 기회에 대한 정확성을 높이기 위해 조직 전반에 걸쳐 학습을 권장한다. 투자 실패의 가장 전형적인 원인을 파악하고, 현재 진행 중인 투자가 기대한 성과를 산출해내지 못하고 있음을 알 수 있는 선행지표를 확인해야 한다.

자본관리 프로세스에 관련된 이와 같은 베스트 프랙티스는 선도기업들이 채택하고 있는 기술과 방법을 잘 보여준다. 특정 기업 내에서 가장 효과적인 프로세스를 개발하기 위해서는 재무책임자들이 조직문화와 의사결정 프로세스 그리고 조직 전반에 걸친 예리한 재무적 통찰력 등 일련의 요소들에 대해 심사숙고하고 있어야 한다. 여기에서 논의된 자본관리 프로세스를 개발하는 데는 상당한 노력이 필요하겠지만 미래의 수익성에 미치는 영향을 감안한다면 충분한 가치가 있는 노력이다.

해켓 그룹의 자본관리에 대한 분석

세계적 수준의 재무책임자들은 비용과 그에 연관된 효율성 측정지표, 즉 생산성이나 사이클의 수 같은 지표에 우선적으로 집중하지 않는다. 탁월한 성과를 달성한 재무조직의 리더는 거래처리 업무에 대해 완벽하게 통제하고 있다고 자신하기 때문에 비즈니스 가치를 높이는 쪽으로 관심을 돌릴 수 있는 것이다.

재무에서 비즈니스 가치 실현을 위한 주요 동인은 운전자본이나 현금흐름이다. 이런 기준에 근거하여 고성과 재무 리더들은 현금흐름을 개선하기 위한임무를 다양한 경로를 통해 훌륭히 수행하고 있다. 그중 하나가 유효세율로그 성과를 측정하는 세금관리다. 그들은 유효세율을 28퍼센트 수준에서 관리하고 있다. 비교대상 기업의 유효세율은 평균 32퍼센트다. 법인세차감전이익1억 달러당 1퍼센트의 세금은 100만 달러의 세금과 같다. 한 기업의 법인세차감전이익이 수익의 15퍼센트라고 가정한다면 유효세율 1퍼센트 절감은 수익의 0.15퍼센트 혹은 수익 10억 달러당 150만 달러와 맞먹는 셈이다.

이와 유사하게 매출채권회전일(DSO)도 재무기능이 가치를 크게 추가할 수있는 분야다. 일반 기업의 경우 매출채권회전일은 48일이다. 반면 세계적 수준의 기업은 그 절반 수준인 22일 내에 매출채권을 회수한다. 자본비용이 10퍼센트라고 가정한다면 매출채권 10억 달러당 대략 27만 5000달러의 자본비용이 매일 발생한다는 의미다.

매출채권회수를 가속화하는 것은 기업의 현금흐름을 개선하는 또 다른 방법이 된다. 실제로 일반 기업과 세계적 수준의 고성과 기업 사이에는 상당한격차가 있다. 현금지불 가속화의 핵심 요소가 전자청구서의 활용이라는 것이흥미로운 점이다.

순수한 재무거래 처리 업무에 대한 아웃소싱의 활용 가능성이 점차 증가하면서 운전자본을 증가시킬 수 있는 역량을 향상시키지 못하거나 경제적이익창출에 긍정적 영향을 미치지 못하는 재무조직은 고위 경영진의 감소와 함께그 여파를 실감하게 될 것이다.

C·F·O·인·사·이·트

전문가로부터 배우는 교훈

☑ 운전자본 요구 수준을 최소화할 수 있도록 실무 운영 방식을 개선하고 비생산적인 자산을 제거한다. 이를 통해 가치사슬 전반에 걸쳐 투자를 레버리지함으로써 효과적인 경쟁에 필요한 자본을 최소화하는 데 중점을 둔다.

☑ 자본구조와 조달원천의 배합을 지속적으로 최적화하여 총자본비용을 절감하는 동시에 새롭게 부상하는 가치실현의 기회를 포착할 수 있도록 자본관리에 있어 적절한 유연성을 제공한다. 또한 예측하지 못한 경쟁적 도전 상황을 파악한다.

☑ 비즈니스의 전략적 우선순위와 통합된 리스크조정 자본관리 프로그램을 개발하고 단기가치와 미래가치의 성장 모두를 최적화한다. 비즈니스 전반에 걸쳐 예상 목표를 실현할 수 있는 책임감을 부여할 수 있도록 다기능팀 접근법을 적용하여 자본배분과 관리 프로세스를 설계한다.

☑ 개별 투자를 승인하는 데 필요한 점검 단계를 설정하기 위해 엄격한 프로세스를 구축하고, 기대한 성과를 창출하지 못하는 투자에 대해서는 체계적으로 중단하도록 한다.

☑ 운영예산과 자본예산 프로세스를 통합하고, 운영 결과에서 발생한 특별한 변화를 관련 승인된 투자와 연결한다. 다년간에 걸친 관찰이 가능하도록 성과관리 프로그램을 구축하고, 운영 결과와 투자 프로그램에 대응하는 가치실현 사이의 균형을 유지한다.

☑ 무형자산에 대한 투자가 손익계산서 상의 성과로 전환되는 방법과 시기에 대해 설명할 수 있도록 준비한다. 전략 상의 장애와 재무 상의 장애 사이에 균형을 유지할 수 있도록 투자 기준을 조정한다. 그래서 선택된 투자 포트폴리오를 통해 비즈니스 성장에 필요한 역량 배합을 갖추고 지속적으로 변화하는 경쟁 상황에서 새로운 기회를 포착할 수 있도록 한다.

제8장

전사적 리스크관리

Enterprise Risk Management

급변하는 산업환경에 대비하는 리스크관리

■■■ E. 폴린 스미스(E. Follin Smith), 수석부사장, CFO 겸 최고행정관리책임자 |

콘스텔레이션 에너지 그룹(Constellation Energy Group)

글로벌 기업들은 세계 도처에서 복잡하고 격렬하게 전개되는 경쟁적 환경 속에서 사업을 운영하고 있다. 그들이 비즈니스를 하고 있는 세상은 위험과 긴장, 예상치 못한 사건들로 가득 차 있으며 이로 인해 사업계획이 중단되거나 붕괴되는 경우도 비일비재하다. 무엇보다, 에너지 산업은 변동이 심하고 높은 위험이 도사리고 있는 환경에 노출되어 있다. 상품 가격은 급격하게 요동치고 있으며 에너지 회사들이 속해 있는 산업계는 지정학적 사건들과 규제에 따른 급격한 변동에 직접적으로 노출되어 있다. 이 모든 도전들을 겪으면서도 콘스텔레이션 에너지 그룹은 《포천》이 매년 선정하는 500대 기업 순위에서 전년도(352위)보다 상승했다(203위). 이러한 상승은 2004년도 500대 기업들 중에서 가장 많이 상승한 경우다. 또한 같은 잡지에 의해 '미국에서 가장 존경받는 에너지 기업'으로 선정되었다.

콘스텔레이션 에너지 그룹이 이번 장의 특별인터뷰 대상자로 선정된 이유는 그들이 놀라운 경제적 성과를 올렸을 뿐만 아니라(<그림 8.1>과 <그림 8.2> 참조) 자신만의 독특한 사업모델을 갖고 기업의 리스크관리 부분에서 탁월한 전문성을 보였기 때문이다. 우리는 수석부사장이자 CFO 겸 최고행정관리책임자인 E. 폴린 스미스에게 규제가 사라진 에너지 시장에서 성공하기 위한 한 가지 요인으로서 리스크관리에 대해 논평을 부탁했다.

"규제 대상에서 벗어난 에너지 회사가 실패하는 이유는 저축대부 산업에서 벌어진 일과 비슷합니다. 우리가 그것을 운영하도록 고용한 사람들은 준정부 조직에나 걸맞는 기술을 갖고 있는 사람들입니다. 정부의 규제를 받는 공익기업은 정부 조직이나 다름없기 때문이죠. 그러다 족쇄가 풀리고 그들이 경쟁적인 비즈니스에 참여하게 되면, 사업을 관리하는 데 필요한 기본적 기술들을 갖고 있지 않기 때문에 실패할 수밖에 없습니다. 우리는 경쟁이 치열한 분야에서 기업을 운영하기 위해 반드시 필요하지만 그들에게는 부족한 수많은 기술들을 간단히 훑어볼 수도 있습니다. 이를테면 자본을 어떻게 평가할 것인지, 자본에 대한 위험을 제거하기 위해 어떻게 헤지할 것인지, 그 성과와 현금흐름에 대해 투자자들과 어떻게 의사소통할 것인지 등에 대해서 말이지요. 게다가 에너지 산업을 집중적으로 다루는 신용평가 기관들은 단지 정부가 규제하는 공익기업에만 초점을 맞추고 있습니다. 심지어 그들은 상업적 비즈니스로 전환하는 것이 훨씬 더 위험하다는 것이나 이런 위험으로 인해 사업적 레버리지가 더 어려워질 수밖에 없다는 개념조차 파악하지 못하고 있습니다. 반대로 신용평가 기관들은 비숙련 경영자들이 운영하는 이들 기업이 레버리지를 계속 쌓아올려도 보고만 있습니다. 재무상태표 상의 레버리지뿐만 아니라 경이적인 수준의 부외거래 레버리지도 존재합니다.

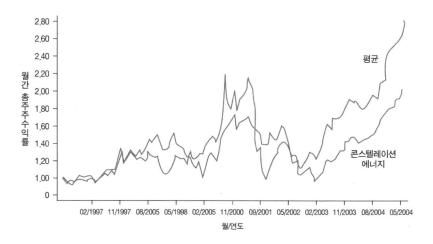

에너지 산업이 마치 하늘 끝까지 솟구치기라도 할 것 같은 시선으로 모두들 그것을 보고 있었습니다. 그들은 이런 말을 했지요. "아무 데나 발전소를 짓고 이들 발전소가 이런 차별화되지 않은 상품을 생산해서 배전망에 그것을 팔게 하자." 이것이 '야호'라는 환호성과 함께 거래시장에서 환영받는 견해입니다. '텍사스로 가서 그 주만을 위한 거래소를 운영하자'와 같은 견해 말입니다. 그 결과, 그들은 경영진조차도 파악하지 못하는 거대한 리스크를 감수하게 된 것입니다.

우리는 그런 식으로 말하지 않습니다. '규제가 완화된 덕분에 엄청난 수준의 고객 수요가 발생했다'고 말하지요. 미국과 캐나다의 22개 주의 경우, 현재 공익기업이 주 전체가 요구하는 모든 전력을 생산할 만한 능력을 갖고 있지 않습니다. 그곳의 공익기업들은 자사의 송배전 시설들을 이용해 우리의 집까지 전력상품을 퍼 나르는 일종의 분배자 역할을 수행하고 있습니다. 하지만 전력을 생산할 수 있는 수단을 갖고 있지 않습니다. 그들은 누군가로부터 전력을 구입해야만 합니다. 그러기 위해서는 대단히 복잡하고, 수많은 리스크를 관리해야만 하는 엄청난 구매 절차를 따

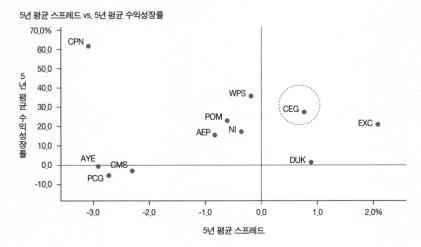

〈그림 8.2〉 경쟁사 대비 콘스텔레이션 에너지의 성과

5년 평균 스프레드 vs. 5년 평균 수익성장률

라야 합니다. 공익기업이 사고 싶어 하는 것은 본질적으로 발전소에서 생산하는 것과 다른 것입니다. 누군가가 개입해서 이들 미국과 캐나다의 22개 주에 있는 공익기업들을 위해 복잡한 구매 리스크관리 프로세스를 관리해줘야만 합니다.

상업적 고객이나 산업 고객은 굳이 자신의 지역 공익기업으로부터 상품을 구입하지 않아도 될 만큼 능력이 있습니다. 하지만 그것은 구매하기가 대단히 복잡한 상품이며, 기업에게는 익숙하지도 않은 상품입니다. 나는 한동안 GM(General Motors, 제너럴모터스)에서 원자재 상품 헤지업무를 책임졌던 적이 있습니다. 구리나 알루미늄에 비해 전력을 헤지하는 것은 훨씬 더 복잡합니다. 왜냐하면 그것은 매일, 또 시간대별로 가격이 변동하는 상품이기 때문입니다. 전기는 우리가 저장해두었다가 필요할 때 쓸 수 있는 상품이 아닙니다[물론, 최종 사용자는 전력저장 장치(ESS)를 통해 전력을 저장한 후 필요할 때 사용하거나 전력회사에 판매할 수 있지만 —옮긴이]. 우리는 언제, 얼마나 그것을 쓰게 될지 예측할 수 있어야만 하며 예측이 잘못되었을 때를 대비해 리스크를 헷지할 수도 있어야 합니다."

엔론의 부도는 에너지 업계에 지각변동을 일으켰다. 그것은 단지 투자자들을 불안하게 만들었을 뿐만 아니라 사베인스-옥슬리 법안(SOX)의 등장을 초래했으며 게다가 그 법은 에너지 업계만을 대상으로 한 것이 아니다. 스미스는 엔론의 붕괴가 콘스텔레이션 에너지 그룹에 미친 영향을 설명했다. "온 세상이 규제가 풀린 에너지 업계가 곧 파멸할 것이라고 생각하는 것이 분명했습니다. 우리는 어떤 조치를 취해야 하며 어떤 식으로 그것을 수행해야 하는지 신속하게 판단을 내려야 했습니다. 우리는 회사의 자본구조를 바꿔야만 했습니다. 일반적으로 에너지 업계는 마치 한 벌의 카드처럼 잡다한 여러 가지 방법으로 자금을 조달해왔습니다. 업계는 초단기 금융과 부적절한 유동성 문제를 안고 있었으며 차입금이 과도하게 많았습니다. 우리는 자본구조를 신속하게 바꿔야만 했습니다. 우리는 사업적 견지에서 앞으로 할 일을 결정해야 했을 뿐만 아니라 투자자들이 우리를 믿고 계속해서 회사 경영을 맡길 수 있도록 설득하기 위해 앞으로의 진로에 대해 잘 정제되고 또 상세하게 그것을 설명해야만 했습니다.

2002년 1월 당시 메이요 섀턱(Mayo Shattuck)은 콘스텔레이션 에너지 그룹의 CEO로 근무한 지 불과 90일밖에 되지 않은 상태였지요. 우리는 투자자들을 방문해 우리가 기업을 이끌고 나아갈 방향과 앞으로 수익을 올리는 방법, 수행하려는 목표를 제시하는 프레젠테이션을 실시했습니다. 정말 그것은 이제까지 내가 투자자들을 대상으로 수행했던 어떤 프레젠테이션보다도 상세한 내용을 담고 있었죠. 마치 '기모노를 열어젖혀' 완전히 알몸을 보여주는 것이나 다름없었습니다. 당시 엔론 주위에 흐르던 기류를 고려할 때, 나는 그것이야말로 투자자들을 설득해 그들의 입에서 'OK, 이 친구들에게 회사를 경영할 수 있는 기회를 한 번 더 주자고'라는 말이 나오게 할 수 있는 유일한 방법이라고 생각했습니다. 1월 달 내내 매일 밤 10시가 되면 나는 내 사무실에 앉아 규제에서 벗어난 또 하나의 에너지 기업이 월스트리트에 매달리는 장면을 되짚어 보았습니다. 그들은 그저 대량학살을 당하고 있었죠. 사람들은 분개하고 있었습니다. 우리가 모든 프레젠테이션을 끝냈을 때, 참석자들에게 질문을 받았습니다. 우리가 매우 상세하게 발표를 했기 때문에, 대략 5분 정도의 시간이 흐른 뒤 마침내 '그들이 적대적이지 않아. 흥미를 보이고 있어'라는 생각이 들었던 순간을 나는 결코 잊지 못합니다.

우리는 사베인스-옥슬리 법안이 통과되기 이전부터 완전공시 정책(full-disclosure policy)을 채택했습니다. 왜냐하면 그것만이 투자자들에게 우리가 하고 있는 일을 보여줄 수 있었기 때문입니다. 그 이전까지만 해도, 기업회계는 오로지 부도덕을 초래하는 어둠의 기술로 간주되고 있었습니다. 엔론이 붕괴된 시점에서는 그것이 일반적인 시각이었죠. 대단히 이른 시점부터 우리가 시작했던 또 다른 일은 두려울 정도로 불가사의하게 보였을지도 모릅니다. 엔론이 미국 재무회계기준 위원회(Financial Accounting Standards Board: FASB)를 설득해 마치 채권처럼 에너지 장기공급계약들(long-term energy controcts)을 회계처리할 수 있게 했기 때문에 에너지 업계는 수익이 눈덩이처럼 불어나는 모습을 보이고 있었습니다. 그들은 심지어 평가 기준이 될 만한 시가조차 존재하지 않는 상태에서 10년짜리 계약을 시가로 평가하여 이익을 기록하고 있었죠. 여기는 미국채권을 거래하는 시장이 아닙니다. 그것은 마치 1년 뒤에나 등장할 태양의 흑점을 금성과 같은 것으로 간주하는 것이나 다름없습니다. 그 결과 단일 거래계약에서 수억 달러의 이익이 발생하는 것으로 나타났습니다. 나는 콘스텔레이션 에너지 그룹에 입사한 지 한 달쯤 되었을 때, 우리가 하는 일을 이해했던 것으로 기억합니다. 그것은 전적으로 회계기준에 부합했지만, 나는 우리의 이익을 현금흐름에 좀 더 가까운 형태로 보여줄 필요가 있다고 생각했습니다. 결국 우리의 방식이 널리 보급되어 회계기준은 경제적 현실을 반영할 수 있도록 개정되었습니다. 현재 우리의 이익은 현금흐름에 훨씬 더 가까워졌습니다.

존슨 컨트롤스(Johnson Controls)의 예를 들어보도록 하죠. 그들이 GM과 장기적

시트납품계약을 체결했다고 가정해봅시다. 그들이 5년에 걸쳐 모든 시트 어셈블리들을 GM에 팔게 되었습니다. 그들은 자신들이 얼마나 많은 이익을 올리는지 알지 못했습니다. 납품 가격은 합의에 의해 정해져 있었지만 그들은 미국 자동차 판매에서 무슨 일이 벌어지고 있는지 알지 못했습니다. 그들의 수익성에는 대단히 광범위한 변수들이 존재했지만 그들에게는 그저 시트를 파는 것 외에 이익을 구현할 다른 방법이 없었습니다. 에너지 장기공급계약도 바로 그런 식입니다. 만약 우리가 매사추세츠 주에 있는 공익기업에 전력을 판매하고 있다 가정해보면, 그들이 자기 고객들을 뉴에너지(NewEnergy) 같은 경쟁력 있는 공급자에 빼앗기거나 에너지 공급원이 전력에서 가스로 바뀔 경우 무슨 일이 벌어질지 우리는 알지 못합니다. 그것이 장기계약인데도 우리는 계약 첫날에 모든 이익이 실현된 것으로 반영한 것입니다.

따라서 우리가 좋은 성과를 올리는 것처럼 보일 수 있는 방법으로 돌아가는 것은 별로 중요하지 않습니다. 중요한 것은 현금흐름과 정확한 회계처리로 돌아가는 것 그리고 우리가 투자한 금액에 비해 얼마의 이익을 창출하고 있는지와 특정 비즈니스에서 우리가 얼마의 레버리지를 가질 수 있는지를 공정한 시각으로 보는 것입니다. 하지만 이 모든 것들이 당시 업계에서 자행했던 시가평가 회계 방식으로 인해 혼란에 빠졌습니다. 우리는 미국 재무회계기준 위원회에서 규정을 바꾸기 전에 이미 발생주의 원칙으로 돌아가 있었습니다. 우리는 업계의 회계 방식이 발생주의 원칙으로 복귀하도록 규정을 변경한 현안이슈전담반(Emerging Issue Task Force: EITF)에 참가했습니다.

우리가 당면하고 있는 위기는 투자자들이 규제에서 벗어난 에너지 업계에 기회를 주고 싶어 하지 않는다는 것이었습니다. 기업의 가치관이 그 위기를 해결하는 데 어떻게 도움이 되었을까요? 완전공개 정책을 통해 시장과 비즈니스의 현실에 물러서지 않고 직면할 수 있게 해주었습니다. 우리는 재빨리 이렇게 인정해야 합니다. '있잖아, 시가평가 회계 방식이나 눈덩이처럼 부풀어 오르는 이익 따위에 너무 연연하지 마. 그런 건 바탕이 튼튼하지 못하다고. 마치 뿌리가 튼튼하지 못한 식물처럼. 그들의 사업은 실제적이 아니야. 그러니까 우리는 거기서 벗어나야만 해.' 우리가 선택한 방식은 정말로 솔직하게 벌어진 상황의 진실을 직시하는 것입니다. 우리의 전략은 투자자들에게 모든 것을 완전하게 공개하는 것이었죠. 우리는 행군하며 앞으로 나아가기 위해 기꺼이 한 걸음을 물러섰습니다. 우리가 비즈니스를 강화하는 데 유리하게 작용했던 문화적 토대는 전부 거기에서 나왔습니다."

전사적 리스크관리에 대한 새로운 정의

리스크관리는 매우 광범위한 내용을 담고 있다. 그것은 금융상품(financial instruments)을 이용하는 것에서부터 특정한 재무적 상황에 노출되는 것을 관리하거나 비즈니스 환경의 급격한 변화에 효과적으로 반응하는 것이나, 자연재해와 정치적 불안정에 대응하는 것에 이르기까지 모든 것을 포함한다.

라틴 아메리카와 아시아, 중국, 러시아를 포함한 동유럽 등 지역별로 발생하고 탐구하며 감당해야 할 리스크는 매우 다양하다. 예를 들어 라틴 아메리카의 경우, CEO는 경제적인 혹은 정치적인 대규모 불안정이나 통화위기, 만성적 부채에 주기적으로 대처해야만 한다. 아시아와 중국은 초고도성장에 따른 매우 다른 종류의 도전을 받고 있다. 러시아에서는 유코스오일(Yukos Oil)의 사례에서 드러난 것처럼, 기업들은 정부의 예상치 못한 개입이라는 반복되는 리스크에 반드시 대비하고 있어야만 한다.

세계 전역의 개발도상국에서 작동하고 있는 거시경제적 요인들과 더불어 사업을 위협하는 기본적인 도전들도 상대해야 한다. 이를테면 게임의 규칙을 끊임없이 바꾸는 새로운 경쟁자나 경쟁우위를 보장하는 동시에 파괴하는 기술적 진보들[예를 들어 무선주파수인식(Radio Frequency Identification: RFID)이나 웹서비스, 무선통신기술, 세계화(예를 들어 국내시장을 장악한 상태에서 해외로 사업을 확장해 아시아를 넘어 진정한 국제적 항공사가 되려는 목표를 갖고 있는 에어차이나) 등이 거기에 해당된다.

이것들은 끊임없이 비즈니스의 복잡성을 증가시키고 있는 다양한 현실들 중에서 단지 몇 가지 사례에 불과하다. 이러한 것들은 이 장에서 제기하는 다양한 이슈들을 기업의 경영자들이 더욱 민첩하고 직관적이며 엄격하게 다룰 것을 요구한다. 이와 같은 비즈니스의 전형적인 도전들 외에도 주식시장에 공개된 기업들은 사베인스-옥슬리 법안과 국제회계기준(IAS, IFRS), 바젤 II라는 새로운 규제의 파도에 직면했다. 이런 환경 속에서, 이해관계자들은 경영진에게 비즈니스를 탁월하게 수행할 뿐만 아니라 약속한 성과를 창출하는 데 따르는 리스크를 적극적이고 투명하게 관리하겠다고 보장해주기를 요구한다. CFO는 한편으로는 기업의 성과와 주주를 위한 배당을 유지하는 동시에 다른 한편으로는 새로운 컴플라이언스 요구들이 부과하는 책임을 짊어져야 한다는 사실에 괴로워하고 있다. 재무책임자의 자리가 시애틀이나 베이징, 쿠알라룸푸르, 프라하, 런던, 뉴욕 등 어디가 되었든지, 그들은 모두 사상 유례가 없을 정도로 빠르게 변화할 뿐만 아니라 변화의 속도가 점점 더 가속화되고 있고 인터넷에 의해 상호 연결된 세계에서 살며 직장생활을 하고 있다.

규제에 따른 제약들이 점점 더 엄격해지고 있으며 그것들이 조직의 자원(예를 들어 인력이나 금융자산, 자본)에 커다란 부담을 주고 있을 뿐만 아니라 그 부담은 계속 증가하고 있다. 다른 한편에서는 그런 규제에 따른 제약들이 경영진의 능력과 역량을 계속 소진시키고 있다. 우리가 수행한 연구에 따르면, CFO들은 단순히 회계감사 위원회의 역할을 어설프게 땜질하는 것에서 벗어나 디아지오의 CFO 닉 로즈가 '비즈니스 리스크 감사(business risk assurance)'

라고 부르는 새로운 조직 모델을 구현하는 쪽으로 대응 방식을 바꾸고 있었다. 이것은 새로운 프로세스와 시스템, 도구, 전사적 차원의 거버넌스 모델 등을 포함한 확장된 역량들을 활용해서 규제의 모든 요구 사항을 전체적 관점으로 대응하는 것이다. 이 조직모델은 이사회의 한 부분으로 독립적으로 뿌리를 내린 뒤 경영 조직의 각 계층으로 세분화되면서 콘트롤러십 개념을 공식화한다. 사실상 인터뷰에 응한 모든 CFO들이 리스크관리를 새로운 중점 사안으로 논의하고 있기 때문에 우리가 실제로 전사적 리스크관리(ERM)의 시대에 들어섰다는 것은 분명하다고 하겠다.

우리는 존스 랑 라살의 COO 겸 CFO인 로렐리 마틴에게 법규의 변화와 그것을 준수하는 데 요구되는 사항들이 기업들에게 리스크관리를 좀 더 포괄적인 방법으로 접근하도록 압력을 가하고 있다는 가정을 논평해 달라고 부탁했다. 그녀는 이렇게 대답했다. "그것은 이미 벌어지고 있는 현상입니다. 우리는 글로벌운영 위원회(Global Operating Committee)를 설치했으며, 내가 의장을 맡고 있습니다. 여기에는 우리의 지역별 COO들을 비롯해 법률과 내부감사, 리스크관리 등 세계 전역에서 광범위한 기업 협의체에 속한 전문가들이 참가하고 있습니다. 우리 위원회는 매달 한 번씩 모임을 갖고 확인된 리스크들을 검토하고 그 리스크를 분리해야 하는지 아니면 좀 더 넓은 관점에서 특정한 방법으로 그 리스크에 대응할 필요는 없는지 결정합니다."

리스크관리의 프레임워크

전사적 리스크관리는 전략적이고 전술적이며 실행적인 도구다. 그것은 기업이 주주가치를 강화하고 보호하는 동시에 법규에서 부과하고 있는 요구 사항을 충족하면서 비즈니스를 이끌고 나가는 데 도움이 된다. 하나의 기능으로서 리스크관리는 오래전부터 존재했다. 하지만 업계마다 리스크의 정의나 관리 측면에서 상당한 차이가 있다. 결국 전사적 리스크관리에 대한 포괄적인 논의를 통해 기업이 겪게 되는 서로 다른 리스크들을 정의할 수 있는 공통 프레임워크를 설정할 필요가 있다.

리스크는 손실이나 위험이 발생할 가능성의 정도다. 즉, 리스크는 이익 감소를 초래하거나 미래의 가능성이나 조직의 성장 잠재력에 악영향을 미치고 최악의 경우 기업의 파산 등을 초래할 수 있는 특정 사건 혹은 일련의 사건들로 인해 불리한 결과가 발생할 상대적 가능성이다. 비즈니스 관점에서는 대부분의 경우 리스크를 금융상품이라는 맥락으로 파악한다. 하지만 앞에서 논의한 것처럼, 현재의 비즈니스 환경에서 리스크의 범위는 그보다 훨씬 넓고 그 영향력도 크다.

리스크관리 관점에서 보면 금융서비스 산업(예를 들어 은행과 보험, 자본시장)은 독특한 사례다. 그들은 주주들의 이익을 창출하기 위해 리스크를 수용하고 관리하기 시작했다. 은행업과 보험업에 속한 기업들은 리스크를 효율적으로 관리해 독특한 경쟁우위를 확보할 수 있다. 은행업계의 기업에게는 전사적 리스크관리가 단순한 이네이블러가 아니라 비즈니스 전략의 핵심 요소다. 결과적으로 일부 기업들은 금융시장의 특정 위기를 견디는 데 있어서 상대적 우위, 곧 일상적인 기업 활동 중에 획득한 정보에서 나오는 우월성을 갖게 될 것이다.

리스크의 유형

리스크는 기본적으로 재무 리스크와 비재무 리스크로 분류할 수 있다. 재무 리스크는 실제 손실과 같이 이익이나 재무적 성과에 악영향을 미칠 수 있는 잠재력을 가진 사건이라고 정의된다. 재무 리스크(유동성 리스크와는 별도로)는 측정이 가능하며 손실 사건과 실제 손실 사이에 직접적인 관계를 드러내 보여준다. 재무 리스크의 핵심 항목들은 다음과 같다.

1. 신용 리스크: 계약의 상대방 혹은 고객의 채무불이행으로 인한 손실의 가능성, 또는 계약의 상대방 혹은 고객의 잠재적 손실의 가능성 증가나 신용등급 악화 증가(리스크 이동)
2. 시장 리스크: 환율이나 이자율, 원자재 가격과 같은 시장가격이 불리한 방향으로 이동하여 발생하는 손실의 가능성
3. 유동성 리스크: 현금지불, 특히 단기적 성격의 지불 약속을 이행하지 못할 가능성

비재무 리스크는 정량화하기가 더 어렵지만 기업의 비즈니스 건전성과 성장에 상당한 영향을 미친다. 비록 포괄적이지는 않지만, 다음 항목들은 광범위한 산업계에 걸쳐 다양한 조직들이 인정하고 있는 핵심 리스크다.

1. 운영 리스크는 적합하지 않거나 잘못된 내부 프로세스와 인력, 시스템에 의해 손실에 노출되는 것으로 정의된다. 이것은 기업 내의 운영 상의 결함이나 실수로 인해 발생하는 직간접적 손실이나 평판 손상 리스크를 의미하며 따라서 직원이나 조직, 통제 루틴, 프로세스나 기술이 그 원인이 된다. 운영 리스크는 베어링 은행(Baring Bank)이 경험했던 것과 같은 대규모 손실을 초래하며 운영 상의 실패가 발생할 수 있는 형태가 다양하기 때문에 대부분의 조직에서 관심의 초점이 되고 있다. 덧붙여, 은행을 감독하는 바젤 위원회(Basel Committee on Banking Supervision)는 은행이 필요

한 자본을 유지해야 하는 새로운 리스크 범주로 운영 리스크를 추가했다.

2. 비즈니스 리스크는 비즈니스의 변동성을 보여주는 주요 지표이며 경쟁의 압박 또는 전략이나 제품, 시장, 조직과 관련된 나쁜 결정으로 인해 불리한 결과가 초래될 수 있는 리스크라고 정의된다. 비즈니스 리스크는 비즈니스 활동의 유형뿐만 아니라 각 비즈니스 섹터 내에 존재하는 요인들에 의해 결정되며 그런 요인에는 성장률, 경쟁, 시장점유율, 고위 경영진의 경험이나 평판 등이 포함된다. 비즈니스 리스크가 시사하는 바를 보여주는 사례 중 하나가 정부 후원의 연구개발 지원을 받은 뒤 하이브리드 자동차 생산을 포기한 GM의 결정이다. 도요타와 혼다, 포드 등은 모두 하이브리드 자동차를 개발하기로 결정했고 그 결과로 지금은 시장의 선두주자가 되었으며, 6년의 기술 격차에 해당하는 경쟁우위를 갖고 있다.

3. 컴플라이언스 리스크(compliance risk)는 특정 컴플라이언스와 규제 요건을 만족시키지 못해서 조직이 재무적 처벌을 받거나 평판에 손상을 입을 때(혹은 두 가지 모두) 발생한다. 현재 규제와 그에 따른 요건이 계속 늘어나고 있는 상황이기 때문에 이 리스크에 대해 사람들의 관심이 점점 더 커지는 것은 당연한 일이다. 월스트리트의 투자은행들(Investment Banks: IB)과 뉴욕 주 검찰총장 엘리엇 스피처(Eliot Spitzer) 사이에 집중적으로 타협안이 쏟아져 나왔던 경우가 컴플라이언스 리스크가 시사하는 바와 관련된 사례다. 또 다른 사례로는 노텔(Nortel)이 재무제표를 수정하여 재공시했다가 손해를 입은 것과 셸(Shell)이 석유 매장량을 축소 보고해서 손해를 입었던 경우를 들 수 있다.

4. 연금 리스크는 확정급여형연금(Defined Benefit Pension: DBP) 또는 확정기여형연금(Defined Contribution Pension: DCP)에 의해 추정 현금유출(부채)이 계획된 추정 현금유입(자산)을 초과하고 그 차액을 기업이 부담할 책임을 갖고 있을 때 발생하는 유동성 리스크의 독특한 형태다. 항공사나 자동차 회사들에서 증명된 것처럼 연금적자는 현실화되어 조직의 경쟁력을 손상시킬 수 있다. 맥스웰 출판제국(Maxwell Publishing Empire)이 무너진 것도 부분적으로는 연금제도라는 '블랙홀'에 원인이 있다.

5. 법적 리스크는 보증이나 정당성 여부와는 관계없이 기업을 상대로 법적 행동이 발생하여 그 결과로 인해 재무적 손실을 입거나 평판에 손상을 입을 때 발생한다. 담배회사를 상대로 한 집단소송이 하나의 사례다.

리스크는 관리대상 기간(time horizon)을 기준으로 장기적 또는 전략적 리스크와 단기적 또는 전술적 리스크로 분류하고 평가할 수 있다. 전략적 리스크의 영향은 당면한 회계연도를 넘어까지 이어진다. 전략적 리스크는 경영진 재조직이나 M&A, 연구개발, 변혁 프로젝트, 성장전략 등을 포함하는 다양한 영역에서 이루어진 결정의 결과로 발생한다. 기업의 경영 위원회(executive management committee)와 이사회가 전략적 리스크의 관리를 책임진다. 자신이 시장에 진입하기 전 경쟁자들이 개인휴대정보단말기(PDA) 시장의 개발에 자금을 투입하도록 허용한 델의 결정은 전략적 리스크의 사례다. 전술적 리스크는 기업을 운영하는 매일의 일상 활동들 속에서 발생하며 일반적으로 단기적이고 빈번하게 발생하며 항상 그런 것은 아니지만 보통 영향력이 작다.

어떤 리스크는 직접적인 측정이 불가능하다. 리스크 사건과 리스크와 실제 손실 혹은 주주가치에 미치는 영향 사이의 직접적인 관계를 밝혀내기가 쉽지 않기 때문이다. 가장 심각한 손실들 중 일부는 기업가치와 같은 유사 변수를 통해 측정될 수 있다. 기업의 수익성이나 이익에 경고가 발표되면 주가가 붕괴될 수 있다. 그것이 바로 영국 모리슨 슈퍼마켓(Morrison Supermarkets)의 경우에 해당한다. 그들은 세이프웨이(Safeway)를 공개매수(take over)한 뒤 이어지는 12개월 동안 다섯 번이나 연속적으로 이익에 대해 경고를 발표했다.

비록 어떤 리스크는 보험을 통해 대비할 수 있지만, 비즈니스 리스크의 효과적 관리야말로 모든 조직에게 핵심이 되는 기능이다. 비즈니스 리스크를 아웃소싱이나 보험을 통해 관리할 수는 없다. 포트폴리오 최적화와 자본배분을 효과적으로 수행하는 데는 비즈니스 리스크를 이해하는 것이 무엇보다 중요하다. 즉, 모든 사업단위에서 발생하는 이익은 관련된 리스크 프로파일과 균형을 이루어야 한다. 예를 들어 안정적 매출을 보이는 비즈니스 단위에 할당된 운전자본은 상대적으로 매출 변동이 심한 비즈니스 단위의 최소요구수익률보다 낮아야 한다.

뛰어난 리스크관리의 요소

뛰어난 리스크관리는 고성과 비즈니스의 기본적인 요건이다. 뛰어난 리스크관리 실무 사례는 네 가지 항목으로 이루어진다.

1. 중요 리스크의 식별
2. 리스크 성향(risk appetite)의 명확한 정의
3. 확고한 통제 프로세스와 리스크 완화 기법
4. 조직의 다양한 수준에서 잘 조직된 거버넌스

중요 리스크의 식별

비즈니스 단위의 리스크 프로파일을 결정하기 위해 우리는 모든 중요 리스크들을 식별해야 하고, 포트폴리오 최적화와 자본배분과 같은 전략적 결정을 내리기 위해 리스크조정수익 프레임워크를 활용해야 한다. 앞에서 설명한 것처럼 이들 리스크는 비재무적일 수도 재무적일 수도 있다. 또한 조직은 가장 심각한 영향을 줄 수 있는 것에 집중할 수 있도록 각 리스크 유형의 발생 가능성과 잠재적 영향을 평가할 필요가 있다.

기업들은 종종 중요한 리스크를 무시하는 경향이 있으며 리스크관리가 비즈니스의 주요 기능이 아닐 때 그런 경향이 특히 심하다. 특정 조직에 중요한 리스크라도 다른 조직에는 중요하지 않을 수 있다. 성공하는 조직들은 중요 리스크를 정의할 때 기존에 정해놓은 표준에 의지하지 않고 자신의 상황에 적합한 평가 기법을 사용한다. 예를 들어 특정 행위나 손실로 인해 정부의 조사를 받고 있는 기업의 경우, 동종 업계나 비즈니스 분야의 경쟁 기업에 비해 평판 리스크가 더 높을 것이다.

다국적 금속생산업체의 CFO는 리스크 평가의 경제적 영향과 그 중요성에 대한 통찰력을 보여주는 말을 한 적이 있다. "우리와 비슷한 재무 리스크에 노출된 기업들은 별로 떠오르지 않습니다. 우리가 독특할 수밖에 없는 이유는 우리가 리스크에 크게 노출되어 있을 뿐만 아니라 확고한 리스크관리를 통해 그와 같은 노출을 줄일 수 있도록 비즈니스를 수행하고 있기 때문입니다. 우리의 경우, 금속 관련 리스크와 전기나 원재료, 석유, 가스 등의 형태로 에너지 리스크에 노출되어 있습니다. 그런 다음에는 통화 리스크가 있지요.

5, 6년 전까지만 해도, 보험회사들이 우리를 찾아와 서로 다른 이 모든 리스크들을 단 한 개의 숫자로 상호연관시키곤 했습니다. 그러면 우리는 그들의 보험상품을 샀었죠. 나는 그게 전혀 말이 안 된다고 생각했습니다. 우리는

결코 보험금을 받지 못할 것입니다. 나에게 전사적 리스크관리는 재무적 리스크에 대한 것입니다. 그런 다음에는 이벤트 리스크와 비즈니스 리스크도 생각해야 합니다. 비즈니스 사이클이라는 맥락에서 보면, 우리는 타이밍 리스크도 생각해야 합니다. 우리가 자본을 투자했을 때 타이밍은 정말 엄청난 영향을 미치게 됩니다. 내 말은 파멸적 영향이 있다는 뜻입니다. 현금회수기간에 극적인 영향을 미치죠. 만약 우리가 그것을 고정시킬 수 없다면, 혹은 타이밍을 정확하게 잡을 수 없다면 우리는 침몰하게 됩니다……."

사례 연구 ■ ■ ■ 엑셀 PLC

우리는 다국적 물류회사 엑셀 PLC의 아시아태평양 사업부 CFO인 스티븐 페라비에게 아시아에서 비즈니스를 할 때 등장할 수 있는 리스크를 어떻게 보는지 논평을 부탁했다. 그는 이렇게 답했다. "아시아에는 다른 지역보다 리스크가 더 큰 신흥시장들이 있습니다. 우리는 파키스탄에서 2, 3년 정도 사업을 운영했습니다. 그곳은 비즈니스를 관리할 양질의 경험 많은 인력을 구하기가 어렵기 때문에 리스크가 큽니다. 중국 시장은 고속성장으로 인해 온갖 잠재적 위험이 발생하고 있으며 그것은 좀 더 성숙된 다른 시장들과 다른 성질의 리스크입니다. 그런 점들을 제외하면 홍콩이나 싱가포르에서 비즈니스를 운영하는 것이 미국이나 영국에서 하는 것보다 특별히 더 위험하지는 않다고 말하고 싶습니다. 대체로 서로 유사하지요.

우리는 상당히 낮은 원가와 마진으로 여러 국가에서 기업을 운영해야 하는 도전에 직면해 있습니다. 인도네시아는 전형적인 사례입니다. 만약 우리가 인도네시아에서 소비재를 생산하는 기업의 물류를 담당할 경우, 우리의 매출과 그것에 연동되는 경향이 있는 마진은 비슷한 규모의 유럽 기업들과 비교할 때 약 5분의 1 수준에 지나지 않습니다. 그럼에도 바로 그 소비재 생산기업은 미국과 유럽 고객들이 우리에게 기대하는 것과 비슷한 수준의 책임을 기대합니다. 우리 고객들이 쉽게 이해하지 못하는 사항들 중 한 가지는 그들이 전사적 리스크관리를 시도하면서 우리의 표준 계약조건들도 계속 영향을 받는다는 사실입니다. 이제는 리스크관리가 우선이기 때문에 그것은 상당히 복잡한 논쟁이 되기도 합니다. 많은 '기업'들이 강력한 리스크관리 팀을 운영하고 있지만 그들이 직접 공급업체를 상대하거나 실행과 운영 결과에 대해 책임을 질 필요는 없습니다.

따라서 우리는 고객과 담당 기사를 통해 해당 기업의 리스크관리 부서에 의사를 전달하고 다시 같은 경로를 통해 회신을 받는 형태로 대화합니다. 그건 대단히 힘든 일이 될 수도 있습니다. 유럽에 있는 우리 동료들은 영국의 소매상에 집적 가서 계약서에 리스크의 가격을 얼마로 정할 것인지 매우 복잡한 대화를 나눕니다. 아시아에서는 그것을 실제로 수행하기가 대단히 어렵습니다. 특히 미국 기업들에게 가장 어려운 부분은 아시아의 시장환경에 미국의 계약 조건을 적용하려는 것입니다."

그 말은 아시아 기업들이 자신의 리스크를 엑셀에 전가하려고 한다는 의미냐고 페라비에게 물었다. 그것은 상당히 공격적인 일련의 비즈니스 거래 조건으로 체화되어 있는 관행이었다.

그는 이렇게 대답했다. "그렇습니다. 그리고 그런 압력은 해마다 계속 강해지고 있습니다. 우리 업계의 마진 압박(margin pressure)에 대해서는 많은 기사가 나왔지만 리스크 전가에 대해서는 상대적으로 덜 알려져 있습니다. 하지만 한때는 아예 그것이 베일에 싸여 있던 적도 있었습니다. 지금은 개방되었으니 그나마 나아진 거죠. 하지만 우리 고객이나 우리 직원들 모두에게 여전히 어려운 분야입니다. 예를 들어 우리가 중국에서 국내 화물운송사업에 입찰을 하려고 하면 엄청난 조건이 등장하게 됩니다. 그들은 트럭당 5만 달러의 책임보험을 원하면서 중국 트럭운전자들과 같은 운송요금을 적용하려고 합니다. 하지만 그들은 중국 트럭회사를 찾아가려 하지 않습니다. 왜냐하면 그들은 그런 조건에 합의하지 않을 테니까요. 그가 설사 계약에 서명을 하더라도 어떤 일이 벌어졌을 때 결코 5만 달러를 지불하지 않을 것입니다. 그래서 그들은 우리의 상용차 운전자들을 쥐어짜려고 하는 것입니다. 나는 신흥시장에서 이와 관련된 분명한 아웃소싱 사례를 접한 적이 있는데 신흥시장에서는 모든 전략이 리스크관리와 관련이 있습니다. 사실상 그것은 자기들을 위해 자기들의 리스크를 떠안아 줄 다국적 기업들을 한 배에 태우는 것과 같습니다. 따라서 실제 거래는 거의 부수적인 것이나 마찬가지입니다."

리스크 성향의 명확한 정의

조직은 자신의 비즈니스에서 계산·평가된 양만큼의 리스크를 감당하고 관리할 필요가 있다. 모든 리스크를 없애거나 완화시키는 것, 즉 리스크프리 선택대안(riskfree option)을 찾아내는 것은 그럴듯하지만 현실적이지 않다. 모든 비즈니스에는 본질적인 구성 요소로서 리스크가 잠재되어 있기 때문이다. 어떤 극단적 리스크는 비즈니스 내에서 비용효율적으로 관리될 수 있다. 더욱이 수익성과 비즈니스 성과로서 이익을 최적화하기 위해서는 리스크를 감수할 필요가 있다. 따라서 모든 기업의 고위 경영진은 리스크 성향을 정의하고 전체로서 그리고 구성하고 있는 다양한 부분으로서 비즈니스가 감당할 수 있는 수준을 결정한다.

리스크 성향 정의서(risk appetite statement)는 기업이 자신의 모든 이해관계자들과 소통한 전략적 핵심 목표를 달성하기 위해 기꺼이 감당할 수 있는 리스크의 성격과 수준을 정의한 것이다. 이미 확립되어 있는 정책과 절차를 통해 리스크 성향은 경영계획과 자원배분, 성과측정, 경영보고의 과정 속에 내재화되어야 한다. 신용 리스크와 시장 리스크처럼 정량화가 가능한 리스크들은 모니터링과 통제를 위해 특정한 리스크 한도나 지시 사항으로 전환된다. 최고리스크관리책임자(Chief Risk Officer: CRO)는 CEO를 대신하여 리스크 성향 정의서를 작성하는 임무를 수행한다. 그런 다음 이를 이사회에 제출해 승인을 받는다. 리스크 성향과 측정 방법은 그것들이 조직의 목표에 적합하고, 또 목표 달성에 도움이 되는지를 정기적으로 리뷰하여 확인해야 한다. 비록 그것이 성장의 장애 요인으로 간주되고 있기는 하지만, 사실 성장을 관리하기 위한 전제 조건이 바로 잘 정의된 리스크 성향이다.

디아지오의 CFO 닉 로즈는 기업의 모든 계층이 리스크를 잘 이해하고 있어야 할 필요성에 대해 이렇게 이야기했다. "우리가 제안서의 어떤 변경이나 잠재적 기업인수, 제안된 광고나 프로모션 비용을 살필 때는 경제적이익 흐름, 리스크조정수익, 현금흐름 등 우리가 살펴야 할 것들을 철두철미하게 평가합니다. 이것은 기업의 모든 계층을 통해 수행되며 우리는 보상체계 속에 리스크와 연계된 성과연동 보너스까지 가지고 있습니다."

사례 연구 ■■■ 싱가포르 에어라인

우리는 싱가포르 에어라인(Singpaore Airlines)의 재무담당 부사장인 고춘퐁(Gho Choon Phong)을 인터뷰하고 리스크관리 방식에 영향을 줄 수 있는 사건이 발생했을 때 기업이 자신의 능력을 활용해 어떤 식으로 대응하는지를 물었다.

"항공업계는 경제 상황과 9/11이나 자연재해, 정부와의 관계 등과 같은 외적 사건에 대단히 민감합니다. 나는 그 모든 사건이 우리 비즈니스에 영향을 줄 수 있다고 생각합니다. 예를 들어 9/11은 항공 여행에 대한 신뢰에 영향을 미쳤을 뿐만 아니라, 테러와 관련한 새로운 사건이 발생할 때마다 그 공포가 다시 살아날 것입니다. 또한 그로 인해 우리의 비용도 증가했습니다. 왜냐하면 우리는 리스크를 관리하고 여행자들에게 확신을 심어주기 위해 보안 수단을 강화해야만 하기 때문입니다. 만약 우리가 지난 5년을 되돌아본다면, 항공업계는 너무나 많은 외적 충격을 경험했기 때문에 이제는 우리가 아예 외부적 충격의 가능성을 계획수립 과정에 반영하고 있을 정도입니다. 우리는 모든 것이 계획대로 순항할 것이라고 가정할 수 없습니다. 그러기 위해서는 민첩한 사고력이 필요합니다. 어떤 경우든 성공적 기업이 되기 위한 도전은 변화에 재빠르게 대응하는 것입니다."

우리는 항공기의 대수를 늘린다거나 신형 에어버스 A380 항공기를 도입하는 결정과 같은 지속적인 대규모 자본투자의 맥락에서 싱가포르 에어라인은 리스크 성향을 어떤 관점에서 보는지를 그에게 질문했다. "항공업계는 계획대상 기간이 장기입니다. 만약 우리가 향후 12개월 내에 상당 규모의 탑승 수용능력 증대를 바란다고 해서 그 일이 단순히 그렇게 되는 것이 아닙니다. 우리는 포괄적인 계획수립 과정을 거쳐야만 하며 거기에는 실제 항공기를 인수하는 것 말고도 조종사 훈련과 필요한 기술지원 설비들을 설치하는 데 걸리는 선행 기간이 포함됩니다. 이로 인해 오류 리스크가 증가하게 되는데, 그것은 우리가 9/11이나 발리 폭탄테러, 쓰나미와 같은 사건을 예측할 수 없기 때문에 생기는 일입니다. 다시 한 번, 우리는 그와 같은 사건이나 충격, 중요한 변화에 대응하기 위해 민첩한 사고력을 발휘해야만 합니다. 하지만 그렇다고 해서 사전준비(forward planning)의 중요성이 줄어드는 것은 아닙니다. 여전히 우리는 회사의 성장 프로파일이 될 것이라고 믿는 것을 반영한 롤링계획이 필요합니다. 우리는 지속가능한 성장을 달성하면서 새로운 항공 기술들을 자본화하여 이용할 수 있도록 신형 비행기들을 도입하는 계획을 만들 수 있다고 믿습니다. 이것은 지속적으로 진행되는 과정입니다.

우리는 프레임워크를 갖고 있어서 그것을 분석의 지침으로 활용하고 있으며 그것을 통해 계획과 평가 단계에서 다양한 시나리오들을 고려하고 있습니다. 항공업계는 많은 도전과 마주하고 있습니다. 고가의 급변하는 유가도 그중 하나입니다. 단기적으로, 우리는 유류 할증요금을 통해 유가 상승을 제거하고 유류 헤지를 통해 가격 변동성을 어느 정도 관리할 수 있습니다. 우리는 어떻게 그것을 관리할 수 있을까요? 그 모든 예측을 수행하기 위해 우리는 몇 가지 가정을 해야만 합니다. 우리는 유가가 계속 이 수준을 유지하게 될 것이라고 가정할까요? 아니면 더 낮은 수준으로 떨어지거나 더 높은 수준으로 올라가게 될 것이라고 가정할까요? 우리가 어떤 가정을 선택하든 예상치도 못했던 사건으로 인해 모든 가정이 무용지물이 됩니다. 따라서 한편으로는 미래의 일을 미리 계획하는 것도 중요하지만, 변화에 대응하는 데 필요한 조정과 적응을 위한 민첩성도 그만큼 중요합니다."

일반적으로 기업의 주된 목표는 주주의 부를 극대화하는 데 있다고 사람들은 믿고 있다. 동시에 투자에 대한 전반적인 이익 수준은 비즈니스의 리스크 프로파일에 상응해야 한다. 조직이 다르면 리스크 수준도 다르기 때문에 주주들이 자본비용으로 요구하게 될 투자수익률과 그 가변성도 다를 수밖에 없다. 결과적으로 비즈니스 전략에서 리스크관리의 역할은 리스크 성향의 정의 속에 분명하게 규정되어 있어야 한다. 이는 전사적 리스크관리의 한 부분이기 때문이다. 우리는 리스크관리와 주주 가치의 연관성을 프로젝트를 평가하는 것과 같이 상대적으로 측정·평가할 수 있다.

고춘풍이 여기서 설명하는 것처럼 재무부서가 선제적인 접근법을 취하는 것도 하나의 방법이 될 수 있다. "심지어 투자 결정도 어느 정도까지는 재무부서가 회사의 다른 부서들과 긴밀한 협력 속에 업무를 수행합니다. 예를 들어 IT 부서가 아웃소싱 방안과 같은 새로운 구상을 검토하고 있을 때, 우리는 그들과 긴밀하게 협조하며 일합니다. 하지만 그 프로세스가 단순히 비용관리 차원에서 벗어나 계획과 의사결정 프로세스로 전환될 경우 우리는 더 효율적으로 리스크를 관리할 수 있습니다. 현재, 사내 다른 사업 부분과 연계는 주로 그들에게 가중평균자본비용(WACC)을 초과하여 투자이익을 실현하는 방안을 찾게 하는 형태로 이루어지고 있습니다. 모든 사업부는 우리의 가중평균자본비용이 얼마인지, 그리고 어디에 투자하고 어떤 계약을 맺어야 하는지 결정할 때는 리스크조정수익에 대한 우리의 요건을 충족해야만 한다는 사실을 분명하게 알고 있습니다. 그런 측면에서, 우리는 사업부들과 긴밀하게 협력하여 재무적 평가를 수행합니다. 하지만 그것만으로는 충분하지 않습니다. 왜냐하면 의사결정 단계에서 이미 그것은 상당히 진전된 상태이기 때문입니다. 나는 가치사슬의 더욱 높은 단계로 올라가려고 노력하고 있습니다. 재무조직은 단지 사업 구상들의 재무적 이익을 평가하기보다는 비즈니스 파트너로서 각 사업부들과 처음부터 긴밀하게 협조해야 합니다."

확고한 통제 프로세스와 리스크 완화 기법

효과적인 리스크관리 실행 사례가 되려면, 프로세스 통제환경과 리스크를 완화시킬 수 있는 기법이 필요하며 이것들은, 고위 경영진이 정의해놓은 리스크 성향 내에서 작동하게 된다. 통화 변동성에 대한 외환시장 트레이더들의 인식은 시장에서 상업적으로 통화를 사용하는 사람들의 인식과는 다를 수 있다는 점을 명심해야 한다. 트레이더들은 많은 통화 거래량과 환율의 커다란 변동에 관심이 크다. 그것들이 클수록 트레이더들에게는 이익을 낼 수 있는 기회가 커지기 때문이다. 하지만 상업적인 사용자에게, 환율의 변동은 한 통화가 외환시장을 통해 다른 통화로 실제로 변환되면서 현금자산에 직접적인 영향을 미치기 때문에 비즈니스 리스크를 증가시키는 역할만 할 뿐이다. 이런 리스크에 대한 노출을 감소시키기 위해, 상업적 사용자들은 헤지 활동, 즉 비즈니스 내에서 자연적으로 발생할 수밖에 없는 리스크 노출로 인한 잠재적 손실에 합리적으로 관련되어 이익을 창출할 수 있게 설계된 거래를 실행한다.

미국의 CFO들을 대상으로 한 조사에서 외환거래를 하고 있는 기업들에게 환율 리스크를 헤지하는지 여부를 질문했을 때 해당 기업의 CFO들 중 22퍼센트가 "그렇다"고 대답했다. 같은 조사에 따르면 개인기업(16퍼센트)에 비해 공개기업(39퍼센트)에서 환율 리스크를 헤지할 가능성이 더 높았다.[1] 유럽연합(European Union: EU)에 속한 기업들은 미국의 기업들과 다르게 행동했다. 미국에서 수행된 것과 비슷한 내용의 한 조사에서 유럽연합 기업들 대부분은 자신의 외환 노출(거래와 환산 노출)은 물론 금리 리스크도 헤지를 하는 것으로 나타났다. 대체로 기업들은 자신의 사업정책과 헤지 전략이 노출의 중요성과 경영진의 리스크 회피 정도(리스크 성향), 중앙집권화의 정도, 경쟁 상황에 영향을 받는다고 설명했다.

통화와 금리의 변동은 예상 가능한 반면, 리스크는 높은 금액과 낮은 빈도라는 특징을 가진 아주 드문 사건으로 인해 초래되는 예상치 못한 손실의 발생 가능성으로 정의된다. 리스크관리의 주요 도전 중 하나는 그와 같은 사건들의 발생 빈도와 영향을 정량화하는 것이다. 신뢰할 만한 역사적 데이터가 없다는 이런 리스크의 본질적 속성 때문에 어떤 종류의 통계적 분석에도 극도의 곤란을 겪게 된다. 그로 인해 분석 결과의 타당성은 의심스러울 수밖에 없다. 예상치 못한 손실이 발생할 수 있는 사건의 재무적 영향으로부터 조직을 보호하기 위한 일종의 완충장치로서 자본은 일정 수준 이상으로 유지되어야 한다. 하지만 자본이 그런 사건의 발생 가능성이나 영향을 낮춰주지는 못하며, 단지 그와 같은 사태가 발생했을 때 비즈니스의 지급 능력만 보장해줄 뿐이라는 사실을 기억해야 한다. 더 나아가 완충장치로서 요구되는 자본은 조직이 어떤 신용등급을 목표로 하느냐에 따라 달라진다. AAA 등급을 목표로 할 경우에는 BBB 등급을 목표로 할 때보다 더 많은 완충자본이 필요하다. 자본은 매우 값비싼 자원이고 자본 요구량을 정확하게 측정하기는 매우 어렵기 때문에, 측정이 아니라 리스크관리에 집중하는 것이 최선의 방법으로 생각된다. 일부 산업에서는 부절절한 데이터라는 중대한 이슈에 대처하기 위해 업계 컨소시엄을 구성하고 기업들은 리스크 모델 수립에 활용될 수 있는 손실·사건 데이터를 컨소시엄에 제공하여 대처하고 있다.

규제 요건과 컴플라이언스

지난 몇 년 동안 모든 산업의 기업들은 세계적으로 진행된 규제와 컴플라이언스 환경의 급격한 변화를 겪어왔다. 리스크관리는 새로운 요건과 현재 적용 중인 규정의 변화에 표적이 되거나 가장 크게 영향을 받는 분야다.

사베인스-옥슬리 법안

사베인스-옥슬리 법안은 엔론 사태의 여파로 신속하게 제정된 것이다. 그 법안은 CEO와 CFO가 재무보고에 대한 내부통제 상태를 매 연도마다 평가하고 재무제표와 회계처리가 정확하다고 인증할 것을 요구한다. 이들 요건은 성가시기 이를 데 없다. 간단히 말해 법안의 조항들은 고위 경영진이 각종 내부통제 사항들을 좀 더 명시적으로 관리하고 그 일에 좀 더 깊이 관여할 것을 요구한다. 이들 지시 사항은 모든 상장기업들에게 사베인스-옥슬리 법안과 유사한 수준의 복잡한 종합 대책을 구축·실행하라고 요구했다. 다시 말하지만, 리스크와 통제에 대한 문서화는 리스크관리 활동에 고위 경영진의 포괄적인 참여를 요구했다.

이들 요건을 준수하지 않을 경우, 직접적인 재무적 영향과 더불어 기업의 평판에 심각한 리스크가 초래되며 기업의 미래가치에 부정적인 영향을 미치게 될 것이다. 10-K 기업성과보고서 신고에서 사베인스-옥슬리 법안의 404조가 요구한 내부통제 제도에 대한 감사를 수행하지 않은 것으로 드러난 첫 번째 그룹인 120개 기업들에 대한 초기 검토 결과는 그들의 주가에 부정적인 영향을 받았음을 보여주었다. 10-K 기업성과보고서 신고일을 기준으로 그 전 해와 이후의 한 주간에 걸친 기업의 평균주가지수와 다우존스산업평균지수(Dow Jones Industrial Average: DJIA)를 비교한 결과 해당 그룹의 주가는 대체로 다우존스산업평균지수에 비해 성과가 높다가 낮아진 것으로 나타났다. 더 나아가 신고한 보고서 일자로부터 4주가 흐른 2005년 3월 중순, 해당 그룹에 속한 기업들의 평균주가는 다우존스산업평균지수가 4퍼센트 감소하는 동안 7.5퍼센트가 감소했다.

이것은 예시적 자료이며 광범위한 결론을 도출하기에는 집단의 크기가 너무 작다는 것이 분명한 사실이지만, 그것이 시사하는 바는 절대 과소평가될 수 없다. 컴플라이언스 요건을 만족시키지 못할 경우, 이는 주가나 기업이 자본을 확보하는 능력에 악영향을 미치게 될 것이다. 가장 심각한 영향은 현재가 아니라 미래에 알게 될 것이다. 요건을 두 번씩이나 지키지 못한 기업은 시장에 의해 상당한 처벌을 받게 될 것으로 예상된다. 이는 과거 이익 상황에 대해 주의를 받은 기업들의 사례로부터 추정해볼 수 있다. 첫 번째 위반의 경우는 주가에 10퍼센트에서 15퍼센트 영향을 미쳤지만 두 번째는 40퍼센트 이상의 파멸적인 영향을 초래했으며 회복하는 데 수년이 걸렸다.

금융상품회계

기업들이 미국 회계기준(US GAAP)을 따르든 혹은 전통적인 현지 국가의 회계기준 대신 국제회계기준을 채택하든 그로 인한 복잡성 증가에 대처해야 하기 때문에 회계기준의 변경은 지속적으로 기업을 컴플라이언스 리스크에 노출시키게 된다. 규제 요건들은 점점 더 복잡해지고 있으며 그런 사실은 FAS(Federal Accounting Standard, 연방회계기준) 133, 금융상품회계와 IAS 39 금융상품회계의 인식과 측정, FASB 해설서 46(FASB Interpretation N.46: FIN 46)의 변동지분실체회계 등을 통해 잘 드러난다. 이들 조항은 시장가치평가 조정과 위험헤지회계 제약조건 등과 같은 수단을 통해 현재가치회계라는 개념을 도입했다. 이들 조항은 또한 공개 수준을 높였는데 그로 인해 복잡성과 컴플라이언스 리스크 수준도 올라가게 되었다.

IAS 39와 FAS 133은 특정 조직의 재무상태표에 금융상품을 기록하는 방식에 영향을 주었다. 앞으로 기업이 위험헤지회계를 적용하도록 결정하거나 그에 필요한 요건을 갖추기 전까지는 회계처리해야 하며, 위험헤지 관련 노출은 해당 금융상품의 기초거래(underlying transaction)와 연계될 필요가 있다. 금융상품에 대한 헤지 회계처리의 요건을 갖추지 못한 경우, 시장평가 조정은 손익에 커다란 변동성을 초래하게 된다. 예를 들어 어떤 영국 은행은 이런 변동성이 소매금융에 미치는 영향은 매년 2억 5000만 파운드를 넘어갈 것이라고 예측했다.

IAS 39와 FAS 133이 부과한 요건에 대한 반응으로, 재무 관리자는 새로운 규정에 따라 자산과 부채를 기록하고 보고하는 것에만 자신의 활동을 제한할 수도 있다. 하지만 리스크관리는 예방 차원에서 이루어질 수도 있다. 적절한 헤지 전략을 선택하여 변동성을 감소시키고, 베스트 프랙티스를 적용해 회계 문서의 신뢰성을 유지하며 서로 다른 금융상품과 그 기초가 되는 헤지를 결합할 수 있는 역량을 강화하여 헤지 회계처리 요건을 갖출 수도 있는 것이다.

바젤 II

은행산업의 리스크관리와 자본건전성에 대한 새로운 제안은 서로 상호보완적인 다음의 세 가지 규정 ① 최저자기자본 규제, ② 감독 당국의 점검 절차, ③ 상세한 공시를 통한 시장 규율의 강화에 바탕을 두고 있다. 이들 세 가지 규정의 상호작용을 통해 효과적으로 리스크를 모니터링하고 관리하기 위한 업무에 은행의 투자가 촉진된다. 또한 은행들은 리스크에 대한 필요자기자본소요량을 계산할 수 있는 프레임워크를 구축하게 된다.

대부분의 은행들에게, 운영 리스크(즉, 내부적 혹은 외부적 부정과 같은 사건)

는 가장 대비가 미흡한 분야다. 바젤 II는 운영 리스크를 "부적절했거나 실패한 내부 프로세스와 인사, 시스템, 혹은 외부적 사건으로 초래된 손실"이라고 정의하고 있으며, 은행이 건전한 운영 리스크 관리를 위해 투자할 것을 요구하고, 예상치 못한 운영 손실을 상쇄하기 위해 필요자기자본소요량 제도를 도입했다. 가장 최근에 제안된 바에 따르면 평균 수준의 은행이 예상치 못한 운영 손실을 완화시키기 위해서는 최저규제자기자본이 현재는 12퍼센트인데, 은행이 경영관리와 측정 구조(리스크와 필요자본에 대한 ―옮긴이)를 개선 완료하고 그 사실을 규제 당국에게 입증하게 되면 최저규제자기자본을 9퍼센트로 낮추는 것이 가능하다.

은행 비즈니스의 핵심에는 신용 리스크가 자리 잡고 있다. 금융서비스에서 대부분의 거래는 채무자가 만기일에 자신의 금융채무를 이행하지 못할 리스크를 내포하고 있다. 최근 역사를 보면 정부와 은행, 기업, 소매 고객 등이 하나같이 거기에 해당될 수 있다는 사실을 알 수 있다. 비록 바젤 I이 신용 리스크에 초점을 맞추고 있었지만, 최저규제자기자본은 단지 넓은 의미의 채무자 신용등급에만 연계되어 있었다. 바젤 II에서는 요구자본 수준이 내적·외적 신용평가 모델에 의해 산정되는 신용등급에 더욱 민감해졌다.

이런 엄격하고 정교한 새로운 내부 리스크관리 역량들을 먼저 구현할 수 있는 은행들이 혜택을 누리게 될 것이다. 여러 기준들을 실행하기 위해 모든 핵심 분야(예를 들어 리스크 방법론과 거버넌스 프레임워크, 데이터 이력, 리스크 완화 등)에서 고위 경영진이 행동을 촉구해야만 한다. 포트폴리오와 비즈니스 전반에 걸쳐 관련된 모든 활동들이 확실하게 공조를 이루게 하는 것은 기준을 실행하기 위한 전반적 노력에서 경영진이 극복해야 할 가장 중요한 난관이 될 것이다.

학술 연구에 따르면, 사베인스-옥슬리 법안의 사적비용(새로운 규제가 발효

되었을 때, 주식시장이 인식하는 것으로서 비용에서 효익을 차감한 것)은 1조 4000억 달러에 달한다. 이것은 "가장 심각한 법률적 사건을 중심으로 발생한 전체 시장가치의 하락"[2]에 대한 계량학적 추정에서 나온 것이다. 한 연구 그룹은 "매출 규모가 수십억 달러에 이르는 기업에게는 그 비용이 대략 총수익의 0.05퍼센트 정도이겠지만, 매출 규모가 2000만 달러 이하인 소규모 기업들에게는 그 비용이 순식간에 총수익의 3퍼센트 수준까지 치솟게 될 것이다"라고 추정했다.[3] 이들 추정치는 연단위로 계속되는 컴플라이언스의 비용을 나타낸다. 도입 첫해에는 컴플라이언스 비용이 상당히 높은 수준이 될 것이다. 반면 바젤 II를 실행하는 비용에 대한 최근의 조사에서 은행들은 각각 1억 달러에서 4억 달러 사이의 비용을 은행 운영의 규모와 복잡성에 따라 지출하게 될 것으로 추정했다.

최근의 연구[4]에서는 바젤 II, 국제회계기준, 자금세탁방지법(Anti-Money Laundering: AML), 사베인스-옥슬리 법안, 금융상품투자지침(Markets in Financial Instrument Directive: MiFID)과 같이 향후 3년에 걸쳐 금융서비스 업계에 지속적으로 영향을 미치게 될 스물다섯 가지 개별적 규제안들이 조사되었다. 이들 방안을 추진하게 된 핵심적 이유로 선제적 리스크관리와 강화된 기업 지배구조, 글로벌 회계실무의 조율, 테러리즘과 자금세탁의 방지, 투명성의 촉진 등이 있다. 기업들은 고위 경영진이 후원하는 프로젝트팀을 구성해 이들 컴플라이언스 요구에 대처하고 있다.

범위와 영향

이들 규정 각자가 모든 조직에 광범위하고 심도 깊은 영향을 미친다. 이들 법규가 회사가 조직되고 비즈니스를 수행하는 방식을 바꿨고, 고위 경영진이 리스크관리 활동에 참여할 수밖에 없는 요구를 높였다. 또한 새로운 규제는 리스크 기능과 재무기능이 서로 강하게 정렬하고 통합하도록 압력을 가한다. 전통적으로 대부분의 조직에서 두 기능은 서로 별개로 운영되었다(은행이 특히 그렇다). 이제 국제회계기준과 바젤 II, 사베인스-옥슬리 법안 등이 모두 일부 프로세스를 통합하고 싱글인스턴스 데이터 구조, 즉 '단 하나의 진실'의 적용을 추구하고 있다.

또한 규제 요건들은 조직의 전략적 방향과 계획에 중대한 영향을 미치고 있다. 예를 들어 특정 기업들은 사베인스-옥슬리 법안을 실행하는 것과 관련된 여러 문제들로 인해 미국 주식시장에서 상장을 폐지하는 방안을 고려하고 있다. 또 다른 사례를 보면 새로운 규정들 때문에 새로운 해외시장으로 진출하는 데 어려움을 겪기도 했다.

과거에는 대부분의 기업들이 자신의 환율과 이자율, 원자재 가격 리스크를 100퍼센트 헤지하는 것이 최적의 헤지 전략이라고 생각했다. 최근에 생긴 규제 요건들을 논거로 삼아 기업들은 그런 방식의 헤지 전략을 재평가하고 있다. 기업들은 리스크와 헤지 전략을 IAS 39와 FAS 133의 엄격한 헤지 기준에 따라 재평가할 수밖에 없다. 미래 현금흐름에 대한 확률이 문서화되어야만 하고, 리스크에 대한 노출과 헤지 상품 사이의 관계가 식별되어야 하며, 헤지 기간 중 헤지의 효과성이 측정되어야 한다. 이들 요건으로 인해 기업은 선택적 헤지를 추구하고 조직의 리스크 회피 정도(즉, 조직의 리스크 성향)에 대한 정의를 명확하게 문서화하려고 노력하고 있다. 헤지 회계는 경영 의도에 대한 문서화 요건이 충족되었을 경우에만 적용될 수 있기 때문에 제정·확립되고 승인된 정책이 필수적이다. 더 나아가 올바른 기업 거버넌스 실무로서 선택적 헤지 활동과 내재화된 리스크관리 전략들은 관련된 이해관계자들에게 공개되어야만 한다. 이에 대한 제반 사항들은 'IAS 32 금융상품: 공시와 표시', 'IAS 21 환율변동효과'에서 다루고 있다.

컴플라이언스 프로젝트는 보통 프로젝트 계획 과정의 핵심적 측면인 엄격한 투자수익률(ROI) 평가의 대상에 포함되지 않는다. 현재 컴플라이언스의 비용은 과도한 수준에 도달했기 때문에 경영진은 어쩔 수 없이 컴플라이언스 프로젝트에 대해 다시 생각해볼 수밖에 없다. 하지만 그것을 좀 더 넓은 전사적 리스크관리 프레임워크 속에 통합시킴으로써 컴플라이언스 투자를 통해 수익을 얻는 것도 가능하다. 전사적 리스크관리는 규제 방안들 전반에 걸쳐 중복되거나 시너지를 내는 부분들을 찾아내는 데 도움이 될 수 있다.

규제와 컴플라이언스 요건을 충족시키라는 고위 경영진에 대한 압박은 점점 더 거세지고 있다. 몇 차례의 대규모 기업인수를 거친 뒤 다국적 금속생산 기업의 CFO는 컴플라이언스 시도들로부터 가치를 끌어내야 하는 어려움에 대해 이렇게 이야기했다. "우리의 경우 모든 컴플라이언스 문제가 훨씬 더 심각합니다. 우리 회사가 미국 회계기준으로 회계 방식을 바꾼 것은 그것이 우수해서가 아니라 미국 투자자들이 그것 외에 다른 회계 방식을 더 이상 신뢰하지 않기 때문입니다. 그것은 그렇게 단순한 문제입니다. 우리는 모든 사업부의 회계처리를 미국 회계기준으로 전환했습니다. 그런데 이번에는 사베인스-옥슬리 법안이 나왔죠! 우리는 다른 외국 상장사들처럼 한 해를 기다리지 않았습니다. 우리는 이렇게 말했죠. '기다릴 필요 없어. 우리는 미국 회사들과 똑같이 행동할 거야. 그래서 2004년 말 데드라인을 맞출 거야.' 따라서 한편으로 나는 CFO로서 사베인스-옥슬리 법안 곁에서도 잠을 잘 잘 수 있었습니다. 하지만 그것도 2분 더 오래 잘 수 있었던 것에 불과할지도 모릅니다. 어쨌든 그렇게 오래가지는 않았습니다. 왜냐하면 우리 회사의 190개나 되는 사이트에서 600개 내지 700개나 되는 보고 단위들을 처리하는 일은 그리 쉽지 않기 때문입니다.

최근 우리는 엄청난 수준의 복잡성 증가를 경험했습니다. 우리의 자산가치가 증가하면서 부채도 상승하고 있기 때문입니다. 하지만 가장 큰 변화는 보고 단위가 100개에서 700개로 증가한 것입니다. 그리고 당연히 사베인스-옥슬리 법안에 대한 컴플라이언스가 그렇게 복잡한 이유도 바로 거기에 있습니다. 그 모든 일들이 한꺼번에 벌어진 것입니다."

규제의 변화: 전사적 리스크관리의 강화에 미치는 영향

미국에 등록되어 있는 기업들에게 적용되는 사베인스-옥슬리 법안을 비롯해 캐나다에 등록되어 있는 상장기업들에 대한 온타리오 증권법(Ontario Security Act)과 같은 유사한 법률이 부과하는 규제의 변화로 인해 기업들은 전사적 리스크관리 프레임워크를 강화할 수밖에 없는 압박을 받고 있다. 특히 기업들은 컴플라이언스 리스크관리 프로세스를 주기적이거나 임기응변식의 준수와 공시의 문제로 다루기보다는 지속적인 기업운영의 일부분으로 만들도록 강요당하고 있다.

리스크에 대한 노출과 복잡성이 증가한 결과 기업들은 컴플라이언스 리스크관리 방안에 상당한 투자를 하고 있다. 사베인스-옥슬리 법안 404조에 따라 연차 경영실적 보고서 인증에 소요되는 비용 추정액은 10억 달러당 100만 달러(0.1퍼센트)까지 상승했다.[5] 첫해의 인증비용은 기업이 처음으로 문서화와 평가 절차를 수행하다 보니 다른 때에 비해 상당히 높았다. 이 정도 수준의 투자가 주어질 경우 기업은 두 가지 질문을 던지게 된다.

1. 우리가 컴플라이언스 프로세스를 좀 더 효과적이고 효율적으로 만들 수 있는 방법은 무엇인가?
2. 컴플라이언스 프로세스와 시스템에서 우리의 투자수익률을 극대화할 수 있는 방법은 무엇인가?

이들 두 가지 문제에 대처하는 첫 번째 핵심 단계는 전사적 리스크관리 프레임워크의 맥락에서 컴플라이언스 리스크를 평가하는 것이다. 이것은 역사적으로 볼 때 많은 기업들이 실행을 주저했던 것으로, 그 이유는 기업이 그럴 필요성을 인식하지 못했을 뿐만 아니라 총소요비용에 대한 거부감 때문이었다. 에너지와 유틸리티 같은 원자재 주도형 비즈니스나 금융서비스 이외의 분야에서 리스크관리는 전통적으로 별다른 주목을 받지 못했었다. 하지만 시장의 변화는 리스크관리를 기업 활동의 전면에 부각시켰다. 새로운 요건들을 준수하고 주주들에게 불필요한 그리고 예기치 못한 충격을 주지 않기 위해 기업들 자신이 할 수 있는 모든 방법을 강구하고 있을 때, 이들 프로그램을 수행하는 비용은 이차적인 고려 사항이었다.

기업들이 새로운 상황 전개에 대응하고 새로운 기준을 해석하려고 발 빠르게 움직이고 있기 때문에 재무기능과 리스크관리 기능 사이의 구분이 모호해지기 시작했다. 새로운 컴플라이언스 리스크에 대한 노출이 추가되면서, CFO들은 자신의 자본계획에 대한 리스크를 평가해야만 하며 기업들은 성과보고에 들어갈 수치들을 계산하는 데 필요한 정보를 새롭게 발굴하고 포착하라는 요구를 받고 있다. 건실한 재무기능과 가치관리에 대한 명확한 이해를 갖춘 고성과 기업들은 이런 요구에 쉽게 대응할 수 있다는 사실을 발견할 것이고 요건의 변화에도 영향을 덜 받을 것이다. 특히 뛰어난 리스크관리 실무와 강력한 정보 아키텍처를 갖고 있을 경우, 기업은 다양한 요구들을 충족하는 데 필요한 정보를 포착하고 대응할 수 있다.

발전의 방향

대부분의 조직들의 경우 리스크는 운영과 전략, 투자, 자산의 보유에 따른 부산물이다. 따라서 리스크관리가 핵심역량은 아니다. 만약 어떤 조직이 리스크를 회피할 수 없을 경우 헤지나 아웃소싱, 보험을 통해 그것을 다른 기업과 공유하려 할 것이다. 이런 논거는 핵심역량의 논리, 즉 비즈니스가 고유의 경쟁우위를 가진 활동에 집중해야 한다는 논리에 근거를 두고 있다. 만약 리스크를 공유하거나 회피할 수 없다면, 기업은 리스크가 더 광범위한 기업전략을 가능하게 한다고 가정하고 그것을 수용·관리해야만 한다. 리스크로 인해 발생하는 사건에 효과적으로 대처하고 그 리스크를 적절하게 관리하기 위해, 기업은 변화관리를 핵심역량으로 강화해야 한다.

비록 경제적자본 프레임워크가 리스크조정수익을 평가하기 위한 객관적 접근법을 제공하지만, 리스크를 평가할 때는 경영진이 재량권을 발휘해야 한다. 리스크관리지표가 경영 판단과 의사결정을 용이하게 만들어주는 도구이긴 하지만 그들을 대체하지는 못한다. 순수한 이익과 리스크조정수익의 편차를 조사하고 철저하게 분석하여 관련된 모든 이해관계자들에게 결과를 알려야 한다. 효과적인 모니터링과 통제를 보장할 수 있도록 리스크 매트릭스와 동인들을 이해하는 데 분석 노력이 집중되어야 한다. 경제적자본 프레임워크는 여러 가정에 따라 달라진다. 이사회는 그것을 현재진행형으로 간주한 상태에서 시험하고 검증해야 한다.

리스크관리에 대한 회사의 투자수익을 평가할 때 핵심적으로 고려해야 할 사항은 실패비용이다. 컴플라이언스 리스크 사례를 보면 궁극적인 실패비용은 주가 붕괴나 엔론과 월드컴, 아서 앤더슨이 관련된 비즈니스 실패를 통해 분명하게 알 수 있다.

하지만 사베인스-옥슬리 법안 404조 감사를 통과하지 못했을 때 발생하는 효과는 아직도 논란의 대상이 되고 있다. 재무제표들이 거의 언제나 감사인의 지적을 수용해 수정이 가능했을 뿐만 아니라 이론적으로 볼 때 한정 의견이나 부적정 의견이 너무 적었던 전통적인 재무제표 감사와 달리, 404조 감사는 오류를 수정할 수 있는 여지를 거의 허용하지 않는다. 한정 의견도 결코 적지 않았을 뿐만 아니라 최초 1500개 결산 기업들 중 7.5퍼센트 이상이 그들의 첫해 감사를 통과하지 못했다. 이와 같이 높은 실패율은 시장의 대응을 어렵게 만들었다. 시장비용에 더해서 감사 실패로 인해 프로세스와 시스템을 개선하는 데 자원이 투입되어야 하기 때문에 상당한 내부비용이 발생한다. 더 나아가 강력한 컴플라이언스 프로세스를 마련하는 데 실패한 결과로 새로운 요건을 수용하기 위해 감사인이 이미 부과한 15퍼센트에서 20퍼센트의 프리미엄과 더불어 추가적인 감사비용이 발생하게 되었다.

실패비용의 측면에서, 기업의 재무기능 속에 리스크를 다루고 리스크관리 역량을 갖추기 위해서 체계적 방법을 개발하는 것은 전체 재무팀의 책임이 되고 있다. 금융서비스 업계 혹은 원자재 주도형 비즈니스들이 사용하는 선도적인 사례들을 보면 전사적 리스크관리가 내재적인 역량이 되어야 한다는 사실을 보여주고 있지만, 많은 기업들은 자신의 대응 방법을 계획하는 데 시간과 자원을 투입하지 않고 있다. 결국 그들은 별개의 혹은 임기응변적인 전사적 리스크관리 기능을 만들어내고 있다. 이런 접근법이 긴급한 첫 번째 해의 요건을 해결해주는 반면, 일종의 특별 프로젝트로서 그것이 지속가능하지는 않을 가능성이 높기 때문에 발전하는 비즈니스 모델이나 프로세스, 시스템의 변화를 수용하는 데는 적합하지 않다.

최근 장기적 가치창출에 집중하려는 열망으로 경제적 가치를 측정하고 자본을 효과적으로 사용하기 위해 다양한 모델들이 활용되고 있다. 동시에 기업들은 비즈니스 프로세스들이 어떻게 가치를 창조하고 파괴하는지, 이들 프로세스들이 어떻게 전략과 목표, 목적을 지원하는지 이해하려는 활동을 시작했다. 이런 활동으로 꽤나 효과적인 결과물이 나올 수도 있다. 이들 프로젝트의 결과로서 많은 기업들이 강력한 전사적 성과관리(EPM) 프레임워크를 갖게 되었고, 자신의 비즈니스 프로세스와 원가동인, 성과측정치에 대한 풍부한 정보를 확보했다.

불행하게도, 포괄적인 전사적 성과관리 프레임워크에 대한 투자에도 불구하고 많은 기업들에서 리스크는 성과관리 프레임워크 안에 포함되지 않은 핵심 요건인 것처럼 보인다. 규제와 보고 기준의 변화에 대한 여러 기업들의 대응은 다른 목적으로 개발된 낡은 도구에 맞춰 운용되고 있다. 기업들은 프로세스들을 문서화하고 감사 기준을 적용해왔지만 그것은 1970년대에 자신의 내부통제 환경의 효과성을 평가하고 보고하기 위해 개발된 것이었다. 동시에 기업들이 회계보고 기한을 맞추려고 애를 쓰는 동안 비즈니스에 필요한 경영정보는 우선순위가 밀려나 있었다.

아이러니하게도 내부통제 요건을 지원하기 위해 개발된 프로세스 모델들은 많은 측면에서 조직을 성과 스코어카드와 비용모델로 유도하는 프로세스 모델들과 비슷하다. 후자의 경우 프로세스들이 핵심 측정치들이나 원가동인들과 묶여 있다. 전자의 경우는 프로세스가 핵심 재무제표 계정들과 연동되어 있고 내부통제 시스템과 연결되어 있다. 만약 특정 기업이 정말로 자신의 리스크에 대해 전사적 관점을 취할 경우, 이들 모델은 기존의 성과관리 프로세스들에 곧바로 통합될 수 있으며 실제로 그렇게 되어야 한다.

프로세스들이 핵심 리스크와 재무적 노출, 통제에 실질적으로 연결되면, 기업은 좀 더 포괄적인 환경에서 리스크를 관리할 수 있다. 더 나아가 깊이 있게 분석할 수 있는 역량과 함께 프로세스들과 통제기능들 간 상호 의존성이 드러나는 구조 속에 이 프로세스를 구축할 경우, 그 기업은 자신의 전반적 통제환경에 대해 더 좋은 시야를 갖게 될 수 있다. 이것은 전반적인 통제환경과 관련된 사베인스-옥슬리 법안의 요건을 만족시키는 데 핵심적 역할을 할 뿐만 아니라 모든 순간에 통제의 효과성이 보장되어야 한다는 요건에 대한 승인을 촉진시켜준다.

변화하는 비즈니스의 의무를 충족시키기 위해, 리스크관리 기능들은 전사적인 차원에서 개발되고, 측정이 가능하면서도 유연하게 비즈니스 전반에 적용되어야 한다. 조직의 각 단계에서 핵심적인 프로세스들과 데이터 요구 사항에 집중함으로써 리스크관리는 일상적인 성과관리 프로세스에 내재화될 수 있다. 이것은 컴플라이언스 요건을 지원하는 동시에 비즈니스의 성과를 추구하는 것을 가능하게 한다. 우리는 전사적 리스크관리가 빅뱅 방식의 혁신적인 변혁 프로젝트라기보다는 일상의 반복적인 프로세스로서 그 속에서 기업이 경험을 통해 리스크관리 능력을 개선시켜나가는 것이라고 생각한다. 기업이 어떤 접근 방식을 선택하든 전사적 리스크관리의 필요성은 그 어느 때보다도 커지는 추세다.

해킷 그룹의 전사적 리스크관리에 대한 분석

통제와 보고에 대한 규제가 점점 증가하고 있는 현재의 추세로 인해 모든 기업에서 컴플라이언스 관리비용이 증가하고 있다는 것은 전혀 놀라운 일이 아니다. 사베인스-옥슬리 법안을 준수할 때 발생하는 복잡성으로 인해 모든 공개기업들은 엄청난 부담을 안게 되었으며, 외부감사 비용의 전반적인 증가라는 문제로 그 부담은 더욱 가중되었다.

하지만 세계적 기업의 CFO들은 비록 이 분야에서 비용이 급격하게 팽창하는 것을 완전히 차단하지는 못하겠지만 적어도 증가율을 낮출 수는 있다. 비교대상 기업들의 경우, 컴플라이언스 관리비용이 지난 2년에 걸쳐 수익의 0.074퍼센트에서 0.094퍼센트로 증가했다. 반면 세계적 수준의 기업들은 단지 수익의 0.043퍼센트에서 0.060퍼센트로 증가하는 데 그쳤다. 비교대상 기업들이 2년 전에 달성할 수 있었던 것보다 그들이 현재 누리고 있는 수익 대비 비용률이 더 낮은 것이다. 둘 사이의 차이는 세계적 수준의 기업들이 베스트 프랙티스를 활용한다는 데 있다.

미래를 보면, 사베인스-옥슬리 법안의 통제와 기업 지배구조에 대한 쟁점들은 CFO들로 하여금 10년간에 걸쳐 전략적으로 가장 중요한 결정들 중 하나를 받아들일 수밖에 없도록 강요하고 있다. 해켓 그룹이 보기에, 세계적 수준의 성과와 비례한 그들의 위상에 따라 기업의 재무조직은 경영에서 동등한 의결권을 가진 전략적 비즈니스 파트너가 되는 목표를 계속해서 추구할 것인지 아니면 1990년대 초 일반적이었던 '기업경찰(corporate cop)' 역할로 다시 돌아갈 것인지의 여부를 결정하게 될 것이다. 과거의 거버넌스 역할을 선택하는 재무조직들은 더 큰 비즈니스 가치를 실현할 수 있는 자신의 능력이 2, 3년간 후퇴하는 현상을 경험하게 될 수도 있다. 이 분야에서 나온 결정들을 근거로 한 분석 결과에 따르면 세계적 수준의 재무조직들과 그 외의 조직들 사이에 현존하는 격차는 더욱 확대될 것이다.

전문가로부터 배우는 교훈

☑ 컴플라이언스 방안과 프로그램은 전사적 리스크관리를 개선하고 고성과 비즈니스를 창조하는 기회가 된다. 그것은 기업경영에 있어 단순한 비용이 아니다.

☑ 규제에 대한 컴플라이언스는 전사적 리스크관리 프레임워크의 일부가 되는 형태로 이루어져야 하며, 전반적 프레임워크도 없이 고립된 작은 섬으로 구축되어서는 안 된다.

☑ 주주가치 극대화와 기업의 미래가치를 강화하기 위해 리스크관리와 자본계획은 연계될 필요가 있다.

☑ 리스크조정 투자는 조직의 가치를 극대화는 접근법이다. 또한 그것은 성과와 보상관리 기능과도 연계되어야 한다.

제 9장

변화관리, 고성과로 가는 여정

Managing the Change Journey to High Performance

재무의 변화 속도를 비즈니스의 변화 속도에 맞춘다

■■■ 닉 로즈(Nick Rose), CFO | 디아지오(Diageo)

　　최근 디아지오 PLC는 글로벌 소비재 복합기업에서 세계적인 업계 선도기업으로
탈바꿈했다. 이 기업은 건실한 이익 성과를 보여주고 있으며 이는 지난 수년간 투하
자본이익률(ROIC)이 개선된 결과다(<그림 9.1>과 <그림 9.2> 참조). 우리가 디아지오
를 특별하게 다루는 이유는 경쟁적 엄격성을 유지하기 위해 그들이 변화를 관리하
고 재무역량을 지속적으로 재조정하는 전문가이기 때문이다. CFO로서 닉 로즈는
다음과 같이 설명했다. "우리 회사는 식품업계[필스버리(Pillsbury)]와 패스트푸드 업
계[버거킹(Burger King)]를 떠날 때, 급격한 구조조정을 경험했습니다. 그러는 과정
에서 우리는 진정한 글로벌 거점을 갖추며 고도로 집중된 브랜드 주도형 프리미엄
음료기업으로 전환했습니다. 이것은 회사의 재무 전문가들에게 경쟁이 매우 치열한

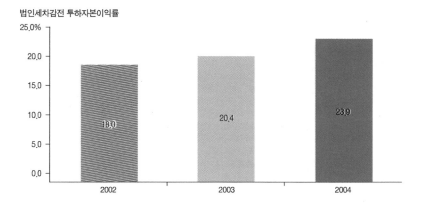

〈그림 9.1〉 디아지오의 투하자본이익률

법인세차감전 투하자본이익률

시장에서 새로운 형태의 도전을 제기했습니다. 미국이나 유럽처럼 성숙된 시장에서도 아시아, 특히 인도와 중국처럼 급속하게 성장하는 시장에서도 우리는 고객들의 기호나 성향, 구매 행태의 변화에 지속적으로 맞춰나가야 합니다. 또한 우리는 핵심 고객, 즉 각각의 시장에서 우리와 함께 활동하며 성과를 추구하는 사람들과의 관계를 더 잘 이해하고 강화할 필요가 있습니다.

현장의 판매 활동에 관한 한, 우리 회사의 재무 전문가들은 영업과 마케팅에 긴밀하게 협조하는 비즈니스 파트너입니다. 비즈니스 분석 도구들을 통해 우리는 경영진에게 지리적 위치와 브랜드, 분야 별로 입체적인 수익성 보고서를 제공할 수 있습니다. 투하자본에 대한 경제적이익과 투하자본이익률은 우리가 항상 특별한 관심을 갖고 있는 측정 대상으로서 세그먼트 별 수익성 분석과 함께 보고용 대시보드에 포함되는 항목입니다."

우리의 연구를 통해 발견된 고성과 기업들의 핵심에는 가치중심 문화가 있다는 사실에 대해 로즈에게 논평해 달라고 부탁했다. 그는 이렇게 대답했다. "남녀를 불문하고 우리의 관리자들은 누구든지 가치의 중요성을 잘 알고 있습니다. 브랜드 주

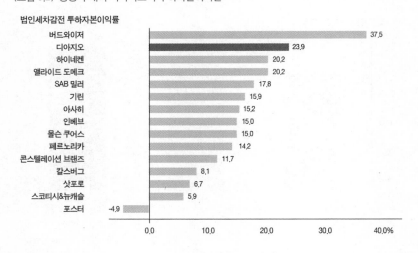

〈그림 9.2〉 경쟁사 대비 디아지오의 투하자본이익률

법인세차감전 투하자본이익률

버드와이저	37.5
디아지오	23.9
하이네켄	20.2
앨라이드 도메크	20.2
SAB 밀러	17.8
기린	15.9
아사히	15.2
인베브	15.0
몰슨 쿠어스	15.0
페르노리카	14.2
콘스텔레이션 브랜즈	11.7
칼스버그	8.1
삿포로	6.7
스코티시&뉴캐슬	5.9
포스터	-4.9

도형 비즈니스로서, 그것은 우리 회사의 모든 것입니다. 우리의 전략계획은 총주주수익률(TRS)에서 출발하며 그것은, 미래에 우리 회사의 주가가 도달해야 할 목표주가에서 유추됩니다. 그런 다음 우리는 그것을 지리적 위치와 브랜드, 혹은 기타 연관된 세그먼트를 기준으로 다양한 사업으로 분해합니다. 이어서 그 계획을 달성하기 위해 얼마나 많은 투자를 해야 할지를 엄격하게 평가합니다. 우리는 브랜드에 연간 10억 파운드를 약속하고 있으며, 그와 같은 비용지출 범주에 대해 자본투자계획을 수립할 때와 똑같은 수준으로 분석에 정확성을 기하고 있습니다.

사실 브랜드 주도형 기업으로서, 우리가 수행하는 투자는 전적으로 우리의 브랜드 포트폴리오와 무형자산에 대한 것입니다. 흥미롭게도 우리가 먼저 마케팅 계획 프로그램에 규율을 불어넣으면서, 오랜 기간 사랑을 받았던 영역들에 대한 프로모션 지출에 대해 오래전부터 존재했던 믿음들이 실제로 확인되었습니다. 이제 회사가 창조하는 경제적 이익과 가치를 극대화할 수 있도록 앞으로 해야 할 일을 결정하면서 우리는 더욱 엄격한 기준을 적용하게 되었습니다. 이 분야에서 우리는 재무 전문가들을 '가치 건축가(value architect)'라고 부릅니다. 우리는 그들에게 마케팅과 재무 사이에 인터페이스를 할 수 있는 최신 도구를 제공했습니다. 그리고 몇몇 대학 연구소와 파트너십을 맺고 우리의 사고를 신선하게 유지하면서 이 분야의 최신 경향을 파악하고 있습니다.

디아지오는 전사적 성과관리(EPM)와 가치중심 문화가 서로 밀접한 관계가 있다는 사실을 열정적으로 믿고 있습니다. 이것을 제도화하는 최선의 방법은 '가치를 관리'하는 행동 양식을 정착시키는 것입니다. 우리가 모든 제안서의 어떤 변경이나 잠재적 기업인수 가능성, 제안된 광고나 프로모션 비용을 살필 때는 경제적이익 흐름, 리스크조정수익, 현금흐름 등 우리가 살펴야 할 것들을 철두철미하게 평가합니다. 이것은 기업의 모든 계층을 통해 수행되며 우리는 보상체계 속에 리스크와 연계된 성과연동 보너스까지 정해두었습니다.

나는 더 광범위한 E2E(End-to-End) 프로세스 연결성에 대한 당신의 주장에 동의합니다. 우리는 그것이 필요합니다. 그래서 우리 시스템은(SAP입니다만) 신속하게 거래 데이터를 추출해낼 수 있습니다. 그런 다음 추출된 데이터를 비즈니스 분석 도구를 사용하는 데 활용하며 그것을 다시 비즈니스의 현장에서 영향력이 큰 의사결정 지원정보로 제공합니다. 당신이 말하는 '확장된 기업' 개념은 우리도 공감하고 있습니다. 앞으로 나아가기 위해 우리의 핵심 프로세스들은 모두 막힘없이 연결되어야 합니다. 그것이 회사 내부의 프로세스이건 거래관계를 맺고 있는 파트너들이 모여 이루는 폭넓은 생태계에 존재하는 프로세스이건 상관없이 말이지요. 기술은 우리에게 비즈니스가 어떻게 수행되고 있는지에 대한 정보와 통찰력을 제공하여 그러한 연결성을 확보하는 데 필요한 기반을 마련해줍니다. 경쟁의 강도가 점점 더 높아지고 있기 때문에 이제는 '왜'를 이해하는 것이 더 중요해졌습니다."

몇 년 전, 디아지오는 부다페스트에 글로벌 셰어드서비스 센터를 설치했다. 로즈는 그것에 대해 이렇게 이야기했다. "그것이 가져다준 가치는 충분히 입증되었습니다. 우선 일부에서는 그것을 통제력 상실로 인식하고 반대를 하기는 했지만, 점차 센터의 지리적 범위가 확장되고 그 능력이 진화하면서 사람들의 관점도 바뀌기 시작했습니다. 이제 사람들은 더 많은 경영관리 시간과 자원이 의사결정을 위한 분석에 사용될 수 있게 되었다는 사실을 깨닫기 시작했습니다. 재무 전문가가 제공하는 정보는 더욱 목적에 적합하고 초점이 뚜렷하며 유용해졌습니다.

우리는 전면적인 셰어드서비스의 적용이라는 면에서 상당한 진전을 이루었습니다. 사실 최근 우리는 부다페스트에서 오스트레일리아로 서비스 제공 영역을 넓혔습니다. 그리고 법적 의무사항인 재무보고서 작성은 물론 더 많은 비즈니스 분석 서비스를 센터로 이전하기 위한 방안을 모색하고 있습니다. 우리의 비전은 일부 기본적인 거래처리 기능은 아웃소싱하는 대신 전속 내부 센터를 통해 셰어드서비스 기반의 더욱 강력한 의사결정 지원역량을 다양한 지리적 위치에 전달하는 데 집중하는 것입니다."

우리는 로즈에게 역량을 한층 더 개발하는 문제에 있어서 어디에 우선순위를 두고 있는지를 물었다. "경쟁이 대단히 격심하다는 점을 고려할 때 가치중심 문화와 성과관리는 앞으로도 상당 기간 우리의 최우선 과제로 남아 있을 것입니다. 나는 단순히 그것의 비중이 줄어드는 상황을 예견하지 못하겠습니다. 재무운영은 내 업무 범위 안에 계속 있겠지만 그것의 중요성은 우리가 셰어드서비스 조직 속에서 좀 더 높은 차원의 효율을 갖게 됨에 따라 점차 줄어들 것입니다. 자본관리나 전사적 리스크관리(ERM)도 마찬가지입니다. 무형자산에 투자하는 우리의 접근법은 상당히 진보된 상태이기 때문에 나는 우리의 역량에 대해 크게 만족하고 있습니다. 하지만 그것이 더 개선할 부분이 없다는 뜻은 아닙니다. 우리는 더 개선할 수 있습니다.

2년 전, 우리는 현재 비즈니스 리스크 진단 그룹(business risk assurance group)이라고 부르는 것을 만들기 위해 많은 노력을 기울이고 있었습니다. 리스크관리는 우리가 대단히 진지하게 생각하는 분야입니다. 우리는 이 분야를 중점적으로 강화해야 한다고 결정하고 내부감사 부서를 선택해 거기에 새로운 기술과 자원을 추가했습니다. 이제 모든 주요 제안들은 그 팀이 개발한 새로운 프로세스와 규정에 따라 평가되고 있습니다. 그 접근법은 대단히 엄격하기 때문에 우리는 결정을 내리고 그것을 집행할 때 큰 확신을 가질 수 있습니다."

....

재무업무에 대한 디아지오의 여정을 보면 그들이 주주가치를 관리하는 데 집중하는 사실이 두드러지게 부각된다. 확장된 기업에 적합한 E2E 프로세스 연결성을 만들어냈기 때문에 디아지오는 '정보 아키텍처를 재구성'하고 기본적인 회계와 보고 기능을 뛰어넘어 발전할 수 있었을 것이다. 지원 시스템과 기술을 조화시킴으로써 매우 효율적이고 효과적인 거래처리 엔진을 만들어 냈고, 그것을 통해 현장에서 획득된 실시간 데이터를 활용하여 영향력이 큰 비즈니스 분석 결과를 산출하여 제공할 수 있도록 했다. 이를 통해 로즈와 그의 재무팀은 관련 비즈니스의 최신 정보와 환경에 대한 통찰력으로 비즈니스를 지원하는 것이 가능해졌다.

디아지오의 CFO 닉 로즈는 이것이 다년간에 걸친 여정이지만 대신 재무가 위대한 비즈니스 파트너로서 최고 수준으로 진행되는 초경쟁 비즈니스를 앞으로도 계속 지원하는 한 필수적인 여정임을 인정했다. 그의 경험은 성공적인 재무혁신의 경로들 중 한 가지를 부각시키며 그 경로는 탁월한 재무 전문성을 확보하는 데 심혈을 기울이는 모든 기업들에게 열려 있다.

변화관리: 재무의 필수요건

효과적으로 변화를 관리하는 것은 재무기능을 혁신한다는 측면뿐만 아니라 매수한 사업부를 통합하여 가치중심의 문화를 구현했다는 측면에서도 디아지오의 성공에서 대단히 중요한 역할을 수행했다. 디아지오의 CFO가 강조했던 것처럼, 변화는 지속적인 과정이다. 그것은 최고위층의 지지를 받아 기업 내에 깊숙이 내재되어야만 한다.

고성과 비즈니스에 속한 CFO들이 공유하고 있는 리더의 특질 중에는 뛰어난 성과를 낼 수 있도록 자신이 속한 조직에 몰입을 불어넣는 능력도 포함된다. 이들 CFO는 월등한 주주수익률을 실현한다는 목표를 자기 회사의 DNA 속에 심을 수 있는 다양한 방법을 찾아냄으로써 남들이 갖지 못한 희귀한 능력을 보여준다. 그들은 탁월한 경제적 가치를 창출한다는 목적과 일치하는 전략과 운영 상의 성과목표를 설정하고 그것을 명확하게 표현한다. 그런 다음 그들은 싱가포르 증권거래소가 개발한 것과 같은 포괄적이고 엄격한 성과관리 체계를 구현하여 그 접근법을 강화한다.

이런 고도의 집중력을 가진 CFO들은 지속적으로 자신의 전략을 정교하게 다듬기 때문에 관리자들은 유연하고 시기적절하게 행동할 수 있다. 그들은 항상 새로운 가치창출 기회에 주목하는 동시에 그들의 비즈니스를 위협하는 가치 파괴 인자들에 대해 신속하고도 날카롭게 대처한다. 또한 이런 자질들을 공유하고 있는 CFO들은 목표를 달성하지 못하는 것에는 상당히 무자비한 경향이 있다. 또 하나의 핵심적인 리더십 특질은 그들이 실행에 집착하고, 자신의 성공이 운영모델에 바탕을 두고 있으며, 그것에 의해 유지된다는 사실을 잘 이해하고 있다는 것이다. 따라서 이들 운영모델은 그들의 비즈니스 목표에 맞게 그 방향이 지속적으로 재설정되어야 한다.

우리가 시장 개발의 중요성을 강조하는 것처럼, 오늘날 경쟁의 장은 그 어느 때보다도 역동적이다. 변화는 결코 멈추지 않을 것이며 우리가 중국에서 초고속성장이라는 도전을 마주하고 있는 CFO가 아니더라도, 아시아에서 가

〈표 9.1〉 선도기업들이 진화하고 있는 재무과제

기업명	경쟁동인	재무목표	우선적 역량	비즈니스 변화 정도
콘스텔레이션 에너지	미래가치 포착	가치관리	전사적 성과관리	낮음
디아지오	미래가치 포착	새로운 재무운영 모델	전사적 성과관리	낮음
싱가포르 증권거래소	미래가치 포착	가치중심 경영에 도달하기 위한 표준화	전사적 성과관리	중간
크라나스 그룹	글로벌라이제이션	표준화와 국제화	쉐어드서비스/가치중심 조직문화	높음
캐드베리 스웝스	성장과 주주가치의 실현	새로운 재무운영 모델	전사적 리스크관리/고객만족	높음
엑셀(아시아)	초고도성장	표준화	전사적 리스크관리/고객만족	높음
캐터필러	초고도성장	새로운 재무운영 모델	전사적 성과관리	높음
SAP	초고도성장	확장된 재무역량	전사적 성과관리	중간
스타벅스	초고도성장	규모	가치중심 조직문화	높음
유나이티드헬스 그룹	초고도성장	새로운 재무운영 모델	전사적 성과관리	높음
에어차이나	초고도성장과 기술	표준화, 확장된 역량	전사적 성과관리	높음
델	혁신	가치의 지속적 관리	전사적 성과관리	높음
베스트바이	혁신, 비즈니스 모델 변화	새로운 재무운영 모델	전사적 성과관리	높음
푸르덴셜	리스크관리를 통한 지속 성장	표준화	전사적 성과관리	낮음
NCR(테라데이터)	비즈니스 초점의 재조정, 새로운 전략 구사	새로운 재무운영 모델	전사적 성과관리 고도화	높음

속되는 혁신이나 유럽 대륙을 향한 세계의 움직임 혹은 북아메리카의 먹고 먹히는 치열한 경쟁으로 인해 그 속도는 시간이 흐를수록 더욱 격화될 것이다. 이 책을 위해 우리가 인터뷰했던 CFO들은 변화관리가 오늘날 고위 재무담당 임원들이 당면하고 있는 가장 큰 도전이라는 데 전원 의견의 일치를 보였다. 우리가 인터뷰했던 CFO들은 변화관리를 재무 전문가의 핵심역량으로 보았다. 더 나아가 그들은 그것을 고성과를 위한 여정에서 핵심성공요인으로 간주했다. 〈표 9.1〉은 가속화되는 변화에 대응해서 재무운영 모델이 진화하는 방법을 평가하기 위한 우리의 연구에서 15개 표본기업들의 성과를 강조한 것이다.

지리적 위치는 물론 그들이 제조업이나 항공, 소매, 가전제품 어느 분야에 종사하든 상관없이, 우리는 표본과 같은 선도적 기업들이 통상적 비즈니스 모델을 성공하게 만들었던 과거의 사고방식을 급진적으로 바꾸었다는 사실을 발견했다. 아시아에서 에어차이나나 스타벅스(Starbucks)와 같은 기업들은 두 자리 숫자의 놀라운 성장 속도로 팽창하고 있다. 소비자 및 가전업계의 경우, 베스트바이와 같은 선도기업들은 빠르게 전개되는 혁신의 반복적 파도에서 추진력을 얻고 있다. 심지어 코러스 그룹이나 NCR/테라데이터와 같이 턴어라운드 상황을 성공적으로 견뎌낸 기업들에서조차 CFO들은 다각도에서 전개되는 변화를 관리해야만 했다. 우리는 이들 기업이 당면한 변화의 상황 속에서 세 개의 주된 동인들을 찾아냈다.

1. 기업 성과가 현재 실현되는 수준을 넘어 상당히 큰 폭으로 증가하여 뛰어난 기업가치평가를 얻게 될 것이라는 기대. 구글(Google)이나 SAP, 싱가포르 증권거래소가 이에 해당함.
2. 글로벌화와 초고도성장. 에어차이나, 유나이티드헬스 그룹, 스타벅스가 이에 해당함.

3. 혁신과 비즈니스 턴어라운드. 베스트바이, 코러스 그룹, 델, NCR/테라데이터가 이에 해당함.

어쩌면 우리가 혁신과 비즈니스 턴어라운드를 같은 범주로 분류했다는 사실이 낯설게 느껴질지도 모른다. 그 이유는 간단하다. 이들 추진력은 모두 자신이 접하고 있는 비즈니스 운영 모델을 통해 광범위한 변화를 추구하기 때문이다. 일부 예외가 있긴 하지만, 〈표 9.1〉의 비즈니스 변화 정도에서 이들 기업이 모두 '높음'으로 나타난 것은 두드러진 특징이다. 격렬한 경쟁으로 인해 CFO들이 향후 3년 안에 '필수 수행' 사항으로 전사적 성과관리를 선정한 것은 별로 놀라운 일이 아니다. 실제로 전사적 성과관리에 4 이하의 우선순위(최하 1부터 최고 5까지)를 부여한 기업은 단 하나도 없었다. 우리가 이야기를 나눈 CFO들 중 사실상 전부가 확장된 전사적 성과관리 역량을 끌어내는 것을 재무 부분의 필수 사항으로 보고 있었다.

비록 그것이 뚜렷하지 않을 수도 있지만 재무혁신을 향한 여정의 속도와 범위는 기업운영 모델의 진화와 반드시 일치해야 한다. 재무혁신은 선제적으로 관리되어야 하며 비즈니스 내에서 일어나는 변화의 정도와 보조를 맞추어야 한다. 제2장에서 우리는 가치가 창출되거나 파괴되는 장소와 방법, 이유에 대해 CFO가 깊이 이해를 한 다음 어떻게 비즈니스와 보조를 맞추는 활동이 시작될 수 있는지를 설명했다.

고성과 재무기능을 보여주는 CFO와 그의 팀은 자신들의 가치사슬이 갖고 있는 경쟁의 역동성을 이해하고 독특한 역량들을 표현하여 시장에서의 경쟁 우위를 자신이 속한 기업에 제공할 수 있는 능력을 갖고 있다. 이런 유형의 '손끝으로 느끼는' 지식을 통해 CFO로서 우리는 비즈니스의 요구를 예측하고, 그 요구를 지원할 수 있는 역량을 제때 개발하며, 귀중한 시간과 자원의 낭비를 피할 수 있다. 앞에서 언급된 것처럼 시기적절하게 역량을 개발하는 것은 CFO가 비즈니스의 속도에 재무의 변화를 동기화했다는 것을 의미한다. 이것은 대단히 어려운 일이 될 수도 있다. 재무가 자신의 변화 프로세스를 관리하느라 회사의 비즈니스 부분보다 너무 앞서나가는 일이 벌어져서는 안 되기 때문이다. 하지만 비즈니스의 변화가 발생할 때까지 기다릴 수도 없다. 그랬다가는 적절한 시기에 대응할 수 없을 것이기 때문이다.

궁극적으로는 시장의 경쟁적 역학관계가 재무혁신 여정이 얼마나 급진적이고 신속해야 하는지를 결정하며, 기업이 고성과 기업이냐 아니냐 여부가 결정하는 것은 아니다. 세계 8위의 철강생산회사인 코러스 그룹의 예를 살펴보자.

사례 연구 ■■■ 턴어라운드 프로그램에 대한 재무의 지원

우리는 CFO 데이브 로이드에게 지난 3년에 걸친 코러스 그룹의 턴어라운드에서 재무부분이 수행했던 역할에 대해 질문했다. 로이드는 다음과 같이 회상했다. "턴어라운드 프로젝트는 2001년도에 처음 출범했습니다. 당시 단기 목표는 생존이었죠. 어떤 것도 생존보다 더 매혹적일 수는 없었습니다. 우리가 프로젝트에 착수했을 때 그것은 2006년 말까지 계속된다고 알려져 있었습니다. 비록 우리가 명확한 종료 시점을 정해놓기는 했지만, 2006년이 되기 전에 회사의 새로운 운영 방식을 찾아낸 다음 이후에는 우리가 무엇을 목표로 삼고 나아가야 할지를 결정하는 쪽으로 관심을 전환해야만 했습니다. 우리는 스스로 설정하고, 투자자들을 위해 반드시 달성해야 하는 성과 이정표들과 일치하도록 우리의 탄력을 유지해야만 했습니다. 탄력 유지를 지원하기 위해 우리는 이전에는 전혀 경험해본 적이 없는 문화와 일하는 방식을 내재화해야 했습니다. 내가 다시 2001년으로 돌아간다면 우리는 매우 의미 있는 비즈니스 리스트럭처링을 수행하고 있을 것입니다. 즉, 수익성이 없는 비즈니스 사이트를 폐쇄하고 운영 방식을 최적화하고 있겠죠.

이 리스트럭처링 과정에서 우리 재무팀의 역할은 꽤나 근본적인 것이었습니다. 철강산업은 자본집약적 산업이기 때문에 우리는 30년 내지 40년의 수명을 가진 투자 결정과 함께 살아야 합니다. 따라서 이 정도의 변혁을 수행하는 것은 초대형 유조선(supertanker)의 방향을 바꾸는 것만큼이나 어렵습니다. 처음에 재무부서는 코러스 그룹의 비전을 작성하는 역할을 수행했습니다. 또한 우리는 그 비전을 시장과 우리의 주주들에게 알리는 부분에서 중요한 역할을 담당했습니다. 결국 턴어라운드 프로젝트를 실행하면서 재무부서는 운영관리를 지원하는 핵심이 되었습니다.

물론 그 과정에서 엄청난 도전들이 있었습니다. 재무기능은 그 어느 때보다도 운영관리 기능과 밀접하게 활동했습니다. 우리는 비즈니스를 경쟁력 있는 모습으로 구축하는 과정에서 관리와 리더십을 제공했습니다. 하나의 수준에서 변화 프로그램이 실제로 재무기능을 응집시키고 강화하는 데 도움이 되었습니다. 이 기간에 우리는 재무의 역할이 대단히 중요했다는 점을 인정하고 있습니다. 턴어라운드를 위한 리스트럭처링 프로세스는 재무기능 내의 모든 단계에서 상당히 강력한 리더십과 다양한 전문 분야 사람들과의 팀워크를 요구했습니다."

데이브 로이드는 변화관리가 이제는 모든 재무책임자들에게 핵심역량이 되었다는 강한 믿음을 갖고 있다. 2001년부터 2005년까지 그가 코러스 그룹에서 턴어라운드 프로젝트를 조율하는 것을 지원하며 보냈던 기간을 보면 변화를 일관되고 신속하게 추진하기 위한 유연성과 능력의 필요성이 크게 강조된다. 로이드의 팀은 단지 효과적인 의사소통만이 아니라 리스트럭처링 프로세스를 위해 매우 다양한 임무들을 맡아야만 했다. 이 모든 과정이 수행되는 동안 코러스 그룹의 조직은 자신의 재무 전문가들이 일반적으로 기대되는 것보다 더 큰 지휘와 지원을 운영관리에 제공하고 있음을 보았다.

코러스 그룹처럼 턴어라운드를 이루어야 하는 상황에 처한 기업들의 재무

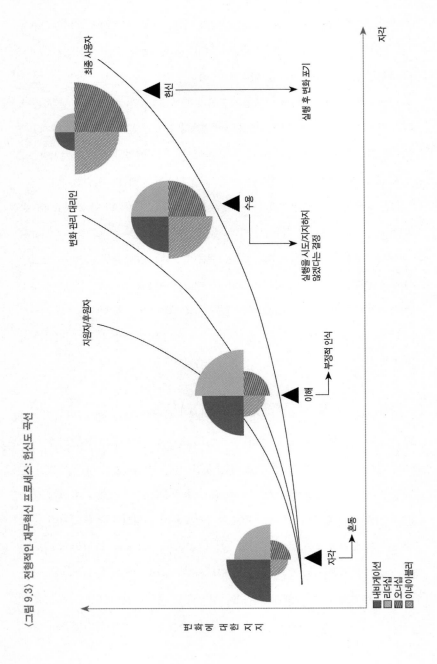

〈그림 9.3〉 전형적인 재무혁신 프로세스: 헌신도 곡선

변화 관리 매트릭스

초종 사용자

헌신

수용

이해

자각

실행 후 변화 포기

실행을 시도지지하지 않겠다는 결정

부정적 인식

지원자/후원자

활동

자각

변화에 대한 지지

내비게이션
리더십
어닝싱
이네이블러

자각

혁신 여정은 종종 훨씬 더 광범위하게 영향을 미치곤 했다. 이들 기업은 모두 가능한 한 신속하게 관리되고 수행되어야 하는 넓고 심도 깊은 구조적 변화를 경험했다. 이 모든 사례들 속에 있는 경쟁적 시장동인은 글로벌화와 혁신, 범용화(commoditization)다. 로이드의 경우, 그의 초기 우선순위는 프로세스 일관성을 구축하는 것이었다. 즉, 그의 재무팀은 재무와 회계의 기본적인 기능을 좀 더 효율적이고 효과적으로 수행할 필요가 있었다. 그것이 끝나자 이제 그는 빠르고 효율적으로 설치된 엄정하고 강력한 정보기술 플랫폼에 단단히 기초하여 새롭고 확장된 능력들을 개발할 필요가 있었다. 우리와 이야기를 나누었던 대부분의 CFO들에게 공통적으로 나타난 것처럼, 그의 다음 우선순위는 전사적 성과관리를 근간으로 삼아 가치중심 조직문화를 제도화하는 것이다. 〈그림 9.3〉을 통해 우리는 전형적인 재무혁신 여정을 표현했다.

이 여정이 최종 상태에 도달했을 때 그것의 특징을 설명해 달라는 요청을 하자 로이드는 이렇게 말했다. "무엇보다 나는 회사가 철강업계 내에서 진정한 제조공정의 탁월성을 가진 것으로 인정을 받는 모습을 보고 싶었습니다. 이 말의 의미는 무엇일까요? 현재 철강업계에는 도요타와 같은 기업이 없습니다. 그런 것은 존재하지 않습니다. 장치산업에서 새로 참여하는 기업에게 진짜 기회는 최첨단기업이라고 인정을 받는 데 있다고 나는 생각합니다. 둘째, 우리는 지금과 매우 다른 지리적 활동 영역을 갖게 될 것입니다. 만약 우리가 공장들을 수직적으로 통합해 우리의 저비용 생산 기반을 강화한다면 그것은 우리의 유럽의 자산 기반을 보완해줄 것입니다. 또한 그것을 통해 우리는 성장의 기회를 갖게 될 수도 있는데, 근본적으로 유럽과 북아메리카는 철강산업이 성장할 수 있는 기회를 만들어내지 못하고 있습니다.

하나의 조직체로서 코러스 그룹은 국제적인 경영 자원들이 폭넓게 융합되어 있습니다. 재무부서 관점에서 여정의 목표는 셰어드서비스 조직이 되고,

우리 그룹 전반에 걸쳐 공통의 ERP 시스템으로 SAP를 구현하고 활용하는 것입니다. 우리는 그룹의 전략적 요소들을 쉽게 분리하고, 새로 인수한 비즈니스를 쉽게 통합할 수 있는 능력을 갖게 될 것입니다. 지금 내가 설명한 것이 실제로도 우리의 핵심역량이 되었으며, 그것은 우리에게 매번 기회에 즉각 대응할 수 있는 능력을 제공하고, 가치를 끌어내는 방법을 알고 인수하려는 기업이라는 명성을 갖게 했습니다."

지속적 혁신: 목표를 높여 관리하라

학습하고 성장하며 자신을 새롭게 하는 조직의 능력은 고성과를 위한 핵심 요소다.[1]

스스로 혁신하는 일에 어떤 기업이 다른 기업에 비해 더 뛰어날 수 있는 이유가 무엇일까? 어떻게 경쟁자들과 똑같은 외적 환경들을, 즉 고객 패턴의 변화나 새로운 경쟁 위협, 파괴적 기술의 등장과 같은 환경들을 마주하고도 어떤 기업은 더 탁월한 성과를 낼 수 있는 것일까? 무엇이 그들로 하여금 새로운 돌파구와 시장창출형 혁신을 찾아낼 수 있게 했으며, 그 모든 활동의 흐름을 성공적으로 관리하여 자신이 원하는 결과를 얻을 수 있게 했는가?

제1장에서, 우리는 고성과 비즈니스를 구성하는 세 개의 요소 중 하나인 성과 분석에 대해 논의했다. 이 장에서 우리는 대단히 성공한 기업들의 독특한 특성으로서 지속적 혁신을 살펴볼 것이다. 이들 성공 신화가 갖고 있는 기본 원리는 실패를 피하기 위해 소극적으로 관리하는 것이 아니라 목표를 높게 두고 온 정신을 집중해 프로젝트를 관리한다는 것이다. 이들 조직은 사람들을 고무시켜 몰입을 하게 하고 열정을 개발하며 탁월성을 획득하고 유지하는 데

1. 한계 너머를 추구하라

· 목표가 아니라 명분을 추구하라.

· 직접 주도권을 잡아라.

· 목표를 높이 잡아라, 비록 도달할 방법을 알지 못하더라도.

2. 자기 꼬리에 불을 붙여라

· 가능성을 열어두고, 넓게 탐구하라.

· 잘 포장된 조직의 경로에서 한 걸음 벗어나라.

· 자신만의 공간을 조각하고, 일반적이지 않은 접근법을 시도하라.

3. 강력한 감성적 영역을 창조하라

· 우리 계획의 강력하지만 '말 없는 파트너'로서 감성을 활용하라.

· 그들이 이전에는 한 번도 해본 적이 없는 일을 부탁하라.

· 반대 의견과 희소한 자원을 마치 연습용 칼처럼 사용해 팀의 능력을 강화하라.

4. 상승 작용

· 순차적이 아니라 전체적으로 진행하라.

· 한 분야의 성공을 다른 분야의 성공을 위한 연료로 사용하라.

· 우리가 창조하기 원했던 가치를 기준으로 진전 여부를 평가하라.

5. 행운을 가속기로 사용하라

· 불확실성을 즐기고, 리스크가 가치를 추구한다는 사실을 인정하라.

· 예상치 못한 사건을 장점으로 전환시켜라.

· 실패를 활용해 해결책을 개선하라.

필요한 에너지를 끌어올리게 만든다. 끊임없이 혁신할 수 있는 능력은 전사적 수준의 고성과 분석을 반영한다. 하지만 그것은 프로젝트 혹은 시도 단계에서 가장 분명하게 드러난다. 변화를 추구하는 행동이 발생하는 곳이 바로 그 단계이기 때문이다.

효과적인 프로젝트 관리자의 이야기를 들어보면, 마치 조직이 기계나 퍼즐이라도 되는 것처럼 우리는 '맞는 레버를 당긴다'든지 '제 짝을 꽂아넣는다'라는 표현을 자주 듣게 된다. 효과적으로 수행하기 위해 기대수준을 결정적인 몇 단계만 끌어올림으로써 크게 성공하는 기업들은 새로운 지평을 열거나 진정한 혁신적 성과를 이룩할 수 있다. 그와 같은 프로그램을 주도하는 경영자는 '이중 언어 사용자(bilingual)'일 가능성이 높다. 한편으로는 '맞는 레버를 당긴다'고 말하면서 또한 시도들을 '연출'한다거나 에너지를 '발산'하는 것에 대한 이야기로 모든 사람을 비상한 성취에 집중하게 만든다. 달리 말하면, 비록 이들 리더가 프로젝트 관리 방법에 대한 스킬을 갖고 있지만 그들이 진정 뛰어난 분야는 사람들과 그들이 가진 다양한 에너지를 결집시키는 역동성이다. 주도적 시도들을 큰 성공으로 이끌기 위해서는 전통적인 프로젝트 관리만으로 충분하지 않다. 고성과 비즈니스는 겉으로 보기에는 직관에 맞지 않은 여러 원칙들을 포괄하고 있으며 그것을 통해 그들은 비범한 성과를 달성할 수 있었다. 이들 원칙은 〈표 9.2〉에 요약되어 있다.

사례 연구 ■ ■ ■ 끊임없이 개선하는 문화 육성하기

베스트바이의 CFO 대런 잭슨은 성공을 설명하기 위해 "견고한 성장을 유지하고 비즈니스 모델의 개발을 끊임없이 혁신해야 하는 의무이며, 베스트바이는 성장을 위한 새로운 원천과 장소를 찾는 데 지속적으로 매달리고 있고, 비즈니스 모델을 개선할 수 있는 방법을 항상 모색하고 있다"는 표현을 사용했다.

비록 베스트바이가 북아메리카에서 대단히 높은 성과를 올리는 소매기업이기는 하지만, 그들은 가혹할 정도로 자신의 실행력과 성과를 더 높은 수준으로 밀어붙이며 더욱 적합하고 강한 기업이 되기 위해 노력하고 있다. 잭슨은 이 여정을 재무역량 프레임워크 관점의 전문성을 통해 이렇게 묘사했다. "우리에게 특정한 조직적 관점에서 본 가치중심 문화란, 회사의 미래가치에 대한 우리 투자자들의 기대를 만족시킬 뿐만 아니라 그 성장을 지원하게 될 정량화 가능한 비즈니스 기회들의 파이프라인을 건설하는 우리의 책임에 대한 것입니다. 그것이 우리의 최우선순위이며,

지금도 그렇고 앞으로도 그럴 것입니다. 우리의 전사적 성과관리 시스템을 강화하는 것은 현재 우리 목표에서 상위에 속하지만 그럼에도 우리는 그 분야에 대한 스스로의 역량에 상당히 만족하고 있습니다. 우리에게 발전의 다음 단계는 기업가치와 우리가 '고객중심주의'라고 부르는 것 사이에 직접적으로 볼 수 있는 시계(視界)를 구축하는 것입니다. 이것은 시장이 너무나 많이 변화하고 있어서 베스트바이가 창조하는 서비스들은 끊임없이 새로운 차원을 택해야 하기 때문입니다.

지금 이 순간 우리에게 부각되고 있는 우선순위는 자본관리와 같은 새로운 역량을 구축하는 것입니다. 그리고 내 직감으로는 앞으로 3년간 자본관리의 중요성은 계속 증가할 것입니다. 중국과 같은 국제적 시장으로 확대하려는 우리의 성장계획에 필요한 자금을 조달하기 위해서는 새로운 프로세스와 규정을 정착시킬 필요가 있을 것입니다.

우리의 재무운영을 개선한다는 측면에서, 나는 우리가 이미 상당히 효율적이라고 말하겠습니다. 우리의 소매 거점이 전적으로 북아메리카와 캐나다에만 머물러왔기 때문에 우리는 이곳 미니애폴리스에 전향적으로 셰어드서비스 '회계 공장(accounting factory)'을 개발해왔습니다. 하지만 우리의 성장이 너무 급격했기 때문에 이 모든 영역을 혁신시켜야만 하는 변곡점에 도달했습니다. 앞으로 3년 뒤에 재무운영은 재창조되어 우리의 혁신된 비즈니스 모델을 지원하게 될 것입니다.

역량모델의 전반적 차원들을 살펴보면 지속적으로 관심이 필요한 영역이 전사적 리스크관리입니다. 대체로 많은 소매업체들이 리스크를 매우 통상적인 관점으로 정의하고 내부감사와 손실 예방 프로그램을 통해 거기에 대처해왔습니다. 직관적이고 본능적으로 그들은 또한 브랜드 리스크와 종업원 리스크, 시장 역동성 리스크 등에 대해 생각했지만 이들을 선제적으로 관리하지는 않았습니다.

그들은 이와 같은 리스크에 대비해 계획을 세우는 대신 그것에 반응했습니다. 우리는 이제 막 모습을 드러내고 있는 새로운 도전에 대처하고 앞으로 당면하게 될 불가피한 리스크를 헤쳐나가기 위해 새로운 스킬을 필요로 합니다. 예를 들어 우리가 중국에 진출할 경우 우리는 파트너 관계와 협력관계를 관리하기 위한 추가적인 역량을 개발하고 습득해야 할 것입니다. 지금 우리가 감사 위원회라고 부르는 조직은 앞으로 전사적 리스크관리 위원회가 되어 좀 더 전체적인 관점으로 활동하게 될 것입니다. 이러한 거버넌스 구조로부터 우리는 더 많은 내부감사 기능을 아웃소싱하고 전사적 리스크관리 운영 모델을 채택해 더 큰 전사 차원의 리스크와 통합 이슈에 집중하게 될 것입니다."

베스트바이의 재무담당 부사장인 수잔 그래프턴(Susan Grafton)은 고위 재무팀의 리더십 자세가 회사의 혁신 여정 동안 어떻게 진화했는지를 설명해주었다. "우리가 지난 4, 5년 동안 회사의 발전을 지원하는 방법에는 극적인 변화가 있었습니다. 지금 우리가 보고 있는 것은 재무기능이 파트너나 다름없다는 것입니다. 우리는 회의 석상에서 지난 몇 년 전과는 매우 다른 자리에 앉아서 그때와는 아주 다른 방법으로 회의에 임하고 있습니다. 몇 년 전만 해도 우리는 주요 의사결정 회의에 불려가지 못했고, 그래서 주요 의사결정에 참여하지 못하는 경우도 많았습니다. 하지만 지금은 재무기능이 언제나 의사결정 과정에 관여하고 있습니다. 사실 우리는 단순히 재무나 비즈니스 역할만을 담당하는 것이 아니며, 파트너로서 역할을 수행하고 있습니다. 우리는 자신에게 도전해 활동가가 되도록 하고 있으며, 회사의 비즈니스가 성장하고 현상 유지 상태를 돌파하는 데 도움을 주고 있습니다. 따라서 우리가 비록 재무역할의 측면에서 다른 부분의 존중을 받기는 하지만 재무역할에만 언제나 머물러 있지는 않습니다. 다시 말해, 우리는 비즈니스가 발전할 수 있도록 도움을 주는 총괄적 비즈니스 파트너 이상의 존재가 되었습니다. 현재 우리는 변혁의 중심에 있습니다.

재무 전문가들은 유능한 변화관리자(change agent) 되어야 합니다. 우리는 재무 리더들이 일선 기업 활동에서 비즈니스 파트너가 될 수 있도록 그들에게 단순히 뛰어난 재무적 안목이 아닌 뛰어난 비즈니스 안목을 기대합니다. 또한 그들은 다른 사람에게 재무적 안목을 가르칠 수도 있어야 합니다. 올해 우리의 최우선 과제 중 하나는 상황을 좀 더 전체적인 시각에서 보고 비즈니스 운영의 재무적 측면을 이해하도록 우리의 비즈니스 파트너들을 가르치는 것입니다. 그래서 우리는 변화를 활성화하고 우리의 비즈니스 파트너들이 재무를 이해할 수 있게 도움을 주며 변화를 추진하고 있습니다.

우리의 리더십 모델은 매우 독특합니다. 우리는 사람들이 혁신을 일으키고 기업가적인 사고를 통해 현상 유지를 타파할 수 있기를 바랍니다. 또한 우리는 다른 사람을 동기 부여할 수 있는 사람을 찾고 있습니다. 다른 사람을 이끌려면 동기 부여를 할 수 있어야 하기 때문이죠. 우리는 갤럽의 기업용 도구를 이용하여 직원들의 참여도를 측정합니다. 우리는 모든 리더들에게 그들이 달성한 직원 참여도 수준에 따라 보상하고 있습니다. 적합한 재능을 발견하고 그 재능을 완전히 발휘할 수 있게 하는 것이 비즈니스를 발전시키는 데 필요한 성과를 만들어낸다는 것을 우리는 잘 알고 있습니다."

잭슨은 베스트바이의 재무혁신 미래를 설명하기 위해 이렇게 말했다. "혁신의 미래에는 두 가지 부분이 있습니다. 첫째는 우리의 아이디어 파이프라인이 미래의 경제적 가치 공백을 채우기에는 부족하다는 것입니다. 우리는 더욱 많은 에너지와 집중력, 역량을 투입해 미래의 가치를 위한 방안과 전략을 찾아내야 합니다. 하지만 동시에 우리는 성장을 위한 실제 플랫폼을 만들어내기 위해 모든 기능과 자원을 확보해야만 합니다. 둘째, 지금부터 3년 내지 5년 뒤에 어디에서 가치가 발생할지를 생각할 때, 나는 우리가 제품 시장이나 지리적 시장이 아니라 고객 시장의 세부적인 구성에 대해 논의하게 될 것이라고 생각합니다.

지리적 시장들은 고객 시장의 배경이 되어 우리의 성장 잠재력을 자극할 것이고 우리는 가치제안들과 그런 가치제안들을 실현하기 위한 고객 요구와 역량 확장에 대해 이야기하게 될 것입니다. 나는 새로운 성장 플랫폼에 기반을 둔 미래를 보고 있습니다. 고객의 요구와 통찰력을 행동으로 전환하는 플랫폼, 그리고 전통적인 납품업자 네트워크에 의지하는 것이 아니라 직접적으로 조달 역량들에 접근할 수 있는 플랫폼 말입니다. 앞으로 우리가 시간을 투자하게 될 것이 바로 이것입니다. 즉, 변화하는 요구를 이해하고 우리의 파이프라인을 강화하며 자원을 투입하여 파이프라인 아이디어를 성장과 가치로 전환시킬 수 있도록 우리 자신을 포지셔닝하는 것 말입니다."

....

　베스트바이의 재무혁신 여정이 그들만의 독특한 것은 아니다. 이 책에서 소개하는 모든 기업들이 한 가지 피할 수 없는 사실에 당면하고 있다. 변화관리 프로그램이 점점 더 복잡해지고 있다는 것이다. 똑같이 중요한 사실로서, 그들이 종업원들도 포함한 더욱 다양한 이해관계자들을 상대해야만 한다는 것이다. 유나이티드헬스 그룹의 CFO 팻 얼랜슨이 제2장에서 언급했던 것처럼, CFO들은 직원들이 변화에 대비할 수 있는 훈련 상태에 도달하고 그들이 프로그램 관리 역량을 꾸준히 확대시켜 나가도록 지도하고, 직원들을 배치하며 준비시키기에 이상적인 위치에 있다.

　보통 대규모 변혁 프로젝트에서는 이니셔티브를 관리하고 그것이 전략적 목표의 달성을 보장할 수 있도록 하기 위해 헌신적인 거버넌스 조직이 설치된다. 거버넌스 활동은 단순히 운영 위원회와 프로젝트 위원회를 설치하고 진척 상황과 주요 일정들을 모니터링하며 보고와 측정지표 요건들을 설계하는 것이 전부가 아니다. 비즈니스 변혁의 바로 그 본질로 인해 거버넌스 측면에서 더 많은 것들이 필요하다. CFO가 다년간의 변화관리 프로그램들을 이끌고 나아가는 데 있어서 전략적 파트너의 성과와 헌신에 점점 더 많이 의존하는 추세이기 때문에 더 그렇다.

액센츄어의 재무 및 성과관리 파트너 로저 힐(Roger Hill)은 세계 전역의 여러 CFO들과 함께 일했던 경험이 있다. 그는 거버넌스에 대해 이렇게 이야기했다. "고성과 비즈니스의 CFO는 CEO와 COO 그리고 비즈니스를 전체로서 반드시 통합해야 합니다. 나는 이와 같이 재무에 대해 전략적으로 접근하는 CFO가 충분하지 않다고 생각합니다.

고성과 재무기능의 CFO는 보통 의사결정 과정의 핵심 구성원으로 전사 리더십팀에 포함됩니다. 재무부서 내에 있는 그의 리더십팀은 내부 지향적으로 단순히 숫자에만 매달리는 것이 아니라 비즈니스를 지원하는 데 초점을 맞춰야만 합니다. 내 경험으로 볼 때 너무나 많은 재무 리더십팀들이 수치 접근법을 사용하고 있습니다. 그것은 단지 지난주에도 그렇게 했고 지난달에도 지난해에도 그렇게 했기 때문입니다. 그들은 전략을 추구하는 데 있어서 비즈니스를 이끌고 자기 회사 경영진을 지원하려고 하지 않습니다. 또한 나는 몇몇 예외적 재무책임자들이 행동하는 모습을 본 적도 있습니다. 내가 함께 일한 적이 있었던 몇몇 CFO들은 진정 비즈니스에 몰입하여 실제로 그들의 비즈니스 리더십인 CEO와 COO들을 고성과로 안내하고 있었습니다."

측정: 자신의 인재 풀을 개발하라

제1장에서 우리는 고성과 비즈니스가 '재능 승수'를 통해 어떻게 놀라운 수준의 직원 효과성과 생산성을 달성하는지를 설명했다. 우리는 그것을 고성과의 요소들 중 하나로 확인했다.[2] 인재 풀의 개발에서 CFO의 초기 과제는 원하는 성과목표에 도달하기 위해 새로운 역할, 업무, 팀을 어떻게 측정해야 하는지를 결정하는 것이다. 그리고 증가하는 직원의 역량에 맞는 구조화된 프

레임워크를 활용해 실제로 측정하는 것이다. 〈그림 9.4〉에 나타난 것처럼, 인적자본에 대한 투자수익을 측정하기 위해 많은 CFO들이 인적자본개발 평가도구를 활용한다.

사례 연구 ■■■ 인적자원에 대한 투자와 재무성과의 연결

침실과 주방용 가구, 에어컨, 차량 제어 시스템 관련 제품 등 다양한 제품을 생산하는 제조업체로서 90억 달러의 매출을 올리고 있는 글로벌 기업인 아메리칸 스탠더드(American Standard)는 2002년부터 <그림 9.4>에 제시된 프레임워크를 사용하여 인적자본의 역량과 관련된 프로세스를 평가하기 시작했다. 인사담당 상무인 래리 코스텔로(Larry Costello)는 인적자원에 대한 투자와 재무성과 사이의 관련성을 굳게 믿고 있다. 그는 이렇게 설명했다. "우리가 분석 결과들을 볼 때, 나는 우리의 인력 프로그램과 프로세스에 대한 평가를 보고 특정 비즈니스의 재무성과를 거의 정확하게 추정할 수 있습니다. 특정 비즈니스 단위에서 색깔이 짙은 회색으로 나타날수록(성과가 낮음을 의미), 그 비즈니스 단위의 재무성과가 떨어집니다."

아메리칸 스탠더드에서는 이 프레임워크를 활용하여 얻은 권고에 근거를 두고, 코스텔로는 성과관리와 경력개발, 종업원 관계, 인적자본 전략, 승계계획, 지식관리, 학습관리 프로세스를 개선하는 작업을 수행해왔다. 예를 들어 그는 360도 성과 피드백 프로세스를 실행하고 종업원 만족도를 측정하며 종업원들 사이의 협력을 개선하고 장려하기 위한 방법을 고안했다.

아메리칸 스탠더드가 이 프레임워크와 그것이 제시한 시도들을 채택했기 때문에 그들의 주가는 약 50퍼센트 올랐고 수익은 9퍼센트 증가했다. 아메리칸 스탠더드가 인적자본에 투입한 투자가 이와 같이 개선된 비즈니스 실적의 근본적인 원인인지 여부를 명확하게 알 수 있는 방법은 없다. 이것은 같은 기업 내에서 장기간에 걸쳐 반복해서 실행해야 할지도 모른다. 하지만 코스텔로와 그의 임원진은 아메리칸

〈그림 9.4〉 인재개발 프레임워크

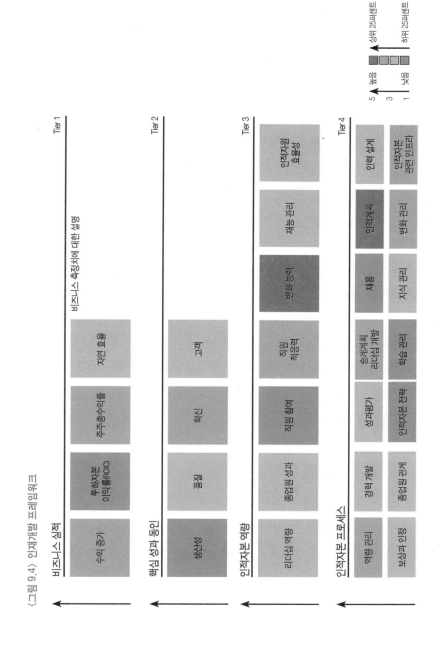

비즈니스 성과

Tier 1

| 수익 증가 | 투하자본
이익률(ROIC) | 주주총수익률 | 자연 효율 | 비즈니스 측정치에 대한 설명 |

핵심 성과 동인

Tier 2

| 생산성 | 품질 | 혁신 | 고객 |

인적자본 역량

Tier 3

| 리더십 역량 | 종업원 성과 | 직원 참여 | 직원
적응력 | 변화 능력 | 재능 관리 | 인적자원
효율성 |

인적자본 프로세스

Tier 4

| 역량 관리 | 경력 개발 | 성과평가 | 승계계획/
리더십 개발 | 채용 | 인적자원
효율 | 인력 설계 |
| 보상과 인정 | 종업원 관계 | 인적자본 전략 | 학습 관리 | 지식 관리 | 변화 관리 | 인적자본
관련 인프라 |

5 높음
3
1 낮음

상위 25퍼센트
하위 25퍼센트

스탠더드가 월등한 재무성과를 거둘 수 있었던 이유 대부분은 그들이 사람에 대해 지속적으로 관심을 기울인 결과라고 말했다. 코스텔로는 다음과 같이 지적했다. "우리가 인적자본을 강조했기 때문에 우리 회사의 성과를 변화시킬 수 있었습니다. 많은 비즈니스 단위의 임원들은 프레임워크에 기반을 두고 변화를 강하게 추진해왔습니다. 그 분석이 없었다면, 우리는 아마 업무 방식을 혁신하고 인적자본을 극대화하는 데 필요한 추가적 지원과 투자를 결코 얻지 못했을 것입니다."

SAP 노스 아메리카(SAP North America)나 미국의 모터사이클 제조사인 할리-데이비슨(Harley-Davidson), 미국 산업장비 제작사인 브리그스 앤드 스트래튼(Briggs & Stratton), 오스트레일리아의 공학 및 건설 전문 서비스업체인 싱클레어 나이트 머즈(Sinclair Knight Merz)와 같은 다른 기업들도 이 프레임워크를 사용하여 인상적인 결과를 얻었다. 그것을 통해 그들은 인적자본 투자를 정확하게 분석할 수 있게 되었는데, 지금까지는 대체로 그것을 측정하지 못했다.

처음으로 임원들은 인적자본의 성과평가를 위한 포괄적 도구를 갖추고 인적자원관리와 학습 전략을 비즈니스 전략과 일치시키며, 실질적 비즈니스 가치를 창출할 수 있도록 인적자본에 투자하고 높은 성과를 올릴 수 있는 방향으로 조직을 움직일 수 있게 되었다. 프레임워크를 통해 기업은 핵심 인적자본 실무가 갖고 있는 강점과 약점을 진단하고 투자 우선순위를 정하며 성과를 추적할 수 있게 되었다. 궁극적으로, 그것은 인적자본 투자와 비즈니스 실무, 전반적 비즈니스 성과 사이에 연결 고리를 경험적으로 형성해준다. 여러 측면에서 이것은 재무와 인적자본의 성과역량들이 융합되는 것을 의미한다.

재무와 혁신 여정

고성과 재무 프레임워크는 이 장 전반에 걸쳐 설명되는 혁신 여정의 핵심이다. 기업들은 확인한 역량들을 각자 다른 속도로 개발 및 실행하고 있으며 자신의 경쟁환경에 따라 프레임워크의 서로 다른 영역에 집중하고 있다. 우리는 글로벌 제과 및 소프트음료 기업인 캐드버리 슈웹스(Cadbury Schweppes)의 CFO 켄 한나(Ken Hanna)에게 그가 2003년에 시작한 재무혁신에 대해 의견을 말해 달라고 요청했다.

사례 연구 ■■■ 재무 우선순위의 진화

"재무기능의 리더십은 비전에 동의하고 우리의 우선순위에 동의하는 것에 대한 문제입니다. 나는 그 기능이 마치 강력한 목소리와 강력한 리더십을 갖고 있는 것 같은 느낌을 주고, 우리가 모두 같은 목표에 도달하기를 바랍니다." 켄 한나는 이렇게 설명했다. "캐드버리 슈웹스에서 우리는 재무기능을 기업 활동의 조언자와 비즈니스 파트너로 재정렬했으며 앞으로 우리의 우선순위는 우리의 비즈니스와 기능이 진화하는 것에 따라서 함께 진화하게 될 것입니다."

한나는 실제 계획 상으로 고성과 재무 프레임워크의 서로 다른 요소들에 대해 집중하는 수준도 진화하게 될 것이라고 예상하고 있다.

"가치중심 문화는 1997년에 처음 회사에 도입되었으며 캐드버리 슈웹스에서 나는 이 유산을 쌓아올리는 일을 계속하고 있습니다." 한나의 설명은 이렇게 이어졌다. "우리 직원들이 가치중심 조직문화를 촉진시키는 데 기여한 만큼 보상을 받게 된다는 사실은 그것에 대한 우리의 관심이 단시간 내에 줄어들지는 않을 것이라는 점을 의미합니다. 가치중심 조직문화는 관심과 주의라는 측면에서 다섯 중 넷을 차지하고 있으며 앞으로도 계속 그럴 것입니다."

가치를 관리하는 일은 조직의 다양한 수준에서 성과관리 시스템(PMS)에 완벽하게 정렬될 것을 요구한다. 많은 CFO들처럼, 한나도 현재는 정보 과부하 문제를 줄이는 일에 매달리고 있다. 다양한 분야에서 기업들은 가치중심적 접근법을 지원하기 위해 경제적이익이나 투하자본이익률에 기초하여 스코어카드를 실행하거나 분석 기법을 적용하는 데 있어서 제한적인 시도를 하고 있다. 하지만 소수의 기업만이 비즈니스 전반에 걸쳐 이들을 통합하고 평가하는 데 성공을 거두고 있다.

캐드버리 슈웹스에서 한나는 재무부분이 검토하는 데이터의 양을 줄이려고 노력해왔지만 그에게는 정보에 매우 굶주린 이사회(information-hungry board)가 있었다. 그에 대해 한나는 이렇게 이야기했다. "우리는 계속 개선해나가는 중입니다. 나는 새로운 소프트웨어를 설치했으며 그것을 계속 사용하고 있습니다. 우리는 핵심 성과지표(KPI) 보고서를 받고 있습니다. 그림과 표는 온라인에 올라가기 때문에 나는 신속하게 보고서를 받을 수 있습니다. 나는 이 분야에 3점을 주려고 합니다. 나는 그것이 계속 발전해가리라고 생각합니다."

자본관리는 그가 많은 시간을 할애하는 또 하나의 영역이다. 한나는 이렇게 설명했다. "내가 이사회에서 실시하는 프레젠테이션 중 거의 절반은 자본배분에 대한 것입니다. 우리의 돈을 어디에 투자하고 자원을 어디에 배분할 것인가에 대한 것이죠. 과거의 경험에 비추어 빵에 버터를 바르듯이 자원을 사방에 뿌리는 것이 아니라, 우리는 성장하는 곳에 그리고 우리가 승리할 수 있는 능력을 갖춘 곳에 집중해 왔습니다. 우리는 자본관리 분야를 더욱 정교하게 가다듬어야 합니다. 지금부터 앞으로 한동안 나는 자본관리의 우선순위를 5점으로 평가할 것입니다. 우리가 자본을 관리하는 방법을 체계화하고 우리 직원들이 매일 일상적 활동으로서 거기에 적응하게 될 것이기 때문에 3년 내에 자본관리의 우선순위가 2점이나 3점 수준으로 떨어지게 될 것입니다."

제6장에서 우리는 재무운영의 범위를 탐구하고 이 영역에 통달하기 위해서는 단

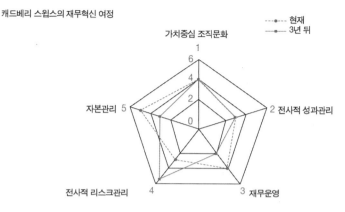

〈그림 9.5〉 캐드베리 스웝스의 재무혁신 우선순위

순히 기본적 거래처리 업무를 더 빠르고 값싸게 수행하는 것 이상이 필요하다는 결론을 내렸었다. 강력한 재무운영 역량은 그 자체로 경쟁우위의 원천이 된다.

우리는 한나에게 재무운영에 대한 그의 관점을 이야기해 달라고 요청했다. 그는 이렇게 말했다. "내 우선순위의 관점에서 표현하면, 내가 셰어드 비즈니스 서비스 (Shared Business Service: SBS)를 더 자동화하고 그룹을 중심으로 좀 더 광범위하게 실행할 수 있게 만드는 날, 그 우선순위는 낮아질 것입니다. 우리는 열심히 일하고 있으며 3년 내에 전사적 차원에서 셰어드 비즈니스 서비스를 채용하는 것에 상당히 근접해 있을 것입니다. 우리는 현재 이 부분에서 집중적인 활동을 펼치고 있기 때문에 그 우선순위가 4점이지만 앞으로는 2점대까지 떨어지게 될 것입니다.

하지만 전사적 리스크관리 영역에서 나는 관심이 증가할 것으로 보고 있습니다. 리스크 목록의 모든 항목들이 점점 더 많은 이목을 끌고 있습니다. 나는 다음 주에, 허리케인 카트리나가 우리 사업에 미친 영향에 대해 이사회에 보고할 예정입니다. 재앙이 크면 클수록 그 사건으로 인한 충격이 비즈니스와 그것을 관리하는 방법에 영향을 미칠 가능성도 커집니다. 이 영역은 아마 3점에서 5점으로 높아지게 될 것입니다."

이제까지의 논의를 제1장의 내용과 연결시키면, 우리는 고성과 비즈니스들이 공통적으로 갖고 있는 세 가지 핵심적 특징들이 어떻게 성공적 혁신 여정의 토대를 형성하는지 볼 수 있다. 첫째, 고성과 기업은 자기 업계의 가치가 어디에서 나오는지를 확실하게 이해하고 자기 비즈니스를 새로운 차원의 성장으로 끌고 나갈 수 있는 가치동인을 명확하게 식별했다. 그 결과 그들은 새로운 가치창출의 기회가 나타났을 때 그것을 파악하고 그 기회를 추구하는 방법을 전략적으로 생각하여 경영팀으로서 신속하게 기능을 발휘했다.

둘째, 고성과 기업은 소수의 핵심역량에만 집중함으로써 경쟁자로부터 자신을 차별화했다. 그리고 그 역량을 완벽하게 숙달하기 위해 분투했다. 그들은 이들 역량이 자신의 직원들에게 존재하든 혹은 전략적 파트너가 갖고 있든 상관하지 않고 매우 유연한 태도를 보였다. 이와 같은 유연성 덕분에 그들은 신속하게 전진하여 성과가 우수한 기업들이 공유하고 있는 세 번째 속성을 개발할 수 있었다. 그것이 바로 경쟁자들을 뛰어넘어 탁월한 실행 능력을 발휘하려는 성향, 곧 고성과 분석이다.

재무에서 민첩성과 유연성은 똑같이 핵심적인 속성이다. 재무조직은 자신이 속한 조직이 새로운 시장으로 이동할 때 그 비즈니스 속도에 유연하게 적응하고 새로운 경쟁전략을 수용하며 미래에 다른 방식의 경쟁을 가능하게 해줄 새로운 역량을 추구해야 한다. 동시에 재무는 재무적 규율을 발휘해 가치창출을 지원하는 핵심 활동들을 통제하고 모니터링해야 한다. 변화관리 프로세스의 대가들은 평정심을 잃지 않고 유연성과 통제력의 균형을 잡는 데 능숙한 기업이다.

전문가로부터 배우는 교훈

☑ 우리가 어떤 기업의 CFO로서 최고의 성과를 올리든 혹은 턴어라운드 상황에 있든, 우리는 고성과 재무 프레임워크를 활용함으로써 기업의 변화관리 프로세스의 방향을 설정하는 데 도움이 되는 혜택을 얻을 수 있다.

☑ 궁극적으로 시장의 경쟁적 역학관계가 재무혁신 여정이 얼마나 급진적이고 신속해야 하는지를 결정하며, 현재 기업이 고성과 기업인지 혹은 그것을 추구하고 있는지의 여부는 관계가 없다.

☑ 일부 예외가 있긴 하지만, 비즈니스 변화는 세계 도처에서 유례가 없는 속도로 일어나고 있다. 격렬한 경쟁으로 인해 CFO들이 가치중심 조직문화를 제도화하는 방법으로 향후 3년 안에 '필수 실행' 사항으로 전사적 성과관리를 선정했다.

☑ 고성과 비즈니스의 CFO들은 조직의 헌신을 고취시켜 놀라운 결과를 이끌어내는 자신만의 독특한 능력을 갖고 있다. 그들은 월등한 주주수익률을 실현한다는 목표를 자기 회사의 DNA 속에 심을 수 있는 다양한 방법을 찾아냄으로써 남들이 갖지 못한 희귀한 능력을 보여준다. 그들은 탁월한 경제적 가치를 창출한다는 목적과 일치하는 전략과 운영 상의 성과목표를 설정하고 그것을 명확하게 표현한다. 그런 다음 그들은 포괄적이고 엄격한 성과관리 체계를 구현하여 그 접근법을 강화한다.

ABC 활동기준원가 Activity Based Costing

ASSC 회계 셰어드서비스 센터 Accounting Shared Services Center

BPO 비즈니스 프로세스 아웃소싱 Business Process Outsourcing

CAGR 연평균성장률 Compound Annual Growth Rate

CAPEX 투자지출 Capital Expenditure

CEO 최고경영자 Chief Executive Officer

CFO 최고재무책임자 Chief Financial Officer

COO 최고운영책임자 Chief Operating Officer

CRM 고객관계관리 Customer Relationship Management

DSO 매출채권회전일 Days Sales Outstanding

EBIT(D)A 이자, 세금, (감가)상각비 차감전 이익 Earnings Before Interest, Tax, (Depre-
    ciation) & Amortization

EPM 전사적 성과관리 Enterprise Performance Management

EPS 주당순이익 Earnings Per Share

ERM 전사적 리스크관리 Enterprise Risk Management

EVA®◆ 경제적부가가치 Economic Value Added

◆ ® Stern Stewart & Co.

EVM 경제적 가치 모델 Economic Value Model

F&A 재무회계 Finance & Accounting

FASB 재무회계기준 위원회 Financial Accounting Standards Board

FP&A 재무기획 Financial Planning & Analysis

GAAP (일반적으로 인정된) 회계기준 Generally Accepted Accounting Principles

IAS 국제회계기준 International Accounting Standards

IFRS 국제회계기준 International Financial Reporting Standards

IR 투자자관계관리 Investor Relations

IRR 내부수익률 Internal Rate of Return

KPI 핵심성과지표 Key Performance Indicator

M&A 인수합병 Mergers & Acquisitions

MIFID 금융상품투자지침 Markets in Financial Instruments Directive

MPA 입체적(다차원) 수익성 분석 Multidimensional Profitability Analysis

NOPLAT 세후영업이익 Net Operating Profit Less Adjusted Taxes

NPV 순현재가치 Net Present Value

OLA 운영수준계약 Operating Level Agreement

PE 주가수익 Price Earnings

R&D 연구개발 Research & Development

RFID 무선주파수인식 Radio Frequency Identification

ROCE 투하자본이익률 Return On Capital Employed

ROI 투자수익률 Return On Investment

ROIC 투하자본이익률 Return On Invested Capital

SBS 셰어드 비즈니스 서비스 Shared Business Services

SEC 증권거래 위원회 Securities and Exchange Commission

SKU 재고관리단위 Stock Keeping Unit

SLA 서비스수준계약 Service Level Agreement

SOX 사베인스-옥슬리 법안 Sarbanes-Oxley Act

SSC 셰어드서비스 센터 Shared Service Center

TEP 경제적총이익 Total Economic Profit

TRS 총주주수익률 Total Returns to Shareholders

WACC 가중평균자본비용 Weighted Average Cost of Capital

제1장
고성과 기업의 조건

1 Accenture, Measuring High Performance, *Outlook Journal*, Sept 2004. http://www.accenture.com

2 Peggy A. Salz, Sustainable Business Success is Based on Three Key Building Blocks: Sharply Defined Strategies are Vital, *Wall Street Journal*, February 15, 2005. http://www.wsj.com

3 Corporate Strategy Board, Stall Points: Barriers to Growth for the Large Corporate Enterprise, *Corporate Advisory Board*, 1998.

4 Peggy Anne Salz, Size Alone Doesn't Spell Success: Networking Is Needed in the Interdependent Business Ecosystems of Today, Wall Street Journal, March 3, 2005. http://www.wsj.com

5 Peggy A. Salz, Sustained Success Hinges on Mastering Key Business Functions and Creating Distinctive Capabilities, *Wall Street Journal*, April 19, 2005.

6 Tim Breene and Paul F. Nunes, Balance, Alignment and Renewal: 28 Understanding Competitive Essence, *Outlook Journal*, February 2005. http://www.accenture.com

제2장

고성과 리더십

1 BusinessWeek, Top 50, 2005. http://www.businessweek.com

2 Fortune, America's Most Admired Health Care Companies, 2005. http://www.fortune.com

3 Blythe McGarvie, *Fit In, Stand Out: Mastering the FISO Factor*, McGraw-Hill, October 2005. http://www.FIS.OFactor.com

제3장

재무 프레임워크 전문가

1 Accenture, *Finance and Performance Management Mastery and the High Performance Business*, 2004. http://www.accenture.com

2 Michael R. Sutcliff, Leveraging Innovative Finance and Performance Management Capabilities, *DM Review*, January 2004. http://www.dmreview.com

3 Thomas A. Stewart and Louise O'Brien, Execution Without Excuses, *Harvard Business Review*, March 2005. http://www.hbr.com

4 Carter A. Prescott, Marriott Redefmes the Shared Services Model, *Competitive Financial Operations: The CFO Project Volume 1*, October 2002.

5 General Electric. http://www.ge.com

제4장

가치중심 조직문화

1 Andrew Bary, Going Strong: The SEtP Stocks of '57 Have Aged Nicely, *Barron's*, February 28, 2005. http://www.barrons.com

2 Gerry Johnson and Kevan Scholes, Exploring Corporate Strategy, Sixth Edition, *Financial Times Prentice Hall*, 2002.

3 The Lockheed Martin Skunk Works® http://www.lockheedmartin.com

제5장

전사적 성과관리

1 Christopher D. Ittner and David F. Larcker, Coming Up Short on Non-Financial Performance Measurement, *Harvard Business Review*, November 2003. http://www.hbr.com

2 L. Frigo and K. R. Krumwiede, Balanced Scorecards: A Rising Trend in Strategic Performance Measurement, *Journal of Strategic Performance Measurement*, 1999.

3 Jacqueline Coolidge land Eric Klein, EPM Spending, 2004-2005: Enterprise Performance Management Grows Up, AMR *Research*, December 13, 2004. http://www.amrresearch.com

4 Thomas H. Davenport, Dave De Long, Jeanne G. Harris, and Al Jacobson, Data to Knowledge to Results: Building an Analytic Capability, *Accenture*, June 1, 2000.

5 Thomas H. Davenport and J. C. Beck, The Attention Economy-Understanding the New Currency of Business, *Harvard Business School Press*,

Boston, 2001.

P. Waddington, Dying for Information: an Investigation of Information Overload in the UK and Worldwide, *Reuters Business Information*, London, 1996.

John J. Ballow and Robert J. Thomas, Future Value: The $7 Trillion Dollar Challenge, *Journal of Applied Corporate Finance*, Winter 2004.

Tony Siesfeld, Valuing Intangibles: Putting a Price on Brand, *Knowledge Directions*, Fall/Winter 2001.

Eric Krell, All the Right Moves, Business Finance, May 2002. http://www.businessfinancemag.com

Andy Neely, Mike Bourne, and Chris Adams, *Better Budgeting and Beyond, Competitive Financial Operations: The CFO Project, Volume II*, October 2003.

제6장
재무운영

Richard T Roth, Chief Research Officer, The Hackett Group, Accenture Global Shared Services Conference, June 22, 2005.

Stewart Clements, Michael Donnellan, in association with Cedric Read, *CFO Insights: Achieving High Performance Through Finance Business Process Out-sourcing*, Wiley, 2004.

제8장

전사적 리스크관리

1 Bank of America Corporation, 2005 *CFO Outlook: A Survey of Manu-facturing Companies Chief Financial Officers*, December 2004. http://www.bofabusinesscapital.com

2 A Price Worth Paying?, *The Economist*, May 21, 2005. http://www.economist.com

3 American Electronics Association, *Sarbanes-Oxley Section 404: The "Section" of Unintended Consequences and its Impact on Small Business*, February 2005.

4 CBI, *UK as a Place to do Business: Financial Services-Promoting a Global Champion*, October 2004.

5 Section 404 Costs Exceed Estimates, *Finance Executives International*, December 2004. http://www.fei.org

제9장

변화관리, 고성과로 가는 여정

1 Jane C. Linder, Continuous Renewal: Managing for the Upside, *Outlook Journal*, June 2005. http://www.accenture.com

2 Susan Cantrell, James M. Benton, Robert J. Thomas, Meredith Vey and Linda Kerzel, The Accenture Human Capital Development Framework: Assessing, Measuring and Guiding Investments in Human Capital to Achieve High Performance, *Accenture*, July 1, 2005. http://www.accenture.com

■■■ 지은이

마이클 R. 서트클리프 Michael R. Sutcliff

   액센츄어의 재무 및 성과관리 서비스 사업부의 파트너로, 전략·비즈니스 아키텍처·시스템 통합·비즈니스 혁신 및 아웃소싱 등에 폭넓은 경험을 갖고 있으며, 재무·전략계획 수립과 전사적 성과관리, 재무운영과 보고, 셰어드서비스와 아웃소싱, 세무업무 등을 포함하는 대규모 재무혁신 프로그램을 전문적으로 다루어왔다.

마이클 A. 도넬런 Michael A. Donnellan

   아웃소싱과 컨설팅 비즈니스를 담당하는 액센츄어 서비스 운영 그룹의 파트너로, 연구활동이나 혁신적인 운영모델의 개발과 수행에 대한 광범위한 실무경험을 갖고 있으며, 현대적인 기업환경에서 새로운 재무의 역할에 대해 중점적으로 연구해왔다. PwC에서 출간된 『CFO 기업가치창조의 리더(Architect of the Corporation's Future)』의 공동저자이며, 그의 저서는 전 세계 다수의 기업에서 새로운 재무 및 회계조직의 모델을 수용하도록 만든 계기가 되기도 했다.

■■■ 옮긴이

조영균 young-gyun.cho@kr.pwc.com

서울과학종합대학원(aSSIST)에서 경영전략 전공으로 박사과정을 수료했으며, 공인
회계사로 현재 PwC 컨설팅 전무로 재직하고 있다. 비즈니스의 본질과 전략에 대한
이해를 바탕으로 많은 글로벌 한국기업과 그룹의 재무부문 대상으로 경쟁력 제고에
초점을 맞춰 CFO 및 재무부문의 전략수립, 전략적 인사이트 도출과 실행, 인재상과
인재육성 과정, 재무성과와 원가절감, 경영관리 혁신, 프로세스와 시스템 혁신 등의
자문업무를 수행하고 있다. 전자/반도체산업, 수주/엔지니어링산업, 화학/통신산업
등에 대한 깊은 이해를 바탕으로 기업과 재무조직이 고성과 기업과 고성과 재무로
변화되도록 지원하고 있다.
저서로 『CFO를 위한 재무선진화』(공저)가 있으며, 역서로 『CFO의 새로운 역할(Re-
inventing the CFO)』이 있다.

임기호 ki-ho.im@kr.pwc.com

고려대학교 경영학과를 졸업했으며 동 대학원에서 석사학위를 받았고, 공인회계사
로 다양한 경영관리 및 리스크관리와 분석 관련 컨설팅업무를 담당하고 있다. 특히
CFO 기능의 선진화를 위해 재무기능 전반에 대한 진단, 방향성 수립 및 실행을 지원
하고 있으며, 재무기능 통합 등을 통한 재무업무의 효율성 제고, 사전적·상시적인 리
스크 관리체계 수립, 계획부터 분석 및 성과관리까지 인사이트 제공 등 다양한 업무
를 수행하고 있다. 최근에는 데이터를 활용한 예측기반의 분석업무를 수행하고 있다.

정우영 wooyoung.chung@kr.pwc.com

연세대학교 경영학과를 졸업했으며, 공인회계사로 현재 PwC 컨설팅 상무로 재직하
고 있다. 다수의 글로벌 한국기업과 그룹의 재무 및 경영관리 부문을 대상으로 프로
세스 혁신, 경영관리 및 원가관리체계의 혁신, 제조와 개발 등 운영현장과 연계한 관
리체계 수립업무를 수행하고 있다.

CFO 인사이트

지은이 ｜ 마이클 R. 서트클리프·마이클 A. 도넬런
옮긴이 ｜ 조영균·임기호·정우영
펴낸이 ｜ 김종수
펴낸곳 ｜ 도서출판 한울
편　집 ｜ 배유진

초판 1쇄 인쇄 ｜ 2015년 5월 29일
초판 1쇄 발행 ｜ 2015년 6월 12일

주소 ｜ 413-120 경기도 파주시 광인사길 153 한울시소빌딩 3층
전화 ｜ 031-955-0655
팩스 ｜ 031-955-0656
홈페이지 ｜ www.hanulbooks.co.kr
등록번호 ｜ 제406-2003-000051호

Printed in Korea.
ISBN 978-89-460-6011-1 03320

* 책값은 겉표지에 표시되어 있습니다.